国家社会科学基金项目“图书馆资源组织语义化理论及方法研究”（12BTQ006）资助

图书馆资源组织语义化理论及方法研究

刘　耀　著

科学技术文献出版社
SCIENTIFIC AND TECHNICAL DOCUMENTATION PRESS

·北京·

图书在版编目（CIP）数据

图书馆资源组织语义化理论及方法研究 / 刘耀著. —北京：科学技术文献出版社，2018.2（2019.10重印）
ISBN 978-7-5189-3642-7

Ⅰ.①图… Ⅱ.①刘… Ⅲ.①图书馆工作—文献资源—馆藏管理—研究 Ⅳ.①G253.5

中国版本图书馆 CIP 数据核字（2017）第 289068 号

图书馆资源组织语义化理论及方法研究

策划编辑：周国臻　责任编辑：周国臻　白建刚　责任校对：文　浩　责任出版：张志平

出 版 者　科学技术文献出版社
地　　址　北京市复兴路15号　邮编 100038
编 务 部　(010) 58882938, 58882087 (传真)
发 行 部　(010) 58882868, 58882870 (传真)
邮 购 部　(010) 58882873
官方网址　www.stdp.com.cn
发 行 者　科学技术文献出版社发行　全国各地新华书店经销
印 刷 者　北京虎彩文化传播有限公司
版　　次　2018 年 2 月第 1 版　2019 年 10 月第 4 次印刷
开　　本　710×1000　1/16
字　　数　195千
印　　张　12.75
书　　号　ISBN 978-7-5189-3642-7
定　　价　58.00元

前　言

光阴荏苒，在中国科学技术信息研究所工作已有10年的光景了。2007年，我从北京大学计算语言学研究所博士后出站，之后一直从事自然语言处理、知识组织与知识工程相关的工作。多年在一线进行研究与实践工作，一路走来积累了丰富的经验，在不断迭代和升华中，逐渐形成了一套完整的覆盖资源获取、资源加工到知识服务全流程的思想理论。在该理论思想的指导下，围绕着技术目标，领导团队逐步开展工程实践研究，对理论方法进行验证。同时，根据工程实践中的具体问题，进行关键技术攻关，对其中的一些流程、步骤、细节等进行了微调和补充，不断升级与完善PYROIS系统。PYROIS系统初建于2007年，2011年年初，PYROIS系统1.0版本上线，目前该系统3.0版本已研发完成。

在很早之前就有想要写这本书的想法，分享研究实践中的一些想法和体会，为从事相关研究的人员提供一些思路、方法和参考，但一直没有时间。其间，也陆陆续续地发表了一些研究论文，但没有进行系统性阐述。PYROIS系统3.0版上线之后，空闲时间较以前也多了些，便抓紧时间完成了早已有的写书的想法。

本书的主要思想是利用自然语言处理技术和机器学习方法对已有的公认领域知识进行重构并加以利用；在构建领域本体的基础上，对相关文献进行语义标注；并在大量内容相对语义化的基础上，结合传统组织资源，通过机器学习等方法，生成初始语义元数据；然后，在辅助平台的帮助下，实现图书馆资源组织语义化过程与语义元数据体系构建同步进行，将语义标注文献与语义索引分别存储，实现图书馆资源组织语义化。

在思想理论指导及技术目标的驱动下，相关研究及实践工作体现在以下几个方面。

知识元数据库构建技术。从充分开发和利用百科全书资源的角度出发，利用自然语言处理技术和语言分析工具分析百科全书资源，发现其中隐含的知识点及其之间的内在关联，将大量的、不断出现的知识点结构化地组织和关联起来，构成智能连接的知识网络，建立知识元数据库。

语义元数据构建与标注一体化技术。将图书馆资源组织语义化看作图书馆资源语义标注的浅层标注，是内容语义化与形式语义化交互实现的过程，基于 NLP 理论与方法，结合传统图书馆资源组织方式与领域本体构建技术，搭建辅助构建及标注一体化平台，实现语义元数据体系构建与资源组织语义化过程同步实施。

领域本体自动构建技术。通过领域本体构建、语义标注等信息技术的融合与集成，将行业领域知识合理分类，构建以知识点为基本单元的图书、期刊、专利数据库，以智能检索、知识语义导航、可视化等方式为科学研究、技术开发、工程设计、工程应用的开展提供知识服务，实现知识的共享与重用。

一体化爬虫技术。针对语义爬虫存在的不足，实现从一个概念出发，自动生成语义结构，用该语义结构指导爬虫抓取数据资源；同时，在爬虫爬行过程中，不断从数据中抽取相关的概念及其之间的关系，并填充进语义结构，实现语义结构进化和爬虫爬行迭代一体化。

资源融合精准解析技术。以科技信息资源和服务体系为基础，对专利、图书、论文、科技报告等资源进行精准解析与深度融合，突破海量知识数据的存储、组织、索引和检索的效率与性能，构建领域知识关联网络，以检索、分析、评价及可视化的方式提供服务，为政府决策、企业创新提供信息支撑。

受限领域语义资源构建技术。在领域资源匮乏的情况下，根据已知线索从多种渠道获取和利用外部资源，进行结构化、知识化处理，最大限度地完成资源内部知识体系的构建与资源的语义化标注处理，为行业领域知识服务应用场景提供数据支撑。

技术寻源技术。连接全球的创新企业、机构、专家、个人用户，汇集各方需求，实时匹配一流的技术解决方案，从传统的“靠自己”的研发模式转型为用户、资源全流程交互的开放研发模式，帮助用户获得产品的优先体验权和资源获得优先供货权，并助力小微企业快速实现产品迭代升级。

现在这个阶段主要围绕基础技术、行业共性技术及部分个性技术进行研发，并对思想理论进行验证。后续将吸收与结合大数据、深度学习等一些先进理论、方法和技术，进一步深入开展相关研究，以面向行业领域提供一站式的知识服务综合解决方案。

本书是国家社会科学基金项目“图书馆资源组织语义化理论及方法研究”（项目编号：12BTQ006）的最终研究成果。中国科学技术信息研究所的领导及科学技术文献出版社的编辑对本书的出版给予了大力支持，在此深表感谢。

在本书的编写过程中，参阅了大量的专业图书和文献，汲取了很多精髓，特别是引用了部分图表、数据等，在此，向有关作者表示诚挚的感谢。我的研究生郭志军、郑德举、张子渊、龚幸伟、王睿佳、孙丽君、帅远华、王明程、肖铮等人不同程度地参与了前期的研究工作，研究生黄毅在资料整理方面做了大量的工作，在此一并表示感谢。同时，也向开发团队人员表示感谢。

由于水平和经验有限，加之书中涉及内容广泛，难免有不足之处，恳请同行专家和读者批评指正，以便在再版时进一步修订完善。

刘　耀

2018 年 2 月

目　　录

图表目录

1 绪 论

1.1 研究意义

图书馆中存储了大量的文献资源，这些文献中蕴含了丰富的知识。如何帮助用户全面、快速、准确地发现这些知识及其相互之间的关系，并从不同的维度进行展示，进而辅助用户更高效地进行知识创新，这是实现下一代文献服务的跨越式发展，也就是从文献信息检索服务上升到文献知识服务的关键问题。因此，网络环境下的图书馆资源组织语义化已是大势所趋。所谓语义化，就是选择适合的语义标签，通过资源中标签的内容反映资源的语义特征，从而将内容转换成计算机可识别的形式，使计算机在一定程度上实现对资源内容的理解和掌握。

在图书资源的语义化问题上，依据书目原理①与共轭控制理论②提出内容语义化和组织语义化2个层次。内容语义化，即利用自然语言处理技术对文献资源进行语义标注，实现计算机对文献内容的理解和掌握。计算机理解文献内容的前提是了解每个词的意义是什么，词的意义如何结合成句子的意义及句子的意义如何构成篇章的意义等。文献内容丰富多样、浩若烟海，实现内容语义化虽然是资源语义化的终极目标，但就目前的自然语言处理技术来看，基本上难以实现。而知识服务又要求必须实现资源的结构化与语义化，因此，可将其视为事物甲。组织语义化强调的是通过各类标签表示的组织形式上的语义化，其对语义化的解释前提是概念及概念关系的结构化与网络化。当前情报检索语言已达到相当高的控制水平，可以通过自然语言处理

---

① 书目原理是指把某文献信息浓缩为对应的款目作为该文献信息的替代品，再将款目组织排列成书目作为文献信息群的替代品，进而通过书目对文献信息进行揭示、识别和检索，以达到有效控制海量文献信息的目的。

② 共轭控制理论是指需要控制而又未能控制的事物甲与可控制的事物乙之间具有相似或相关的关系，施控者通过控制事物乙以达到控制事物甲的目的。

技术结合高密度知识单元对其进行重构与改造，使其具备一定的语义结构，进而实现资源组织的语义化，所以，可将其视为可控制的事物乙。

那么，能否通过控制事物乙达到控制事物甲的目标呢？这是由内容语义化与形式语义化的关系决定的。其实，内容语义化和组织语义化并不是独立的，本书是根据内容的语义选择标签的（即语义标注），这时标签的语义也就代表了内容的语义。笔者认为图书馆资源组织语义化，可以看作图书馆资源语义标注的浅层标注，是内容语义化与形式语义化交互的实现过程。因此，本书提出了“基于内容与形式交互的图书馆资源组织语义化方法研究”的设想，其中涉及语义元数据的生成和语义标注两个关键问题。

语义元数据（Tag Ontologies），也称作标签本体，可提供数据的语义信息，是图书馆资源组织语义化的重要工具。在将人类能阅读的信息转换为机器可处理的信息过程中，语义元数据起着极为重要的作用。这也使得近年来给数据赋予语义信息的工作，即语义元数据生成，得到了越来越多的研究人员的关注。语义元数据生成技术与领域知识库或领域本体构建技术，从技术实现来看基本上是一致的，方法与理念也相对成熟。通过开展艰苦的探索与研究，研究团队现已取得大量成果。

另外一个关键问题是语义标注，目前来说，语义标注的方法有3类：人工标注，利用领域文档类型定义（Document Type Definition，DTD）和对文档模式进行概念映射和标注，以及利用词汇语义分析进行标注。人工语义元数据标注需要耗费大量时间且包含大量错误，人们通过研发标注工具来集中处理特定任务以简化工作。为了进一步减少人工参与，一些半自动的辅助技术被集成到上述标注工具中。为了彻底地自动化整个标注过程，大量的工作集中在研究设计自动语义元数据生成模型与方法。

以上研究存在内容语义化与组织语义化概念模糊的问题，即将组织语义化等同于内容语义化。也就是说，内容的语义化过程过度依赖自然语言处理研究的突破，而理论上的局限则导致了资源语义化实现的结果不理想。国外部分学者也认识到了这一点，提出了通过整合民俗分类法和本体，以丰富标签的语义表达功能的解决方案。民俗分类法的强大在于它可以聚合所有个人感兴趣的、被标签标注的信息。这对于网络信息组织来说具有一定的优势，但对于图书馆资源组织来说就太过于随意了。因此，本书提出基于自然语言处理与机器学习的理论与方法，结合图书馆传统资源组织方式（分类法、主题词法）与领域本体自动构建技术，构建语义元数据体系，搭建辅助构建及标注一体化平台，进而实现体系构建与资源组织语义化过程同步实施的理论与方法。

研究意义如下。

①提出了内容语义化与组织语义化区别对待的理论与方法，明确内容语义化与组织语义化的关系，使资源语义化分阶段分层次实施。

②依据书目原理和共轭控制理论，将目标锁定在语义元数据体系构建上，使其在自然语言处理技术不太成熟的情况下，能大幅提高资源语义化标注的自动化程度，也使组织语义化快速实现成为可能。

③开发基于语义元数据的中文自动标注技术，实现自动或半自动汉语资源的语义标注过程。

④通过资源组织语义化的建设，可厘清领域的知识脉络，揭示领域知识构成、知识层次、知识来源等，深化认识，便于建立领域的知识分类导航和信息资源定位，为知识服务系统奠定了基础。

⑤通过领域元数据体系的构建与生成，有利于促进领域信息的传播与交流，同时提升信息服务的社会及行业影响力，形成良性的宣传效应，吸引公众的关注。

1.2 研究思路

利用自然语言处理技术和机器学习方法对已有公认领域知识，如专业叙词表、专业词典、专业教材或权威著作等进行重构利用，在构建领域本体的基础上，研发中文文献资源语义标注等关键技术，对相关文献进行语义标注，并在大量内容相对语义化的基础上，结合传统组织资源（叙词表等），通过机器学习等方法，生成初始语义元数据，然后在辅助平台的帮助下实现图书馆资源组织语义化过程与语义元数据体系的构建同步进行，并将语义标注文献与语义索引分别存储，实现图书馆资源组织语义化。流程与结构如图 1-1 所示。

技术方案的特点包括如下内容。

①面向特定任务的方案设计：涉及的词汇语义、句子语义和篇章语义分析都要围绕着如何服务于知识抽取、智能信息检索这一应用实践。这样资源组织语义化的每项具体研究才有一个目标而不过于宽泛，并可以通过相关的评测平台验证其合理性。

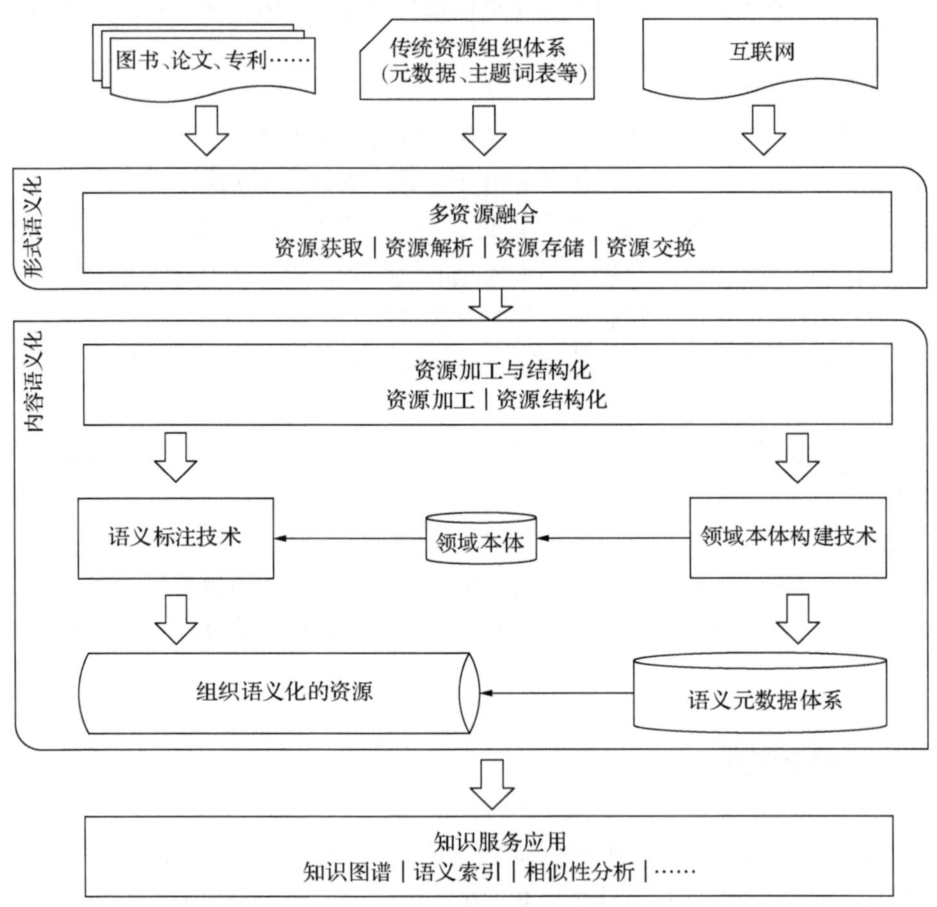

图 1–1　流程与架构

②专业知识与数据驱动相结合：通过专业语义知识库弥补非典型语言现象与领域知识统计数据不足的问题，研究针对专业领域的句法语义一体化的句子理解模型，同时进行句子的词义标注、短语识别及语义角色标注，以在一定程度上达到对专业文献语句的理解水平。

③语言学理论和统计学习模型相结合：各个层次上的语义标注要进一步在技术上有所突破离不开语言学理论的指导。例如，要进行句子层的语义分析，就要对语言的谓词逻辑有很好的掌握；要进行篇章级别的语义分析，就要理解篇章分析理论的实质，并将其形式化；而要语言学理论最终服务于自动标引任务，还要善于利用统计学习方法，为语言学问题建模，从而自动高

效地解决问题。

④资源构建和工程实践相结合：一方面要重视标注语料库的构建；另一方面要重视应用系统的开发。研究目标是为了有效地解决图书馆资源组织语义化问题，因此，各个研究点都必须通过工程实践，最后整合到系统中进行评估和验证。

1.3 研究内容

在借鉴国内外研究成果的前提下，提出了形式语义化与内容语义化交互的资源组织语义化理论与技术方案，实现了资源组织语义化过程与语义元数据体系构建的同步进行，涵盖了从资源获取、资源加工到知识服务的全流程。具体研究内容如下。

①多资源融合（第 2 章）。研究资源获取、资源解析、数据交换、资源存储的方法与技术，资源获取与融合是语义资源构建的数据基础。

②资源加工与结构化（第 3 章）。研究资源加工与结构化的方法与技术，根据需求将获取的资源进行内容加工与结构化，形成结构化的语料、词典、词表结构。

③本体构建技术（第 4 章）。研究包括模型构建、词表转换、属性获取、关系获取等一整套本体构建相关的技术，利用已有资源进行本体的自动构建。

④语义资源生成与标注一体化（第 5 章）。研究基于领域本体的语义标注技术，实现资源的自动语义标注。

⑤应用案例研究（第 6 章）。基于真实的应用案例，阐述资源组织语义化的方法与流程。

1.4 关键问题

关键问题如下。

①语义标注技术。拟在标签数据描述深度协同性研究的基础上，利用语义索引来实现和存储语义标注结果。其主要思想是，不按照整篇文档进行索引，而是将其切分成不同颗粒度的文本片段单独进行索引，并在索引中加入指示其颗粒度和语义信息的域。

②面向知识密集型文本片段的风格特征的表示、获取及应用研究。拟通过对专业教材、专著及百科全书的释义文本进行术语识别和浅层分析，学习表示领域概念关系的语言表示模式。结合传统的图书馆文献资源组织方式的结构标记集，从广泛存在的文本资源中选择知识密集型文本片段，作为获取领域新知识的来源，进而构建训练语料库。

③开发辅助构建平台，实现人机协作的语义关系自动提取机制的优化。拟设计一套机器学习机制，用于从人类专家的校对过程中学习用于自动校对的知识。该机器学习机制将利用一套校对模式集，通过错误驱动的学习策略来实现。

1.5 创新之处

图书馆资源组织语义化是图书馆资源语义标注的浅层标注，是内容语义化与形式语义化交互实现的过程，深入研究相关理论与方法，进一步明确内容语义化与组织语义化的区别与联系，可以使资源语义化更加合理地分阶段分层次实施，在自然语言处理技术不太成熟的情况下，大幅提高资源语义化标注的自动化程度，有效地促进图书馆资源语义化过程。创新之处主要表现在以下几点。

①利用语义标注语料结合主题词表生成语义元数据（方法创新）。利用主题词表的概念做本体的概念节点，并保留基本语义关系，主要是纵向关系，如心肌炎的上位词是心血管疾病，下位词是病毒性心肌炎等；利用专业词典切分标注文献资源，提供领域切分标注语料功能，揭示术语的真实分布，为语义计算提供数据基础；利用教材、专著等确定概念间横向语义关系，如疾病的关系涉及疾病的发病机理、诊断、治疗、鉴别诊断、用药、预后等，这些关系均可以从教材及专著中获得；利用本体技术构建立体网状语义结构，生成概念间其他语义关系，如利用类的属性设置功能将生物化学物品类设定为疾病类的治疗属性，赋予生物化学物品药物的语义，这样生物化学物品就与疾病构成了治疗关系。

②构建中文语义标注系统，现有的系统不支持中文（技术创新）。开发语义标注技术，实现中文文献的自动或半自动语义标注。

③内容语义化与组织语义化分开实现并互为基础（理论方法创新）。这一思想与方法的提出与实现，可以有效地促进图书馆资源语义化过程，使语

义标注加工与知识服务成为可能。

④从资源获取、资源加工到知识服务的理论、方法、技术全流程覆盖。实现技术工具化、工具业务化、业务自动化；形成多维度、立体、相互关联的知识结构；使数据驱动与专家智慧相结合。

1.6 撰写思路

基于以上的思考与分析，本书的撰写思路如下。

①在整体结构上，按照资源组织语义化的步骤流程。

②在章节的体例上，体现“技术工具化、工具业务化、业务自动化”的特点；一级标题：体现业务自动化的特点，即以自动化为纲阐述业务处理；二级标题：体现工具业务化的特点，即以业务为纲阐述各种工具处理与分析；三级标题：体现技术工具化的特点，即以工具为纲阐述相关技术分析。

③在具体内容的阐述上，技术部分主要说明技术的原理、流程、方法、结果及分析；数据处理部分主要说明其目标和意义、流程、方法、处理前后对比及分析。

1.7 本章小结

本章介绍了图书馆资源组织语义化的研究意义、研究思路、研究内容、关键问题、创新之处及撰写思路，让读者从宏观层面了解本书的立意、思路及内容组织。

2 多资源融合

本章主要介绍多资源融合的相关内容。多资源融合是指对不同来源、不同层次、不同结构、不同内容的资源进行识别与选择、汲取与配置、激活和有机融合，使其具有较强的柔性、条理性、系统性和价值性，从而创造出新的资源的一个复杂的动态过程。该过程包括根据资源语义化组织的需要，对信息资源组织涉及的网络、数据库及本地等多种资源进行采集与获取；根据各类资源的格式及特点进行解析，并依据统一的标准，将解析后的资源入库数据交换池，提供数据交换服务。

2.1 资源获取

资源获取是多资源融合的基础。通过从网络、数据库和本地资源等多渠道获取多格式和多载体的资源，为基于数据驱动的资源组织语义化提供基础数据支撑，其中获取的对象包括图书、论文、专利、报告、新闻等。

2.1.1 网络资源获取

互联网中的资源都是通过统一资源定位符（Uniform Resource Locator，URL）进行标记定位的，每个 URL 对应网络中的一篇文档，文档的格式可能是多种多样的，包括 HTML、Word 和 PDF 等格式。这些文档资源通过链接形成网络状的结构，为了更有效地提取网络中的文本，本书针对网络中资源的分布情况，介绍了网络文本获取与清洗的相关方法和技术，并从获取的广度、深度、相关度和一体化程度 4 个方面加以阐述。

（1）普通爬虫

普通爬虫爬行对象从一些种子 URL 扩充到整个 Web，主要用来为站点搜索引擎和大型 Web 服务提供商采集数据，其基本工作流程如图 2-1 所示。

爬虫在抓取策略上可以分为深度优先遍历抓取（DFS）、广度优先遍历抓取（BFS）和最佳优先遍历抓取 3 种。

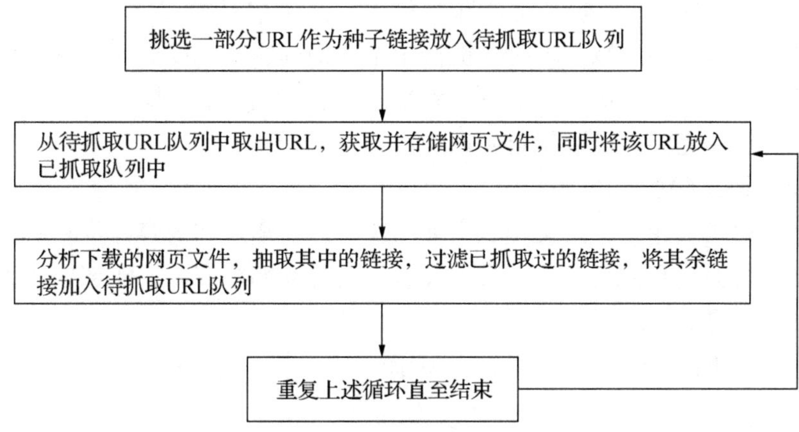

图 2-1　普通爬虫工作流程

深度优先遍历抓取策略是指在抓取过程中，每遇到一个链接就顺着链接一直抓取。这种抓取的实现方式比较简单，缺点是网络本身资源庞大，可能链接的指向没有尽头，抓取的页面内容与种子链接中页面内容关联不大。

广度优先遍历抓取策略是指在抓取过程中，完成当前层次的所有页面抓取后，再进行下一层次的抓取。这种方法的优点是主题相关性的概率要高于深度优先策略，而缺点在于没有有效的优先级判定机制，性能依赖于网页本身的链接结构。

最佳优先遍历抓取实际上是在广度优先遍历抓取策略的基础上，优先抓取与领域主题内容相关的链接，通过分析链接标签的内容及链接所在文档 DOM 树（Document Object Model）中的位置进行判断。

应用最佳优先策略进行网页内容抓取，考虑了链接标签本身的内容，并通过知识实体的映射来判断该链接的优先级。

例如，一篇描述麻疹相关内容的网页中出现了如下链接：

```
① <a target = "_blank" http://jbk. 39. net/mz/zztz" > 麻疹的症状,麻疹的早期症状,体征 </a >
② <a href = "http://corp. 39. net/info/about. html" target = "_blank" rel = "nofollow" > 网站介绍 </a >
```

其中，<a >标签说明这是网页中的链接，目标是另一篇文档的位置是

href属性中的内容，而标签闭合部分包含的文本内容描述了该链接的属性。在抓取关于麻疹的领域文本时，链接①指向的内容相关度要高于链接②指向的内容。这种方法的优点是在一定程度上能高效地抓取领域相关主题内容，缺点是不能够完整地抓取特定领域的内容。

（2）语义爬虫

与普通爬虫相比，语义爬虫增加了链接评价模块和内容评价模块，只抓取与主题相关度高的页面，极大地节省了硬件和网络资源，能更好地满足对特定领域信息的获取需求。

语义爬虫的工作流程如图2–2所示。

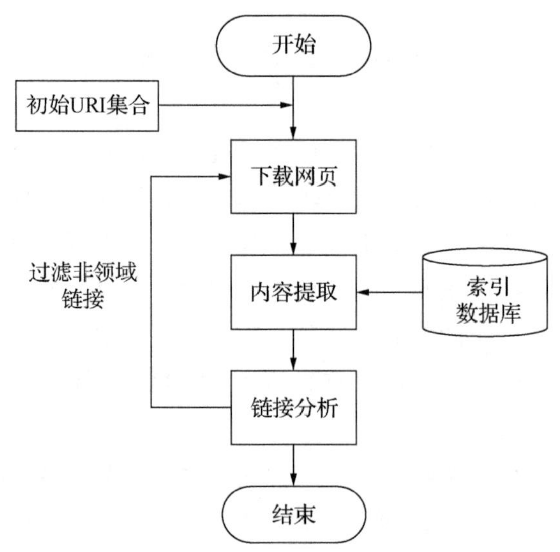

图2–2　语义爬虫工作流程

根据扩充策略对用户输入的关键词进行语义扩充；从初始URL开始抓取网页，从下载的网页中提取文本内容，并计算相关度，存储相关度高于阈值的网页；从下载的网页中提取链接，根据抓取策略计算链接得分，将高于阈值的链接加入待抓取队列并进行排序；根据链接顺序，依次抓取待抓取队列中的链接；重复上述循环直至结束。

（3）一体化爬虫

一体化爬虫能根据用户输入的关键词，自动构建一个基础语义结构，并通过下载的网页不断进化结构，同时利用结构更好地抓取网页资源。初始的语义结构具有重要作用，既担负着指导爬虫爬行的任务，又决定了语义结构后续的进化方向。初始语义结构构建是根据用户输入的关键词，自动构建出包含该词关联词的层状语义结构，如图 2–3 所示。

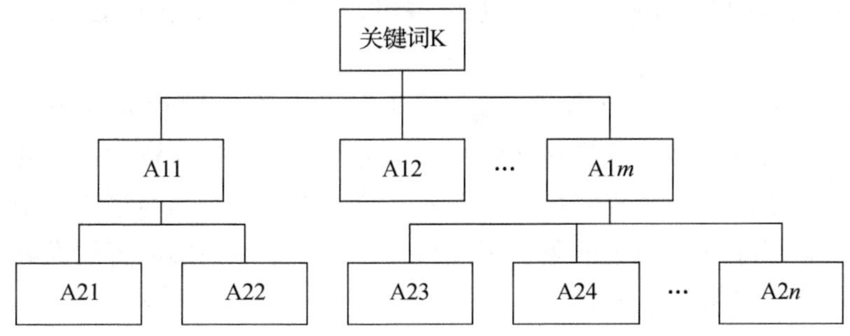

图 2–3　初始语义结构示意

其中，第 0 层为用户输入的关键词 K，第 1 层为 K 的关联词，第 2 层为 K 所在领域内对应第 1 层关联词的关联词。

选取《汉语主题词表》作为首要资源，从中抽取相关词条作为初始语义结构的来源。《汉语主题词表》是中国第一部大型综合性叙词表，全书分为社会科学与自然科学 2 个系统，共收录叙词 11 万条，包括了人类知识的所有门类。《汉语主题词表》结构完备，词汇控制严格，词汇类目丰富，揭示了主题词之间的语义关系，同时兼备规范性和权威性，词间的主要语义关系如表 2–1 所示。

表 2–1　词间的主要语义关系

关系类型	说明
等级关系	“属”项（上位叙词），符号为“S”；“分”项（下位叙词），符号为“F”
相关关系	“参”项（相关叙词），符号为“C”
同义关系	“代”项（非正式叙词），符号为“D”；“用”项（正式叙词），符号为“Y”

但《汉语主题词表》的最后一次修订距今已有 20 多年，维护和更新比较缓慢，对新词的收录也不全，单纯利用《汉语主题词表》构建初始语义结构会出现较多问题，如新词没有收录和词义错误等，而网络信息资源恰好能在一定程度上弥补这些问题。因此，本书引入其他一些资源作为关联词提取的来源。

百科类资源：百度百科、维基百科词条的一级目录。截至 2017 年 12 月，维基百科英文版已有 550 多万条条目，中文版有近 100 万条条目，百度百科已经拥有超过 1500 万条词条，基本上涵盖了所有已知的知识领域。同时，二者均采用开放协作的方式进行编辑，其准确性、及时性也有一定的保证。

图书目录类资源：当当网、亚马逊是国内 2 个规模较大的图书销售网站，包含图书数量多，目录格式较规范，可作为图书目录资源的来源。图书作为一种主要的知识传播载体，是非常规范的出版物，内容系统、全面，且成熟可靠。目录作为图书的重要组成部分，往往是对该书内容的准确概括和总结，具有非常高的权威性。

网页类资源：百度搜索、必应搜索通过检索关键词得到的网页标题。网页涵盖的信息比较全面，能够很好地弥补新词、生僻词等。搜索引擎可以作为获取网页信息的入口，但商业搜索引擎页面中往往含有较多的广告，会对结果产生一定影响，所以，选择了广告较少的百度新闻和必应搜索结果的标题。

自动构建初始语义结构的资源来源组成如表 2–2 所示。

表 2–2　用来构建初始语义结构的资源来源

资源名称	资源地址	资源介绍
《汉语主题词表》	本地	《汉语主题词表》是中国第一部大型的综合性叙词表，由中国科学技术信息研究所和北京图书馆联合主持。该叙词表分为社会科学、自然科学和附表 3 卷，共 10 个分册，收录主题词 108 568 个，其中正式主题词 91 158 个，非正式主题词 17 410 个
百度百科	http：//baike. baidu. com	百度百科是百度公司推出的一部编制自由、内容开放的网络百科全书平台。截至 2017 年 12 月，百度百科已经收录了 1500 多万条词条，参与词条编辑的网友已超过 580 万人，其内容几乎涵盖了所有的已知知识领域

续表

资源名称	资源地址	资源介绍
维基百科	https：//www. wikipedia. org	维基百科是一个内容自由、公开编辑且多语言的网络百科全书协作项目，是世界上最大的网络百科全书平台。目前维基百科中文版已有近100 万条条目
当当网	http：//www. dangdang. com	当当网是全球知名的综合性网上购物商城，于1999 年 11 月正式开通。目前，当当网在库图书及音像商品超过了 80 万种，而且当当自营图书相关信息介绍也比较完整
亚马逊	https：//www. amazon. cn	亚马逊成立于 1995 年，是美国最大的一家网络电子商务公司，在多方面领先于中国网上书店。亚马逊有超过 700 万种图书，而且其自营图书也拥有非常规范的简介和目录等信息
百度新闻	http：//news. baidu. com	百度新闻是目前世界上最大的中文新闻搜索平台，它从上千个新闻源中收集并筛选新闻报道，为用户提供最新、最及时的新闻，而且其报道突出新闻的客观性和完整性
必应搜索	http：//cn. bing. com	必应是微软公司于 2009 年 5 月 28 日推出的、用以取代 Live Search 的全新搜索引擎服务，它是全球领先的搜索引擎之一

其中，第一层关联词提取流程如图 2-4 所示，经过该处理后，初始语义结构的第一层即可构建完成。

而关键词 K 及 K 的第一层关联词 A11，其对应的第二层关联词提取流程如图 2-5 所示。

关联词得分是构建初始语义结构的依据，而百科类、图书目录类、网页标题类及《汉语主题词表》4 类资源对应的权重值是准确计算关联词得分的基础。通过实验测定这 4 类资源对应的权重值并确定关联词得分阈值的经验值。

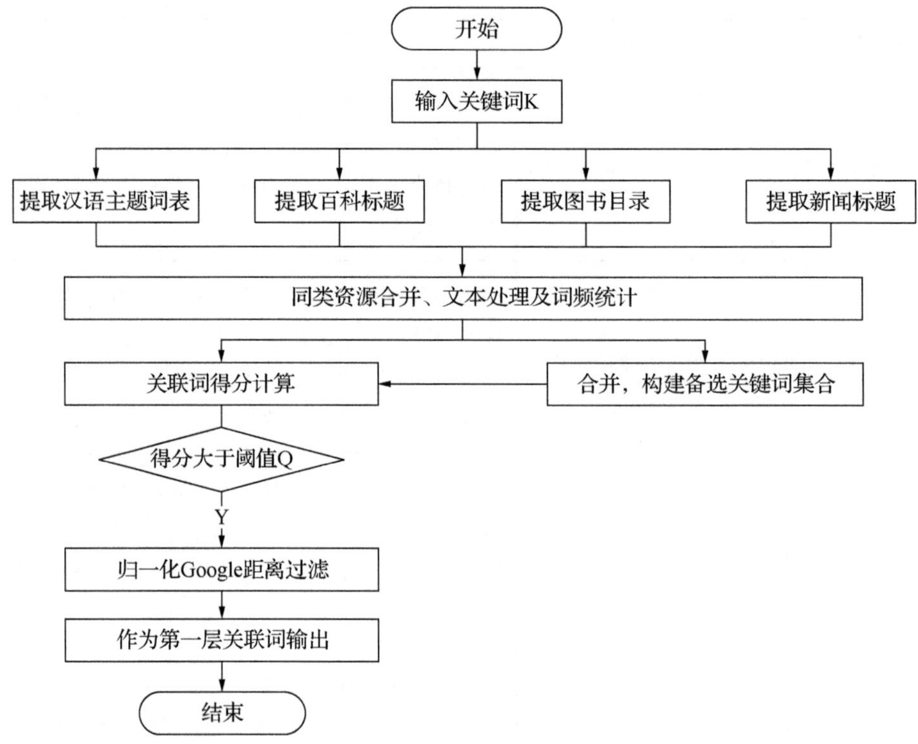

图 2-4　第一层关联词提取流程

实验数据如下。

随机选取 10 个词作为关键词进行测试，选取的词包括“废水”“水泥”“光纤”“杀虫剂”“厨具”等。

评价指标如下。

本实验选择准确率（P）、召回率（R）及 F-Score 值（F 值）作为评价指标。

$$准确率 = \frac{获得的关联词个数}{获得的词总数} \times 100\% \tag{2.1}$$

$$召回率 = \frac{获得的关联词个数}{关联词总数} \times 100\% \tag{2.2}$$

$$F = \frac{(\alpha^2 + 1) P \times R}{\alpha^2 (P + R)} \tag{2.3}$$

其中 α 是用于确定准确率和召回率权重的参数，当 α 等于 1 时，认为二

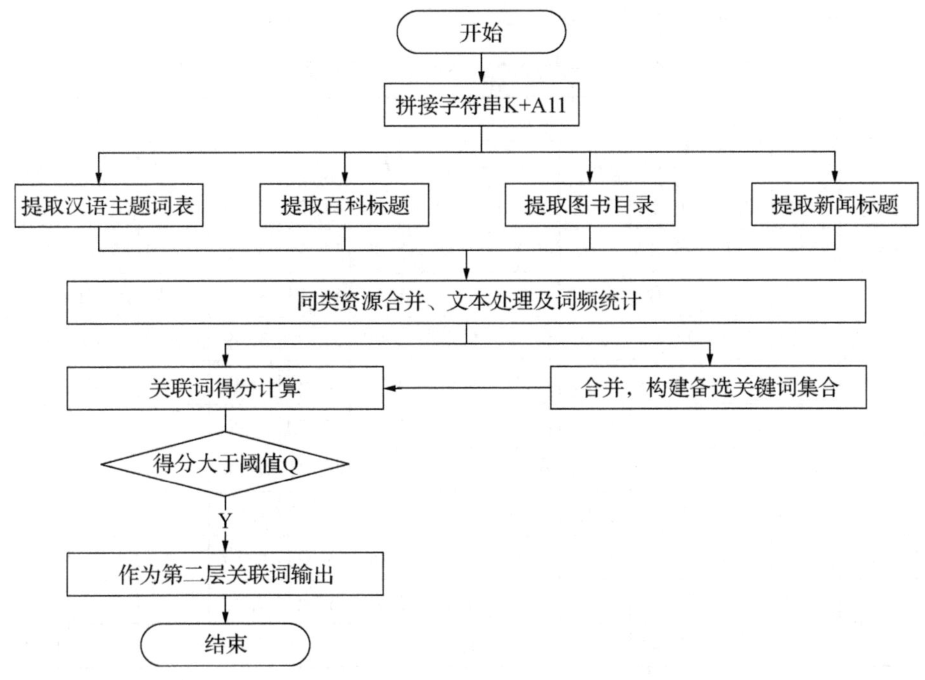

图 2-5　第二层关联词提取流程

者权重相当，F-Score 值即为 F_1 值。

$$F_1 = \frac{2 \times P \times R}{P + R} \tag{2.4}$$

实验方法如下。

对于每一个关键词，按照关联词提取流程分别抓取百科类资源、图书目录类资源、网页标题类资源及《汉语主题词表》相关条目；进行处理后，得到百科类资源的词频集合 A、图书目录类资源的词频集合 B、网页标题类资源的词频集合 C、《汉语主题词表》的词频集合 D 及备选关联词集合 W。

假定 W 中已经包含了关键词的所有关联词，对 W 进行人工标注，标注出所有的关联词，分别统计出 A、B、C、D 集合总词数、关联词个数，并据此计算准确率、召回率及 F_1 值，进而计算得到 4 类资源权重。然后，根据确定的 4 类资源权重，计算 W 中每个词的关联词得分，并根据人工标注结果计算每个关联词得分分段内的所有关键词的平均 F_1 值，绘制折线图。

实验结果如下。

实验的准确率、召回率及 F_1 值结果如表 2-3 所示。

表 2-3　各类资源对应的准确率、召回率及 F_1 值（%）

关键词	*A*			*B*			*C*			*D*		
	P	*R*	F_1	*P*	*R*	F_1	*P*	*R*	F_1	*P*	*R*	F_1
废水	60.00	37.50	46.15	3.42	93.75	6.61	2.38	43.75	4.52	7.32	18.75	10.53
水泥	25.93	31.82	28.57	4.07	90.91	7.80	3.68	54.55	6.90	13.79	18.18	15.69
光纤	41.67	17.86	25.00	6.21	92.86	11.63	4.66	46.43	8.47	21.43	10.71	14.29
杀虫剂	27.27	21.43	24.00	3.19	57.14	6.04	2.90	50.00	5.49	12.50	7.14	9.09
厨具	21.74	12.82	16.13	4.48	41.03	8.08	6.71	58.97	12.04	14.29	2.56	4.35
宗教	33.33	8.33	13.33	5.54	95.83	10.48	3.24	37.50	5.96			
电池	38.89	14.89	21.54	6.86	80.85	12.65	9.91	46.81	16.36			
生物	28.13	64.29	39.13	2.13	92.86	4.16	0.95	21.43	1.81			
汽车	31.43	35.48	33.33	3.60	80.65	6.90	3.06	29.03	5.54			
硫酸	55.56	27.78	37.04	2.67	77.78	5.17	2.79	38.8	5.20			
平均			28.42			7.95			7.23			10.97

根据各类资源的平均 F_1 值计算所占的权重，结果如表 2-4 所示。

表 2-4　各类资源权重

资源类别	权重
百科类资源 *A*	0.52
图书目录类资源 *B*	0.15
网页标题类资源 *C*	0.13
《汉语主题词表》*D*	0.20

第一层语义结构构建完成后，构建第二层语义结构时去掉了百科类资源，将百科类资源的权重依比例分配给其他 3 类资源作为资源的权重，其结果如表 2-5 所示。

表 2-5　构建第二层语义结构时的各类资源权重

资源类别	权重
图书目录类资源 *B*	0.31
网页标题类资源 *C*	0.27
《汉语主题词表》*D*	0.42

按照如上权重，关联词得分分段平均 F_1 值折线图如图 2-6 所示。

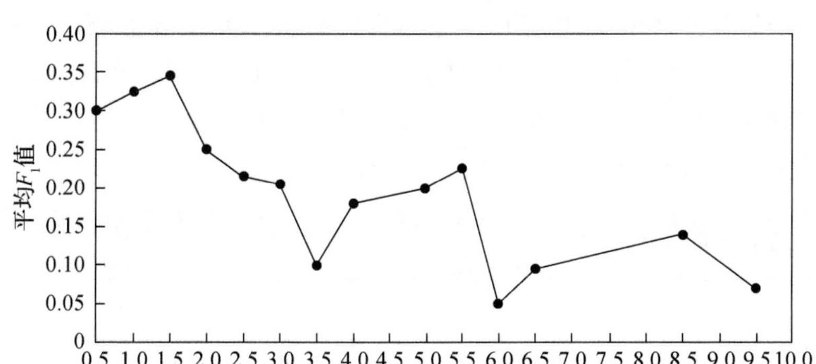

图 2-6　不同阈值时的平均 F_1 值

从图 2-6 可以看出，在阈值 Q 为 1.5 时，平均 F_1 值取得最大值，所以确定阈值 Q 的经验值为 1.5。

2.1.2　数据库资源获取

数据库，特别是专业数据库，是一种非常重要的数据资源。数据库中以关系模式为基础，利用关系来描述现实世界。关系既可以用来描述实体及其属性，也可以用来描述实体间的联系。关系模型的主要概念术语有关系、元组、属性、码、域、分量、关系模式等。数据模型是现实世界数据特征的抽象，是数据库系统的核心和基础。关系数据模型中包含多个关系，每个关系又包含多个属性，分量是数据表中字段的取值。

数据库包含的数据表及每个表的所有字段，可以通过目标数据库底层结构和元数据获取，并将其以对象形式返回。其操作方法是先根据目标数据库元数据对象获取原始数据，解析目标数据库元数据对象生成感应对象，再动态获取目标数据增量数据，以实现获取数据库数据的目的，最终获取的数据以 TXT 格式或 XML 格式存储。

2.1.3　本地资源获取

本地资源包括出版社图书资源，如 XML/DOCX/XLSX/PDF 格式的词典、图书及期刊论文资源，如 XML/DOCX/XLSX/PDF 格式的论文、企业岗位、设备文档、操作手册、生产数据等。

本地资源的获取要通过 FTP 工具将目标文件存放至指定目录中。FileZilla 是一个免费开源的 FTP 工具，分为客户端版本和服务器版本。FileZilla 客户端是一个快速可靠的，跨平台的 FTP、FTPS 和 SFTP。该工具具有简洁清晰的图形用户界面，操作简单，可控性强，功能强大。该 FTP 工具网址：https：//filezilla-project. org。FTP 工具如图 2-7 所示。

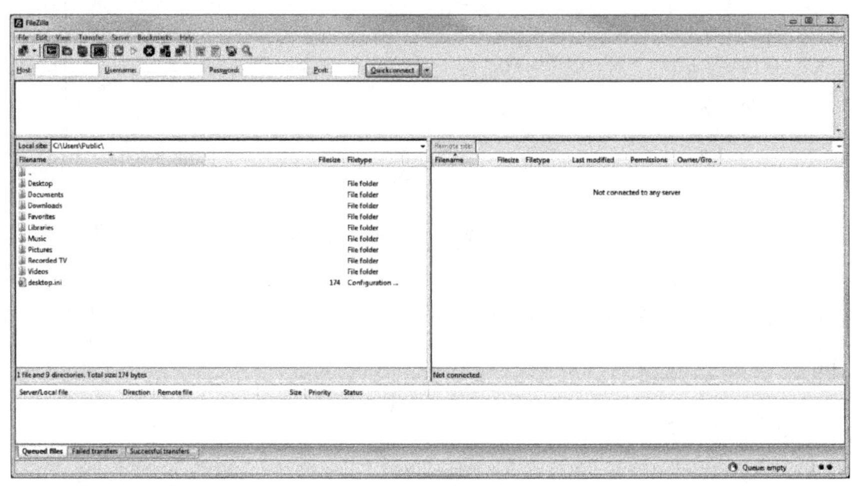

图 2-7　FTP 工具

2. 2　资源解析

资源解析是对获取的资源数据进行解析，主要任务为解析资源的元数据信息、资源本身的结构信息及文本信息，形成统一的数据格式。需要根据资源的结构化程度、类型、载体等层面，进行针对性的处理和解析。

2. 2. 1　多种资源类型解析

（1） 图书的解析

图书作为人类文明的结晶和传承与发展人类文明的载体，凝聚了人类文明和人类知识的精华，具有权威性、学术性和知识性等特征。教材形式的专业书籍或权威著作多以涉及范围全面系统、内容详尽为特点，常被专业学者作为具有保留价值的参考书，用于疑难问题的查询。一套权威的专业教材或著作，不但能够全面地涵盖该领域的基本知识，而且能够系统地反映该学科的体系结构。图书的这些特性主要体现在以下 2 个方面。

①科学性。教材在符合学科专业培养目标的基础上，在结构安排方面，由浅入深，符合学生的认知规律，并注重与本学科和其他相关学科体系教材之间的衔接；在内容设置和表达方面，概念的说明、原理的推导、观点的表达等应正确、严谨而且符合语法规范，可以体现学科发展的新内容。

②先进性。教材不仅能批判吸收先前的科技文化成果，更能在适合我国科技和文化水平的基础上吐故纳新，不断吸纳本学科乃至科学文化的最新发展成果。

图书样例如图 2-8 所示。

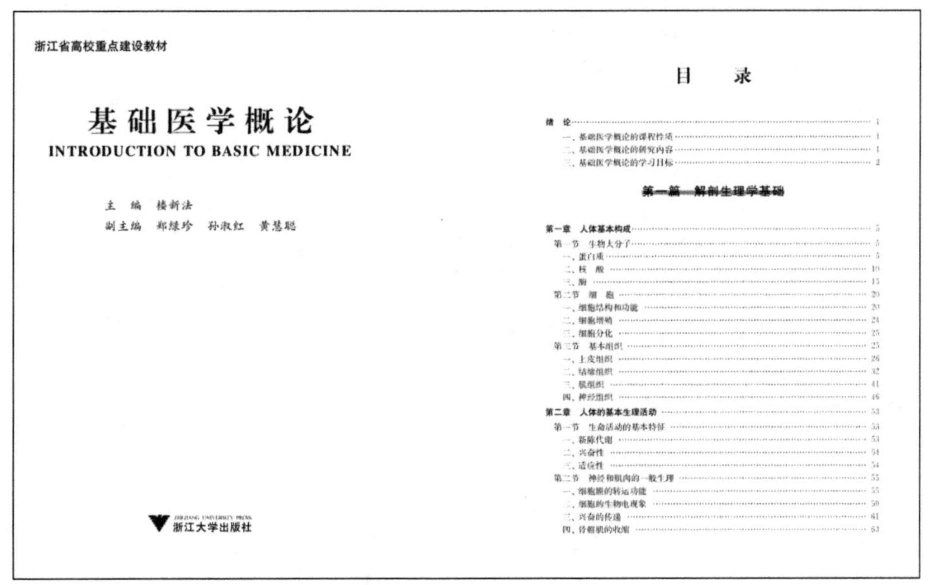

浙江省高校重点建设教材

基础医学概论

INTRODUCTION TO BASIC MEDICINE

主　编　楼新法

副主编　郑绿珍　孙淑红　黄慧聪

ZHEJIANG UNIVERSITY PRESS
浙江大学出版社

目　录

图 2-8　图书样例

根据资源组织语义化的需求，解析图书的元数据、章节结构及相关内容，解析后得到的数据如下：

书名:基础医学概论
出版社:浙江大学出版社
外文书名:Introduction to Basic Medicine
丛书名:浙江省高校重点建设教材
平装:468 页
语种:简体中文

开本:16
ISBN:9787308102353
条形码:9787308102353

目录

正文
第一篇　解剖生理学基础
第一章　人体基本构成

【学习目标】
1. 掌握氨基酸结构特点,蛋白质各级结构。
2. 熟悉蛋白质变质的理化性质。
3. 掌握核酸的化学组成。
4. 掌握 NDA 的结构和功能。
5. 掌握 DNA 变性、复性和杂交。
6. 掌控酶促反应特点。

7. 掌握酶的分子组成和活性中心。

8. 掌握酶原激活和同工酶概念。

9. 熟悉酶促反应动力学影响因素。

第一节　生物大分子

生物细胞内存在许多生物大分子,如蛋白质、核酸、酶、多糖及它们的复合物。它们在细胞内发挥各自的作用,是生命得以体现的物质基础。核酸能够遗传信息,而蛋白质几乎涉及所有的生理过程。核苷酸和氨基酸是组成核酸和蛋白质的基本结构单位。酶是生物体内重要的生物催化剂，生物体内大部分的化学反应是通过酶促反应完成的，而且绝大多数的酶类是蛋白质。上述几种生物大分子在结构和功能上存在密切的联系。

……

（2）论文的解析

论文是指各个学术领域的研究和描述学术研究成果的文章。论文既是探讨问题进行学术研究的一种手段，又是描述学术研究成果进行学术交流的一种工具，主要包括学年论文、毕业论文、学位论文、科技论文、成果论文等。论文样例如图 2-9 所示。

中华医学杂志2015年6月9日第95卷第22期 Natl Med J China, June 9, 2015, Vol. 95, No. 22

·临床研究·

感染相关皮肤病的细菌多样性及耐药性

Preliminary analyses on bacterial diversity and resistance in infection-related skin disorders Jiang Lixiao, Li Dongming, Shang Panpan, Sun Tingting, Xiao Xiaowei. Department of Dermatology, Peking University Third Hospital, Beijing 100191, China

图 2-9　论文样例

根据资源组织语义化的需求，对样例论文的元数据、章节结构及相关内容进行解析，解析后得到的数据如下：

标题:感染相关皮肤病的细菌多样性及耐药性

作者:蒋丽潇,李东明,尚盼盼,孙婷婷,肖秀美

摘要:目的　了解感染相关皮肤病的细菌多样性及其耐药性。方法　回顾性分析　2010 年 3 月至 2011 年 5 月北京大学第三医院皮肤科临床拟诊为皮肤细菌感染或继发细菌感染且标本细菌培养阳性的 54 例患者资料。标本来自皮损痂皮或组织、血液、脓液、渗出液等。应用 VITEK Ⅱ 全自动细菌鉴定仪进行细菌鉴定……革兰阴性杆菌对阿莫西林、丁胺卡那霉素、头孢他啶等药物较敏感。结论　皮肤细菌感染病原菌种类繁多,耐药菌株的出现或为难治性感染的重要原因。

关键词:皮肤疾病　细菌性　微生物敏感性试验　抗药性　细菌

……

正文

细菌感染是皮肤科常见疾病,菌种的变迁及耐药性的形成往往表现为对抗生素疗效差或者无效,后者易被误认为非感染性疾患而施以激素、免疫抑制剂等治疗,其结果可导致皮损加重,或病情慢性迁延,甚至感染扩散而危及生命。本研究主要对感染相关皮肤病进行病原细菌分离、鉴定及药敏性测定,并对其药物敏感性及耐药性进行分析,希望为该类难治性疾病的临床合理用药提供初步的依据。

一、对象与方法

1. 病例来源:回顾性分析:2010 年 3 月至 2011 年 5 月北京大学第三医院皮肤科临床拟诊为细菌感染或继发细菌感染且皮损痂皮、组织或血液、脓液、渗出液等标本细菌培养阳性的 54 例患者资料。

2. 菌种鉴定及药敏试验方法:取患处痂皮(75% 乙醇消毒)、组织、脓液、分泌物,或患者血液,接种于血平皿、中国兰培养基,35℃ 培养 24 ~ 72h,选择其中可疑致病菌(多菌落、单一形态)进行鉴定及药敏试验。使用 VITEK Ⅱ 全自动细菌鉴定仪进行细菌鉴定,K-B 法进行药敏试验,并根据美国抗微生物药物敏感性试验的执行标准 CLSI. M100. S21 判断药敏结果。

质控菌株为金黄色葡萄球菌 ATCC29213 和大肠埃希菌 ATCC25922。细菌鉴定和药敏试验结果中,同一患者在 5 d 内分离鉴定得到相同菌种及相似药敏模式,则被认为是重复培养,在数据库中只计数 1 次。

二、结果

……

(3) 专利的解析

“专利(Patent)”一词来源于拉丁语 Litterae Patentes,意思是公开的信件或公共文献。在现代,专利一般是由政府机关或者代表若干国家的区域性组织根据申请而颁发的一种文件,这种文件记载了发明创造的内容,并且在一定时期内产生这样一种法律状态,即获得专利的发明创造在一般情况下只有经专利权人许可才能予以实施。在我国,专利分为发明、实用新型和外观设计 3 种类型。根据资源组织语义化的需求,可以对专利的元数据、章节结构及相关内容进行解析。专利样例如图 2-10 所示。

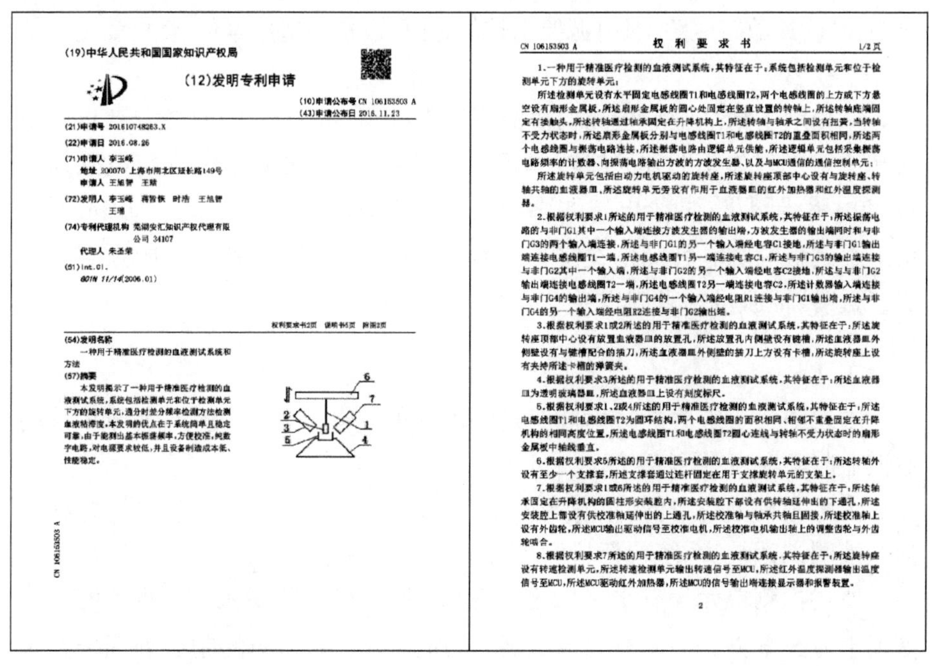

(19)中华人民共和国国家知识产权局

(12)发明专利申请

(10)申请公布号 CN 106153503 A

(43)申请公布日 2016.11.23

(21)申请号 201610748263.X

(22)申请日 2016.08.26

(71)申请人 李玉峰
地址 200070 上海市闸北区延长路149号
申请人 王旭智 王瑞

(72)发明人 李玉峰 蒋智铁 时浩 王旭智 王瑞

(74)专利代理机构 芜湖安汇知识产权代理有限公司 34107
代理人 朱丞荣

(51)Int.Cl.
G01N 11/14(2006.01)

权利要求书2页 说明书5页 附图2页

(54)发明名称
一种用于精准医疗检测的血液测试系统和方法

(57)摘要
本发明揭示了一种用于精准医疗检测的血液测试系统,系统包括检测单元和位于检测单元下方的旋转单元,通分时差分频率检测方法检测血液粘滞度,本发明的优点在于系统简单且稳定可靠,由于能测出基本振荡频率,方便校准,纯数字电路,对电源要求较低,并且设备制造成本低、性能稳定。

CN 106153503 A

CN 106153503 A 权利要求书 1/2页

1.一种用于精准医疗检测的血液测试系统,其特征在于:系统包括检测单元和位于检测单元下方的旋转单元;

所述检测单元设有水平固定电感线圈T1和电感线圈T2,两个电感线圈的上方或下方悬空设有扇形金属板,所述扇形金属板的圆心处固定在竖直设置的转轴上,所述转轴底端固定有接触头,所述转轴通过轴承固定在升降机构上,所述转轴与轴承之间设有扭簧,当转轴不受力状态时,所述扇形金属板分别与电感线圈T1和电感线圈T2的重叠面积相同,所述两个电感线圈与振荡电路连接,所述振荡电路由逻辑单元供能,所述逻辑单元包括采集振荡电路频率的计数器、向振荡电路输出方波的方波发生器、以及与MCU通信的通信控制单元;

所述旋转单元包括由动力电机驱动的旋转座,所述旋转座顶部中心设有与旋转座、转轴共轴的血液器皿,所述旋转单元旁设有作用于血液器皿的红外加热器和红外温度探测器。

2.根据权利要求1所述的用于精准医疗检测的血液测试系统,其特征在于:所述振荡电路的与非门G1其中一个输入端连接方波发生器的输出端,方波发生器的输出端同时和与非门G3的两个输入端连接,所述与非门G1的另一个输入端经电容C1接地,所述与非门G1输出端连接电感线圈T1一端,所述电感线圈T1另一端连接电容C1,所述与非门G3的输出端连接与非门G2其中一个输入端,所述与非门G2的另一个输入端经电容C2接地,所述与与非门G2输出端连接电感线圈T2一端,所述电感线圈T2另一端连接电容C2,所述计数器输入端连接与非门G4的输出端,所述与非门G4的一个输入端经电阻R1连接与非门G1输出端,所述与非门G4的另一个输入端经电阻R2连接与非门G2输出端。

3.根据权利要求1或2所述的用于精准医疗检测的血液测试系统,其特征在于:所述旋转座顶部中心设有放置血液器皿的放置孔,所述放置孔内侧壁设有键槽,所述血液器皿外侧壁设有与键槽配合的插刀,所述血液器皿外侧壁的插刀上方设有卡槽,所述旋转座上设有夹持所述卡槽的弹簧夹。

4.根据权利要求3所述的用于精准医疗检测的血液测试系统,其特征在于:所述血液器皿为透明玻璃器皿,所述血液器皿上设有刻度标尺。

5.根据权利要求1、2或4所述的用于精准医疗检测的血液测试系统,其特征在于:所述电感线圈T1和电感线圈T2为圆环结构,两个电感线圈的面积相同、相邻不重叠固定在升降机构的相同高度位置,所述电感线圈T1和电感线圈T2圆心连线与转轴不受力状态时的扇形金属板中轴线垂直。

6.根据权利要求5所述的用于精准医疗检测的血液测试系统,其特征在于:所述转轴外设有至少一个支撑套,所述支撑套通过连杆固定在用于支撑旋转单元的支架上。

7.根据权利要求1或6所述的用于精准医疗检测的血液测试系统,其特征在于:所述轴承固定在升降机构的圆柱形安装腔内,所述安装腔下部设有供转轴延伸出的下通孔,所述安装腔上部设有供校准轴延伸出的上通孔,所述校准轴与轴承共轴且固接,所述校准轴上设有外齿轮,所述MCU输出驱动信号至校准电机,所述校准电机输出轴上的调整齿轮与外齿轮啮合。

8.根据权利要求7所述的用于精准医疗检测的血液测试系统,其特征在于:所述旋转座设有转速检测单元,所述转速检测单元输出转速信号至MCU,所述红外温度探测器输出温度信号至MCU,所述MCU驱动红外加热器,所述MCU的信号输出端连接显示器和报警装置。

2

图 2-10 专利样例

解析后得到的数据如下:

名称:一种用于精准医疗检测的血液测试系统和方法
申请号:CN201610748263. X
申请日:2016 年 8 月 26 日
公开/公告号:CN106153503A
公开/公告日:2016 年 11 月 23 日
申请/专利权人:李玉峰;王旭智;王瑞
发明/设计人:李玉峰;蒋皆恢;时浩;王旭智;王瑞
主分类号:G01N11/14
分类号:G01N11/14
……

摘要

本发明揭示了一种用于精准医疗检测的血液测试系统,系统包括检测单元和位于检测单元下方的旋转单元,通过时差分频率检测方法检测血液黏滞度,本发明的优点在于系统简单且稳定可靠,由于能测出基本振荡频率,方便校准,纯数字电路,对电源要求较低,并且设备制造成本低、性能稳定。

主权项

一种用于精准医疗检测的血液测试系统,其特征在于:系统包括检测单元和位于检测单元下方的旋转单元;所述检测单元设有水平固定电感线圈 T_1 和电感线圈 T_2,两个电感线圈的上方或下方悬空设有扇形金属板,所述扇形金属板的圆心处固定在竖直设置的转轴上,所述转轴底端固定有接触头,所述转轴通过轴承固定在升降机构上……

正文

本发明所要解决的技术问题是实现一种成本低、性能稳定、易于校准的血液血凝黏滞度检测系统。

为了实现上述目的,本发明采用的技术方案为:一种用于精准医疗检测的血液测试系统,系统包括检测单元和位于检测单元下方的旋转单元。

所述检测单元设有水平固定电感线圈 T_1 和电感线圈 T_2,两个电感线圈的上方或下方悬空设有扇形金属板,所述扇形金属板的圆心处固定在竖直设置的转轴上,所述转轴底端固定有接触头,所述转轴通过轴承固定在升降机构上,所述转轴与轴承之间设有扭簧,当转轴不受力状态时,所述扇形金属板分别与电感线圈 T_1 和电感线圈 T_2 的重叠面积相同，所述两个电感线圈与振荡电路连接，所述振荡电路由逻辑单元供能，所述逻辑单元包括采集振荡电路频率的计数器、向振荡电路输出方波的方波发生器，以及与 MCU 通信的通信控制单元……

（4）词典的解析

词典是按一定的次序编列语词，分别加以解释的工具书。专业词典是由权威机构组织领域专家编写并经过多次修订，准确、全面地收集该领域的相关词汇或术语，及时覆盖新出现的专业词汇，充分体现专业词典的“新”“专”等特点。词典样例如图 2-11 所示。

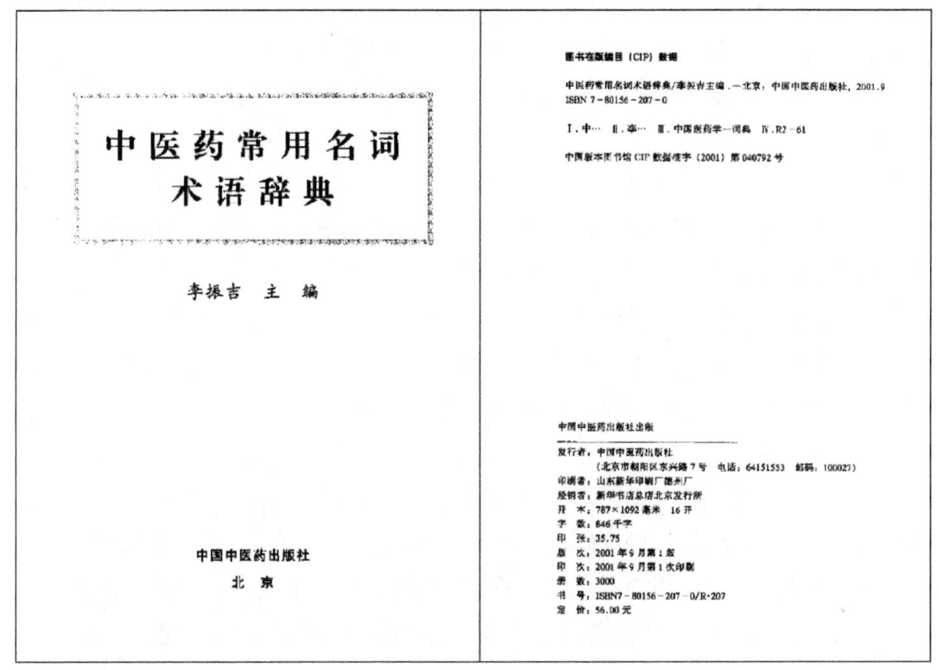

中医药常用名词
术语辞典

李振吉　主　编

中国中医药出版社
北　京

图书在版编目（CIP）数据

中医药常用名词术语辞典/李振吉主编.—北京：中国中医药出版社，2001.9
ISBN 7-80156-207-0

Ⅰ.中…　Ⅱ.李…　Ⅲ.中国医药学—词典　Ⅳ.R2-61

中国版本图书馆 CIP 数据核字（2001）第 040792 号

中国中医药出版社出版

发行者：中国中医药出版社
（北京市朝阳区东兴路 7 号　电话：64151553　邮码：100027）
印刷者：山东新华印刷厂德州厂
经销者：新华书店总店北京发行所
开　本：787×1092 毫米　16 开
字　数：846 千字
印　张：35.75
版　次：2001 年 9 月第 1 版
印　次：2001 年 9 月第 1 次印刷
册　数：3000
书　号：ISBN7-80156-207-0/R·207
定　价：56.00 元

图 2-11　词典样例

根据资源组织语义化的需求，解析词典的元数据、章节结构及相关内容，解析后得到的数据如下：

书名:中医药常用名词术语辞典

作者:李振吉主编

出版日期:2001 年 9 月

出版社:北京,中国中医药出版社

页码:509 页

ISBN:7 - 80156 - 207 - 0

主题词:中国医药学

中图分类号:R2 - 61

摘要:本《辞典》是一部查检中医药常用名词术语的综合性工具书,共收载中医基础理论、中药、方剂、诊断、内经、伤寒、金匮、温病、中医内科学、中医外科学、中医妇科学、中医儿科学、中医骨伤科学(含骨伤科学基础、筋伤学、正骨学、骨病学)、针灸学、推拿学、中医眼科学、中医耳鼻喉科学、中医急症学等学科的常用名词术语共 5701 条。

……

正文

一字　剂量。用唐代"开元通宝"钱币(币上有"开元通宝"四字分列四周)抄取药末,填去一字之量。即一钱匕的四分之一。

一夫法　取穴法。即横指向身寸。见该条。

一阴煎　方剂。出《景岳全书·新方八阵》。功用:滋阴补肾降火。主治:肾水真阴虚损,阴虚火旺,阴虚动血等。组成:生地黄,芍药,麦门冬,丹参,熟地黄,牛膝,甘草。

一贯煎　方剂。见《续名医类案》卷十八。功用:滋阴疏肝。主治:肝肾阴虚,气机阻滞,胸脘胁痛,在酸吐苦,咽干口燥,舌红少津,脉细弱或虚弦,疝气瘕聚。组成:北沙参,麦门冬,干地黄,当归,枸杞子,川楝子。

一钱匕　剂量。用汉代五铢钱币抄取药末,以不落为度。重 1 ~2 克。

一字金丹　方剂。出《证治准绳·幼科》。功用:清热解毒。主治:症毒及症黑陷倒靥,干枯不起。组成:紫花地丁,蚤休,山慈菇。

一垫治法　治法。只用一个固定垫安放在皮肤与夹板之间,主要压迫骨折部位,多用于肱骨内上骨架骨折、肱骨外上髁骨折、桡骨头骨折及脱位等。

……

（5）叙词表的解析

叙词表也称主题词表。以叙词法为主的主题法形成于 20 世纪 50 年代末，是在吸取元词法、标题法及分面组配式分类法等知识组织方法优点的基础上发展起来的。主题法以研究特定事物为中心，揭示与特定事物有关的全部或部分问题，以表达事物主题概念的规范化词语字顺的先后次序排列。主题法使用的规范化语言是被有关的权威机构控制、承认并使用的，其词表中的术语含义明确、清晰、精练、直观、易记，能及时反映新学科、新技术的发展。专业叙词表不但包含了该学科领域中相对完整的术语，而且都经过了该领域专家多年的有序组织，不仅可以为领域本体中概念的创建提供指导，而且叙词表中的限义词、含义注释、等级关系、词间关系也为领域本体概念中的属性、实例及关系的创建提供了线索及指导。叙词表样例如图 2-12 所示。

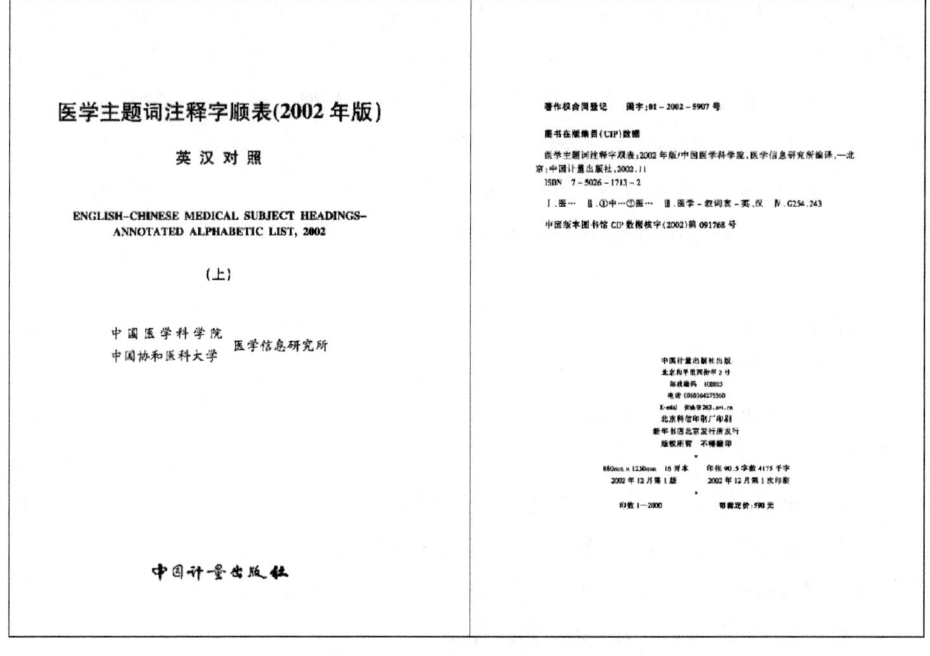

医学主题词注释字顺表(2002 年版)

英汉对照

ENGLISH-CHINESE MEDICAL SUBJECT HEADINGS-ANNOTATED ALPHABETIC LIST, 2002

(上)

中国医学科学院
中国协和医科大学
医学信息研究所

中国计量出版社

著作权合同登记　图字:01-2002-5907 号

图书在版编目(CIP)数据

医学主题词注释字顺表:2002 年版/中国医学科学院,医学信息研究所编译.—北京:中国计量出版社,2002.11
ISBN 7-5026-1713-2

Ⅰ.医…　Ⅱ.①中…②医…　Ⅲ.医学-叙词表-英、汉　Ⅳ.G254.243

中国版本图书馆 CIP 数据核字(2002)第 091768 号

中国计量出版社出版
北京和平里西街甲 2 号

北京科信印刷厂印刷
新华书店北京发行所发行

880mm×1230mm　16 开本　印张 90.5 字数 4175 千字
2002 年 12 月第 1 版　2002 年 12 月第 1 次印刷
印数 1—2000　书籍定价:590 元

图 2-12　叙词表样例

根据资源组织语义化的需求，对叙词表的元数据、结构及相关内容进行解析。解析后得到的数据如下：

书名:医学主题词注释字顺表(2002 年版)

英文: English-Chinese Medical Subject Headings-Annotated Alphabetic List,2002

作者:中国医学科学院,中国协和医科大学,医学信息研究所

出版日期:2002 年 12 月

出版社:北京,中国计量出版社

页码:701 页

ISBN:7 - 5026 - 1713 - 2

主题词:医学　叙词表　英、汉

中图分类号:G254. 243

正文

A-alpha lipoprotein Neuropathy A-a 脂蛋白神经病 see Tangier Disease Tangier 病

A Fibers A 纤维 see Nerve Fibers,Myelinated 神经纤维,有髓鞘的

Aardvarks 土豚 see Xenarthra 异关节目

Aardnolves 土狼属 see Carnivora 食肉目

Abate 双硫磷 see Temefos 替美福司

Abattoirs 屠宰场

J1. 576. 423. 200. 700. 100

X Slaughterhouse(宰场所)

Abbreviated Injury Scale 简略损伤量表

K5. 318. 308. 940. 968. 875　E5. 944. 250

U. 280. 900. 968. 875. 125　N4. 452. 859. 564. 800. 125

N5. 715. 360. 300. 715. 500. 800. 100

no qualif

91(90);was see under TRAUMA SEVKRITY INDICFS 1990

Abbreviations 缩写

L1. 143. 506. 598. 400. 556. 131
Include acronyms;IM;no qualif

Abbreviations（Publication Type）缩写（文献类型）
X Acronyms(Publication Type)[首字母缩写(文献类型)]

ABC Transporters ABC 转运子 see ATP-Binding Cassette Transporters
ATP 结合匣式转运子
……

2.2.2　多模态资源的解析

资源中包含着丰富的多模态信息，资源组织语义化要求对多模态信息进行处理。资源中多模态信息主要包括图片、表格和公式，图片中有结构图、流程图，表格中包含了对主题的详细信息，如参数、指标等。

（1）表格的解析

1）基于图像的表格识别

基于图像的表格识别主要利用光学字符识别技术（Optical Character Recognition，OCR）进行识别，其识别过程一般包括 4 个部分：图像预处理、表格线提取及合并、字符提取，以及字符 OCR 处理。其处理流程是：对图像进行灰度化与二值化处理，降低噪声；对倾斜的图像进行必要的倾斜校正处理；对图像进行边缘检测，使边缘更加明显；将表格线提取出来，确定单元格与单元格位置信息。图像经过预处理后，要进行边缘提取、表格线提取、表格线细化、表格线合并。表格字符定位和提取过程主要包括表格单元格提取、单元格图像提取、字符图像去噪及字符图像平滑化。

表格数据提取的第一步是准确地定位并提取表格的单元格。表格线提取与字符识别的具体步骤如图 2-13 所示。

2）PDF 中的表格识别

PDF 是一种常见的文件格式，是大多数科技文献的载体。与 HTML 这类结构化语言的编码方式不同，PDF 中的表格是基于视觉的，在其编码中不存在任何表格信息或表格格式。对 PDF 文档解码后，文本信息呈现出“文字流”特征，即一种由文字信息节点组成的链式结构，每个节点包含一个

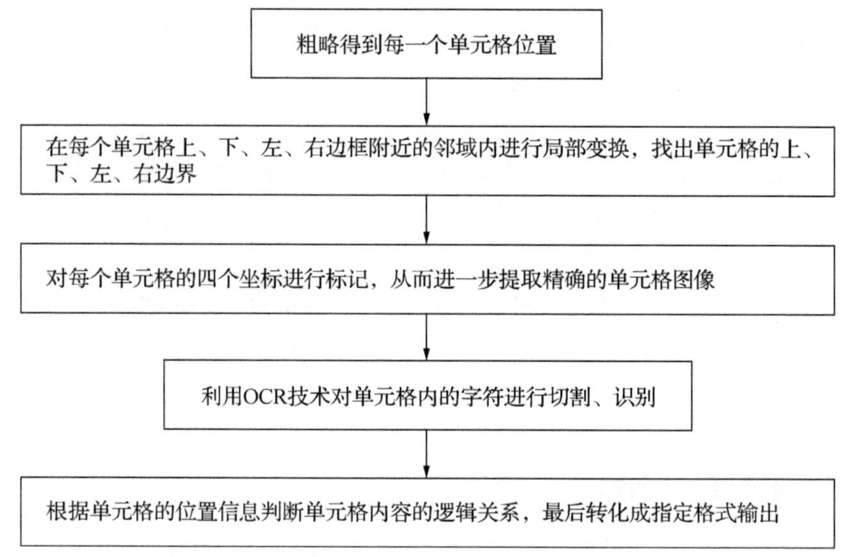

图 2–13　表格线提取与字符识别的具体步骤

字符串及相关信息，但没有边框信息，且无明确逻辑关系。

通过对 PDF 解码，可以获取内容流用到的相关资源及各页的完整信息。PDF 中的内容，如文字、图像等存放在页面对象的 Contents 对应的流对象 Stream 当中。表格区域识别的通用方法：首先将检测到的水平表格线根据线条的长短排序，按照从长及短的次序，判断其是否与多条竖直表格线（或者竖直空白区域）相交，若成立则用相交并且最长的竖直表格线（或者竖直空白区域）确定表格区域的高度，用该水平线确定表格宽度，从而形成表格区域。

在确定了表格区域之后，需要对单元格之间的位置关系进行判断并标记，以此来确认单元格之间的关系。具体步骤如下。

①表格关系结构的建立。借助映射类，建立度量空间类与具有特定拓扑空间性质的空间类之间的联系，将解析的单元格数据建立新的逻辑结构关系，即对应属性与上下位属性之间的关系，支持输出属性值。

②表格语义理解。对表格单元格内容的准确理解要依据单元格的语义理解，准确判断表格行（或者列）是数据行还是属性行（或者列）。通过分析 PDF 文档解码之后的结构特征，从物理结构和逻辑结构 2 个方面进行分析，根据横向与纵向最长线确定表格的高度与宽度，从而确定表格区域。

基于以上研究与分析，搭建了表格检索平台，如图 2–14 所示。

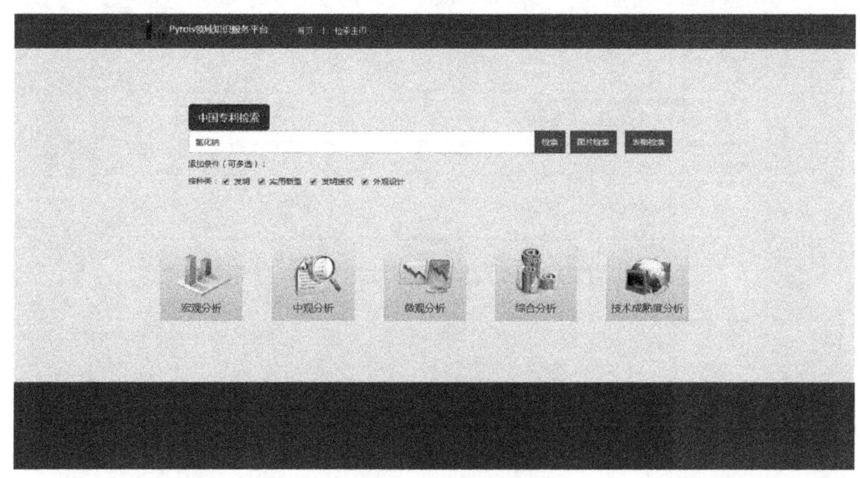

图 2–14　表格检索平台

输入检索关键词，单击表格检索，检索结果如图 2–15 所示。

图 2–15　表格检索结果

单击表格检索结果，进入表格详情，如图 2–16 所示。

（2）公式的解析

科技文献包含大量的数学公式，它们集图像、符号、文字特征于一体，在网络环境下的应用越来越广泛，人们需要解析公式，并通过对数学公式的

Pyrois领域知识服务平台 首页 | 检索主页

详情：

分子量	57.4474
安全术语:	S24/25;
中文别名:	石盐;食盐;盐水,含盐的;盐巴;原盐;岩盐;氯化钠
物化性质:	密度 2.165 熔点 801 °C 沸点 1461 °C 水溶性 360 g/L (20°C)
下游产品:	盐酸 烧碱 烧碱(液体) 离子膜烧碱 纯碱 重质纯碱 氯化亚铜 工业氯化铵 氯酸钠 氯酸钾 氟硅酸钠 高碘酸钠 五氯化二钒 钠 氯气
英文名称:	Sodium Chloride
中文名称:	氯化钠
上游原料:	碘酸钾 氯化钾 亚铁氰化钾
风险术语:	R36;
CAS RN:	7647-14-5;14762-51-7
用　途:	用于制造纯碱和烧碱及其他化工原料，用于矿石冶炼，食品业和渔业用于盐腌，还可用作调味料的原料和精制食盐 药品：用于血液透析，腹膜透析，静脉滴注等 保健：用于滴眼液，漱口液等 食品：婴儿食品等 技术：微电子，实验室用的分析纯试剂和精细化学品
分子式:	NaCl
EINECS 号:	231-598-3
Id:	

图 2–16　表格详情

检索来获取相关信息。

1）基本框架

数学公式是一类非常特殊的符号表达式。在外形上，数学公式呈现非线性结构，可以用于描述和展示比普通文本更加复杂的逻辑关系；在内容上，数学公式简洁明了，对问题的描述和表达比普通文本更精确。目前，对于数学公式检索的研究主要有 2 种方法：一种是先生成公式的字符串表示，然后用普通的信息检索方法进行处理；另一种是基于结构的方法，直接标注数学公式的 XML 结构，将其与查询语句的 XML 结构进行对比。以自然语言处理为基础，结合公式识别的各个阶段，重点探索不同处理阶段，文本信息与其他模态信息有效融合的理论与方法，整体技术路线如图 2–17 所示。

2）数学公式基本结构特征

数学公式的基本结构特征包括公式的基本要素及要素之间的基本关系。数学公式主要由公式符号（Symbol）和表示符号之间逻辑关系的公式模板（Template）组成。公式符号主要指公式中的基本字符，包括操作符、关系符号、逻辑符号等。公式模板负责按照一定的逻辑顺序来布局各个符号、表征各个元素之间的关系，包括矩阵、求和与积分等。科技文献中的公式侧重于展示，便于读者理解，但这样的描述缺乏语义，不利于计算机进行理解和检索。因此，将公式进行符号化时，需要结合表形和表义的方法，在不损失公式结构信息的基础上，提取公式的语义信息。

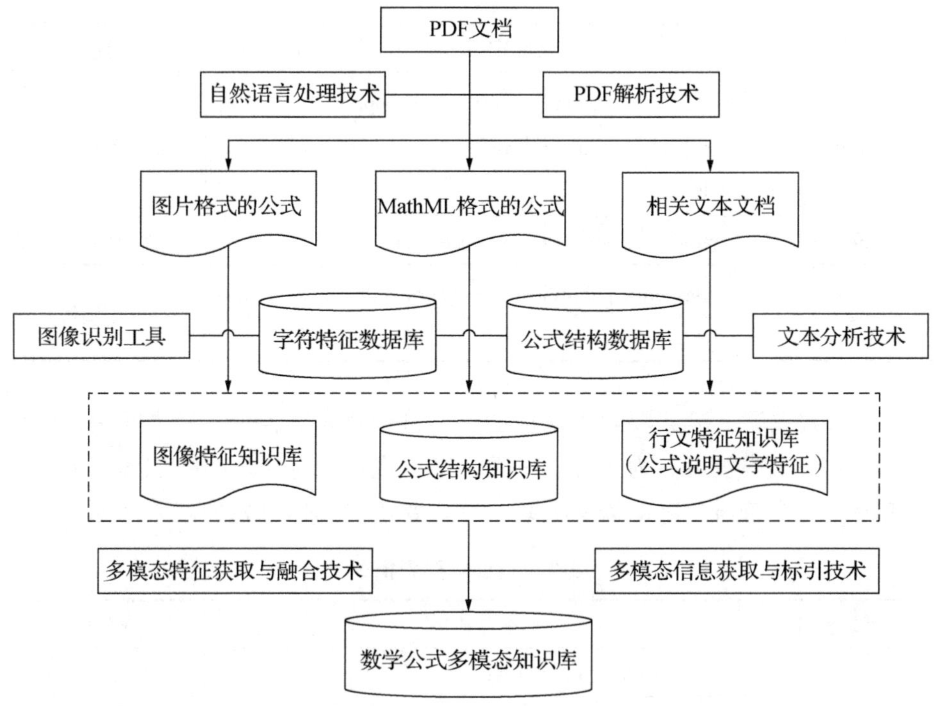

图 2–17 研究方案及整体技术路线

数学公式中需要描述的信息有 2 种：一种是公式的基本元素，也就是普通字符；另一种是公式中符号之间的基本关系。因此，描述数学公式可分为公式属性（Attribute）和公式要素（Element）2 个方面。

①公式属性。公式属性主要用来表达公式在科技文献中的展现信息。公式属性可以用来描述公式的宽度、高度和公式中字符字体信息等用来显示公式的信息；也可以用来对以不同形式出现的同一类要素进行识别和区分。数学公式属性可分为 6 类，如表 2–6 所示。

表 2–6 公式属性描述

参数实体	属性定义	描述
globla	class | id | xref | style | other	全局属性
sizeinfo	width | height	公式宽度、高度
fontinfo	fontsize | fontweight | fontstyle | fontfamily	字体信息

续表

参数实体	属性定义	描述
tableinfo	align | rowalign | columnalign | alignmentscope | rowspacing | columnspacing | rowlines | columnlines | displaystyle	表格格式信息
opinfo	form | separator | symmetric | maxsize | minsize	公式字符可选信息
others	display | maxwidth | scriptlevel | subscriptshift | superscript-shift	其他属性

②公式要素。公式要素用来描述基本符号及表征各个符号之间关系的公式模板。公式模板可分为 2 类：一类用来展现各个符号之间的位置；另一类用来展现各个符号之间的语义关系。公式要素的具体信息如表 2-7 所示。

表 2-7　公式要素描述

参数实体	参数内容	描述
ptoken	mi | mn | mo | mtext | ms	基本字符标识
petoken	mspace	空格标识
pgenschema	mrow | mfrac | msqrt | mroot | mstyle | merror | mpadded | mphantom | mfenced | menclose	常用布局标识
pscrschema	msub | msup | msubsup | munder | mover | munderover | mmultiscripts	上下标识和极限标识
ptabschema	mtable | mtr | mtd	表格标识
pcontentschema	plus | subtract | divide | multiply | int | sum | union | product | limit | function | eqn | lambada | left | right | denom | number | mpower | msin | mcos | mtan | mcot | mfrac | msprt | mroot	语义标识

用来描述公式的标签可分为以下 5 类。

①公式的语义标签。语义标签可用辅助计算机理解和检索公式，具体如表 2-8 所示。

表 2-8　公式的语义标签

标签名	含义	标签名	含义
< plus >	加	< limit >	极限
< subtract >	减	< function >	定义函数
< multiply >	乘	< lambada >	定义变量
< divide >	除	< mpower >	幂运算
< int >	积分	< left >	等式左边
< sum >	求和	< right >	等式右边
< union >	集合	< number >	分子
< product >	乘积	< eqn >	等式
< msin >	正弦函数	< mcot >	余切函数
< mcos >	余弦函数	< mroot >	开 n 次方
< mtan >	正切函数	< denom >	分母

②公式的基本标记元素标签。公式的基本标记元素标签被用来描述公式中的基本符号，具体如表 2-9 所示。

表 2-9　公式的基本标记元素标签

标签名	含义
< mi >	标识符
< mn >	数字
< mo >	操作符、分隔符
< mtext >	普通文本
< mspace >	空格
< ms >	字符串

③公式的总体布局元素标签。公式的总体布局元素标签用来描述数学公式的外观布局，具体如表 2-10 所示。

表 2-10　公式的总体布局元素标签

标签名	含义
< mrow >	将公式的一些子项排在一行
< mfrac >	分数形式
< msqrt >	开平方形式
< mstyle >	样式
< merror >	错误
< mpadded >	填充空格
< mphantom >	使元素不可见，保留其位置
< mfenced >	在公式中插入分隔符

④公式的标注与极限标签。公式的标注与极限标签被用来描述数学公式中表示标注与极限的公式模板，具体如表 2-11 所示。

表 2-11　公式的标注与极限标签

标签名	含义
< msub >	添加下标
< msup >	添加上标
< msubsup >	添加一个下标或上标
< munder >	添加一个正下方标
< mover >	添加一个正上方标
< munderover >	同时添加一个正下方标和正上方标到字符或公式
< mmultiscripts >	添加一个前标和空间向量索引到字符或公式

⑤公式的表格与矩阵标签。公式的表格与矩阵标签用来描述数学公式中表示表格与矩阵的公式模板，具体如表 2-12 所示。

表 2-12　公式的表格与矩阵标签

标签名	含义
< mtable >	表格或矩阵
< mtr >	表格或矩阵中的一行

续表

标签名	含义
<mtd>	表格或矩阵中的一格
<malignggroup> and <malignmark>	对齐

3）数学公式逻辑结构特征

公式是对数学信息的精准描述，只分析公式的基本结构信息并不能充分表达公式的含义。一种确定的公式类型往往通过其独特的结构来表达特定的含义，因此，可以通过分析不同类型公式的特点来制定规则，判断需要分析的公式所属的类型，从而描述公式的逻辑含义。以贝叶斯公式作为分析对象，根据选择的数学公式描述方法，贝叶斯公式 $P(A|B)=P(B|A)P(A)/P(B)$可以表示为：

```
<math>
  <eqn>
  <left>
    <mi>P</mi>
    <mo>(</mo>
    <mi>A</mi>
    <mo>|</mo>
<mi>B</mi>
<mo>)</mo>
  </left>
  <right>
<mfrac>
    <number>
      <multiply>
        <mi>P</mi>
        <mo>(</mo>
      <mi>B</mi>
        <mo>|</mo>
```

```
        <mi>A</mi>
        <mo>)</mo>
        <mi>P</mi>
        <mo>(</mo>
        <mi>A</mi>
        <mo>)</mo>
        </multiply>
      </number>
      <denom>
        <mi>P</mi>
        <mo>(</mo>
        <mi>B</mi>
        <mo>)</mo>
      </denom>
  </mfrac>
    </right>
    </eqn>
  </math>
```

贝叶斯公式是用来描述 2 个条件概率之间关系的公式，其原理是确定的。不同文献中的贝叶斯公式可能有不同的表现方式，或使用不同的字符，但基本的结构是一致的。表2–13 中展示了从文献中提取的部分贝叶斯公式。

表 2–13　科技文献中的部分贝叶斯公式结构

1	$P(J',t \mid I') = \dfrac{P(I' \mid J',t)P(J' \mid t)P(t)}{P(I')}$
2	$p(s \mid x,M) = \dfrac{p(x \mid s,M)p(s \mid M)}{p(x \mid M)}$
3	$p(W \mid x,M) = \dfrac{p(x \mid W,M)p(W \mid M)}{p(x \mid M)}$
4	$P(B_i \mid A) = \dfrac{P(B_i)P(A \mid B_i)}{\sum_{i=1}^{n} P(B_i)P(A \mid B_i)}$

续表

5	$P(B_i \mid x_{jk})\ \dfrac{P(B_i)P(x_{jk} \mid B_i)}{\sum_{i=1}^{c} P(B_i)P(x_{jk} \mid B_i)}$
6	$p(u_i \mid u_{i-1},D_i) = \dfrac{p(u_i \mid u_{i-1})p(D_i \mid u_{i-1},u_i)}{p(D_i \mid u_{i-1})}$
7	$p(u_i \mid u_{i-1},D_i) = \dfrac{p(D_i \mid u_i)p(u_i \mid u_{i-1})}{p(D_i)}$
8	$p(w \mid D,\alpha,\beta,M) = \dfrac{p(D \mid w,\beta,M)p(w \mid \alpha,M)}{p(D \mid \alpha,\beta,M)}$
9	$p(w,\alpha \mid t) = \dfrac{p(t \mid w,\alpha)p(w,\alpha)}{p(t)}$
10	$p(w \mid t) = \dfrac{p(t \mid w)p(w \mid \alpha)}{p(t \mid \alpha)}$
11	$P(c_1 \mid d_x) = \dfrac{P(c_1)P(d_x \mid c_1)}{P(d_x)}$
12	$p(c_k \mid x) = \dfrac{p(x \mid c_k)p(c_k)}{p(x)}$

可以看出，不同表现形式的贝叶斯公式有着共同的结构特征。通过对比大量不同形式的贝叶斯公式，可以得出贝叶斯公式的一些典型的逻辑结构特征。

①公式是等式形式。

②等式的左边是条件概率形式，以字符“P”或字符“p”开始。

③等式的右边是分数形式，分子中含有条件概率形式。

如果在一个数学公式的结构描述中，上述特征描述均有出现，即认为该公式属于贝叶斯公式的范畴；如果出现了部分符合特定条件的公式描述，则需要结合之后的公式文本特征来判断该公式是否属于贝叶斯公式的范畴。

本书研发了在线公式识别平台，能准确识别 PDF 文件中的数学公式。待解析的文件如图 2–18 所示。

上传至平台解析后的结果如图 2–19 所示。

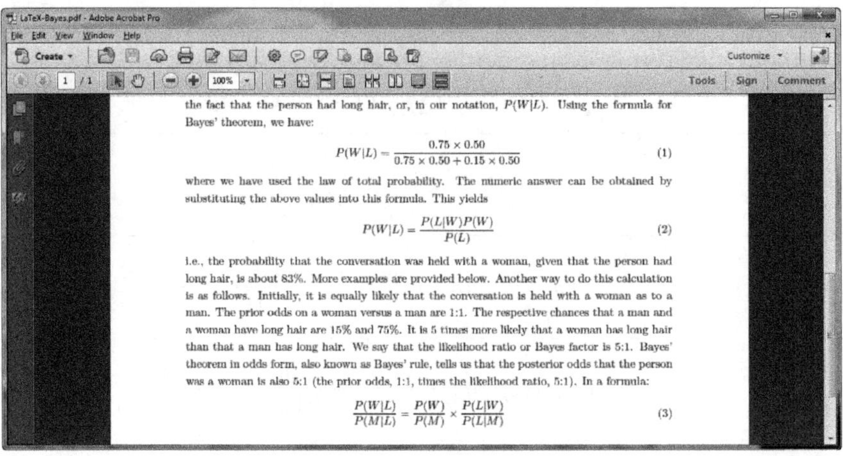

the fact that the person had long hair, or, in our notation, $P(W|L)$. Using the formula for Bayes' theorem, we have:

$$P(W|L) = \frac{0.75 \times 0.50}{0.75 \times 0.50 + 0.15 \times 0.50} \quad (1)$$

where we have used the law of total probability. The numeric answer can be obtained by substituting the above values into this formula. This yields

$$P(W|L) = \frac{P(L|W)P(W)}{P(L)} \quad (2)$$

i.e., the probability that the conversation was held with a woman, given that the person had long hair, is about 83%. More examples are provided below. Another way to do this calculation is as follows. Initially, it is equally likely that the conversation is held with a woman as to a man. The prior odds on a woman versus a man are 1:1. The respective chances that a man and a woman have long hair are 15% and 75%. It is 5 times more likely that a woman has long hair than that a man has long hair. We say that the likelihood ratio or Bayes factor is 5:1. Bayes' theorem in odds form, also known as Bayes' rule, tells us that the posterior odds that the person was a woman is also 5:1 (the prior odds, 1:1, times the likelihood ratio, 5:1). In a formula:

$$\frac{P(W|L)}{P(M|L)} = \frac{P(W)}{P(M)} \times \frac{P(L|W)}{P(L|M)} \quad (3)$$

图 2–18　待解析的文件

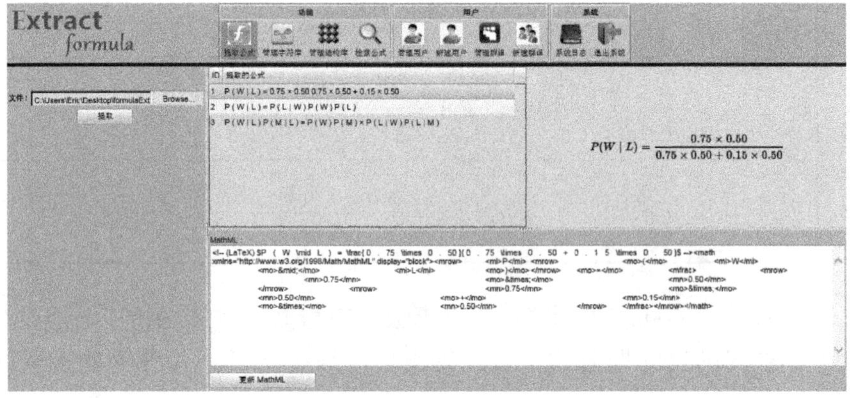

图 2–19　公式识别结果

4）数学公式语义检索

通过对数学公式树状结构的分析，选择数学公式编辑器“Math Type”将公式输出保存为 MathML 格式，对数学公式的树状结构的比较来判断公式之间的相似性，对公式进行相似度匹配和检索。利用转换算法将 MathML 格式公式转换为二叉树结构，并根据差异计算算法，计算公式结构的相似度，从而得到公式的相似度匹配结果。其实验方法流程如图 2–20 所示。

选取了加法、乘法和平方和 3 种数学运算公式为对象，通过对数学公式

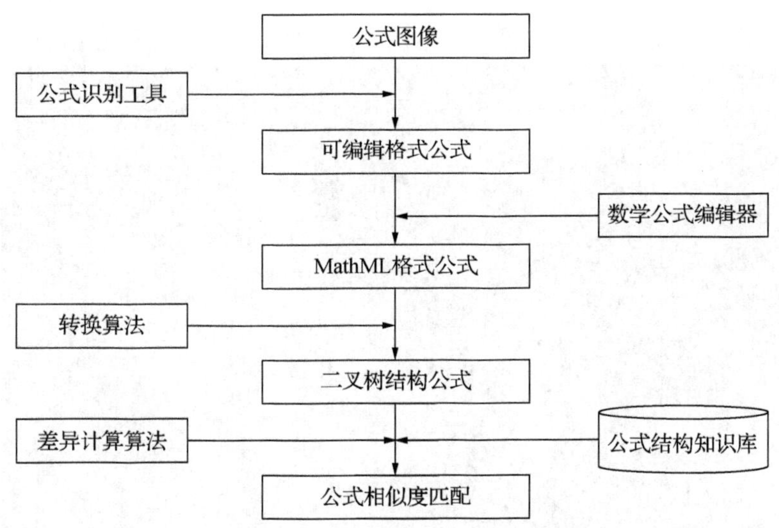

图 2-20　公式相似度匹配实验方法

树状结构的分析进行相似度的计算和检索。以“平方和”公式的检索为例，平方和公式 a^2+b^2 的 MathML 公式描述如图 2-21 所示。

```
<?xml version="1.0"?>
- <math display="block">
  - <mrow>
    - <msup>
        <mi>a</mi>
        <mn>2</mn>
      </msup>
      <mo>+</mo>
    - <msup>
        <mi>b</mi>
        <mn>2</mn>
      </msup>
    </mrow>
  </math>
```

图 2-21　平方和公式的 MathML 描述

如图 2-22 所示，在运行界面中输入“平方和”进行检索，检索结果如图 2-23 所示。

公式检索的结果输出保存在 HTML 文件中，结果中包含公式的结构信息、该公式与所检索公式的相似度，以及公式所对应的文献信息，如图 2-24 所示。

图 2-22　检索平方和公式的界面

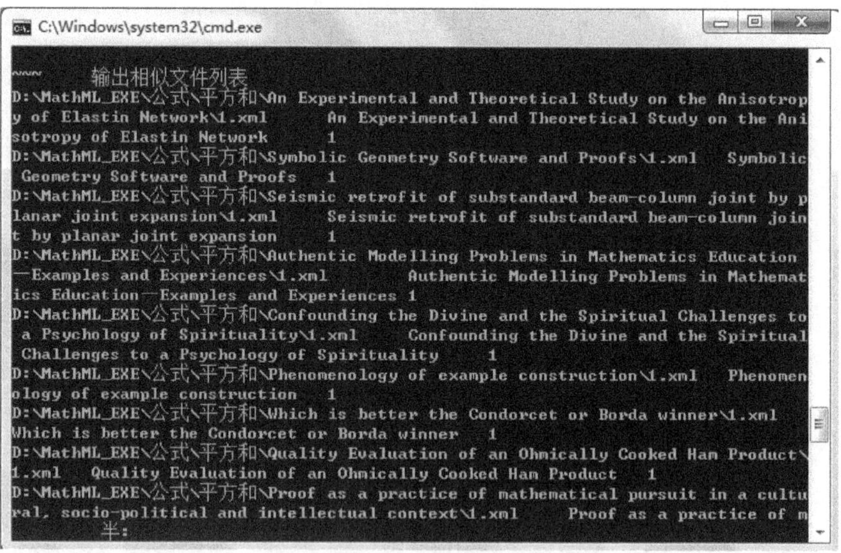

图 2-23　检索结果界面

单击检索结果列表，打开公式的 XML 文件，就可以得到该公式的 MathML 描述，如图 2-25 所示。

An Experimental and Theoretical Study on the Anisotropy of Elastin Network	1	D:\MathML_EXE\公式\平方和\An Experimental and Theoretical Study on the Anisotropy of Elastin Network\1.xml
Symbolic Geometry Software and Proofs	1	D:\MathML_EXE\公式\平方和\Symbolic Geometry Software and Proofs\1.xml
Seismic retrofit of substandard beam-column joint by planar joint expansion	1	D:\MathML_EXE\公式\平方和\Seismic retrofit of substandard beam-column joint by planar joint expansion\1.xml
Authentic Modelling Problems in Mathematics Education—Examples and Experiences	1	D:\MathML_EXE\公式\平方和\Authentic Modelling Problems in Mathematics Education—Examples and Experiences\1.xml
Confounding the Divine and the Spiritual Challenges to a Psychology of Spirituality	1	D:\MathML_EXE\公式\平方和\Confounding the Divine and the Spiritual Challenges to a Psychology of Spirituality\1.xml
Phenomenology of example construction	1	D:\MathML_EXE\公式\平方和\Phenomenology of example construction\1.xml
Which is better the Condorcet or Borda winner	1	D:\MathML_EXE\公式\平方和\Which is better the Condorcet or Borda winner\1.xml
Quality Evaluation of an Ohmically Cooked Ham Product	1	D:\MathML_EXE\公式\平方和\Quality Evaluation of an Ohmically Cooked Ham Product\1.xml
Proof as a practice of mathematical pursuit in a cultural, socio-political and intellectual context	1	D:\MathML_EXE\公式\平方和\Proof as a practice of mathematical pursuit in a cultural, socio-political and intellectual context\1.xml
Vertical gravity anomaly gradient effect of innermost zone on geoid-quasigeoid separation and an optimal integration radius in planar approximation	1	D:\MathML_EXE\公式\平方和\Vertical gravity anomaly gradient effect of innermost zone on geoid-quasigeoid separation and an optimal integration radius in planar approximation\1.mml
Toward professional development for teachers grounded in a theory of decision making	1	D:\MathML_EXE\公式\平方和\Toward professional development for teachers grounded in a theory of decision making\1.xml
Positioning in WLAN environment by use of artificial neural networks and space partitioning	1	D:\MathML_EXE\公式\平方和\Positioning in WLAN environment by use of artificial neural networks and space partitioning\1.xml
Changes and Continuities in the Use of Diagrams Tu in Chinese Mathematical Writings (Third Century to Fourteenth Century) [I]	0.372901352221089	D:\MathML_EXE\公式\其他\Changes and Continuities in the Use of Diagrams Tu in Chinese Mathematical Writings (Third Century to Fourteenth Century) [I]\1.xml
Genetic and morphologic diversity of Echinochloa crus-galli populations from different origins	0.372901352221089	D:\MathML_EXE\公式\其他\Genetic and morphologic diversity of Echinochloa crus-galli populations from different origins\1.xml
Die stochastische Modellierung von Großschäden für den Einsatz in internen Risikomodellen der Schadenversicherung	0.364437492074116	D:\MathML_EXE\公式\其他\Die stochastische Modellierung von Großschäden für den Einsatz in internen Risikomodellen der Schadenversicherung\1.xml

图 2–24 详细检索结果

```
  <?xml version="1.0"?>
- <math display="block">
  - <mrow>
      <mi>p</mi>
      <mo>=</mo>
    - <mfrac>
        <mn>1</mn>
        <mn>2</mn>
      </mfrac>
    - <msqrt>
      - <mrow>
        - <msup>
            <mi>a</mi>
            <mn>2</mn>
          </msup>
          <mo>+</mo>
        - <msup>
            <mi>b</mi>
            <mn>2</mn>
          </msup>
          <mo>+</mo>
        - <msup>
            <mi>c</mi>
            <mn>2</mn>
          </msup>
        </mrow>
      </msqrt>
    </mrow>
  </math>
```

图 2–25 检索结果公式的 MathML 描述

得到检索结果公式的 MathML 描述后，可以将公式描述运用数学公式编辑器还原为数学公式，如图 2–26 所示。

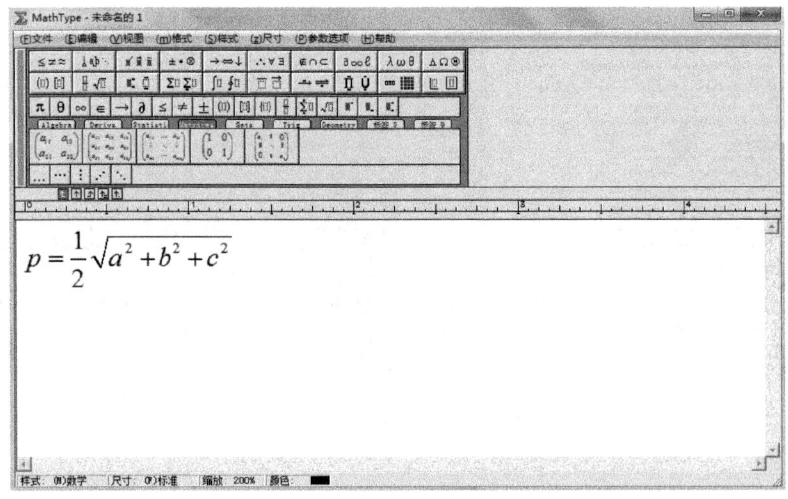

图 2-26　检索结果公式还原

（3）图片的解析

图片的解析分为 2 种方式：①根据图片的题注信息进行解析；②根据图片的特征信息进行解析。图像检索按描述图像内容方式的不同可以分为 2 类：一类是基于文本的图像检索（Text Based Image Retrieval，TBIR）；另一类是基于内容的图像检索（Content Based Image Retrieval，CBIR）。在检索原理上，无论是基于文本的图像检索还是基于内容的图像检索，主要包括：①对检索需求进行分析和转化，形成可以检索索引数据库查询语句；②收集图像资源，提取特征、分析并进行标引，建立图像的索引数据库；③根据相似度算法，提取满足阈值的记录作为结果，按照相似度降序的方式输出给用户。

基于开源框架 LIRE（Lucene Image Retrieval）集成了相关算法工具。选择待检索图片，单击图片检索，界面如图 2-27 所示。

图片检索结果如图 2-28 所示。

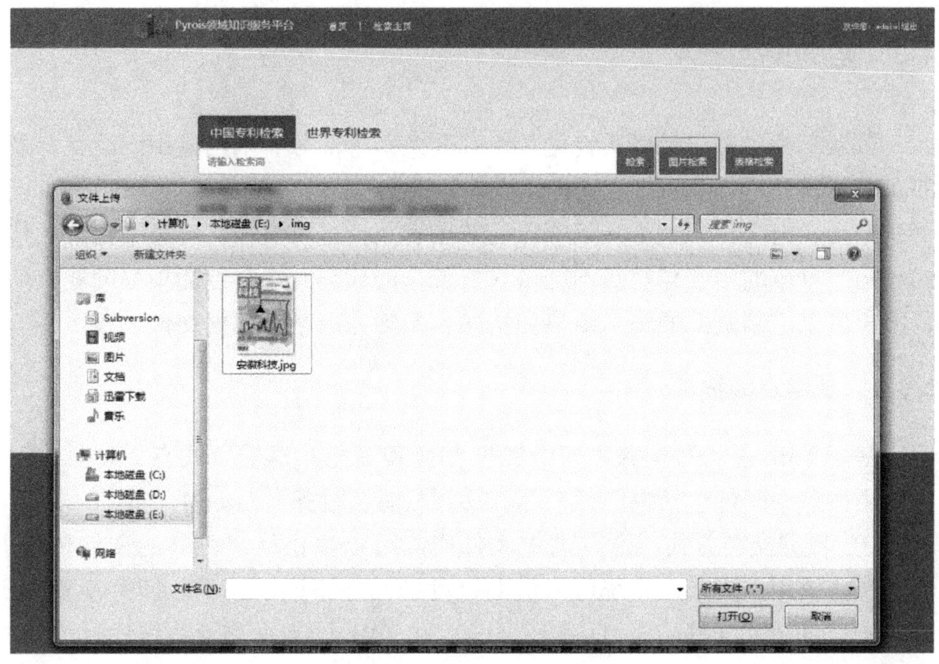

图 2–27　图片检索界面

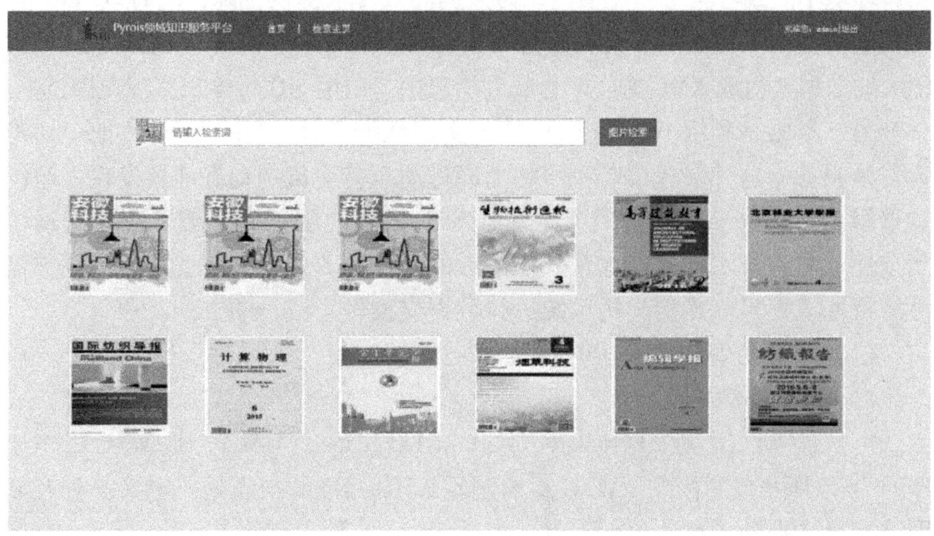

图 2–28　图片检索结果

2.3 数据交换

数据交换主要包括格式转化和内容交换 2 个部分。采用应用广泛且普及的 XML 来解决不同系统之间的异构性，通过设置全局对象 Schema 来对图书、专利、论文、期刊等文献资源的节点和属性进行解析，解决了资源的模式异构、资源的语义异构及不同格式所带来的代码冗余和性能损失问题，使得用户可以定制资源的输出结果和格式，最终完成整个数据交换过程。

2.3.1 数据交换技术

基于 XML 进行数据源之间的数据交换和资源共享的方式有 2 种。一种是利用消息中间件包括中间件产品和 JAVA 消息服务（Java Message Service，JMS）的数据交换方式。专业的中间件产品可以提供稳定可靠的文件传输、简便快捷的应用集成，系统可以借助这种产品在不同的技术之间共享资源，如基于消息队列（Message Queue，MQ）和 XML 的数据交换系统设计方案，消息队列可以为分布式应用同步或异步的实现方式提供松耦合的方法。数据通信过程可以利用 MQ 来屏蔽底层的技术细节，使得应用人员可以不用考虑操作环境不同或者网络的复杂性，为数据高效传输提供保障，同时以 XML 作为数据交换载体使得数据具有很强的可读性和结构性。整个系统通过将数据源中的数据映射成 XML 文件，封装到消息中，利用 MQ 传输来实现交换过程。

另一种则是利用 Web Service 技术实现数据交换。Web Service 把一切都看作是服务，这种服务可以在网络上通过消息传递机制动态地被发现、组织和重用。Web Service 对外封装成由 WSDL 描述的服务，屏蔽了业务逻辑的复杂性、实现技术的多样性和开发平台的异构性，并因为其普遍性、高伸缩性等特性成为目前连接异构系统进行数据交换较为流行的方式。

（1）多种资源格式解析与转换

1）XML 的解析与转换

可扩展标记语言（Extensible Markup Language，XML），是 W3C 组织于 1998 年 2 月发布的标准。W3C 组织制定 XML 标准的初衷是，定义一种互联网上交换数据的标准。

XML 是标准通用标记语言（Standard Generalized Markup Language，SGML）的一个子集，严格地讲，XML 也还是 SGML。与 HTML 不同的是，

XML 有 DTD，还是有充分的灵活性定义 DTD。而对于 HTML 来说，DTD 则已经是固定的了。因而 XML 也可以像 SGML 那样，作为元语言来定义其他文件系统或其他标记语言。如果把标记语言分为元标记语言和实例标记语言，SGML 和 XML 都是元标记语言，而 HTML 和由 XML 派生的 XHTML 都是实例标记语言。优于 SGML 的是，XML 简化了 SGML，重新定义了一些 SGML 的内部值和参数，并删去了大量繁杂的、不常用的、使编程复杂的特征，而且免除了 SGML 的繁复但仍保持其威力，这使 SGML 的优秀品质能方便而直接地被用在 Web 开发上。SGML、HTML 和 XML 文件组成的不同如图 2-29 所示。

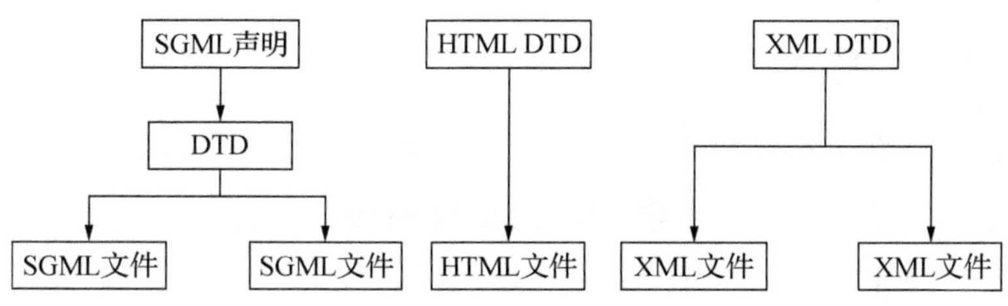

图 2-29　SGML、HTML 和 XML 文件组成

在 XML 的解析和转换方面，采用调用插件的方式完成。dom4j 是一个简单的开源库，它基于 JAVA 平台，使用 JAVA 的集合框架，全面集成了 DOM、SAX 和 JAXP，可用于处理 XML、XPath 和 XSLT。在应用程序中，基于 DOM 的 XML 分析器将一个 XML 文档转换成一个对象模型的集合（通常称 DOM 树），应用程序正是通过对这个对象模型的操作，实现对 XML 文档数据的操作。通过 DOM 接口，应用程序可以在任何时候访问 XML 文档中的任何一部分数据。

下载 XML 解析插件：http：//www. dom4j. org/，建立工程，编码，运行。XML 解析代码如图 2-30 所示。

数据库中查看解析结果，如图 2-31 所示。

2）WORD 的解析与转换

Microsoft Word 是微软公司的一个文字处理器应用程序。最初是由 Richard Brodie 为了运行 DOS 的 IBM 计算机而在 1983 年编写的。Word 给用户提供了用于创建专业而优雅的文档工具，一直以来，都是最流行的文字处理程序，但为了进一步适应 XML 格式的要求，需要将 Word 的文档格式自动转换

图 2-30　XML 解析代码

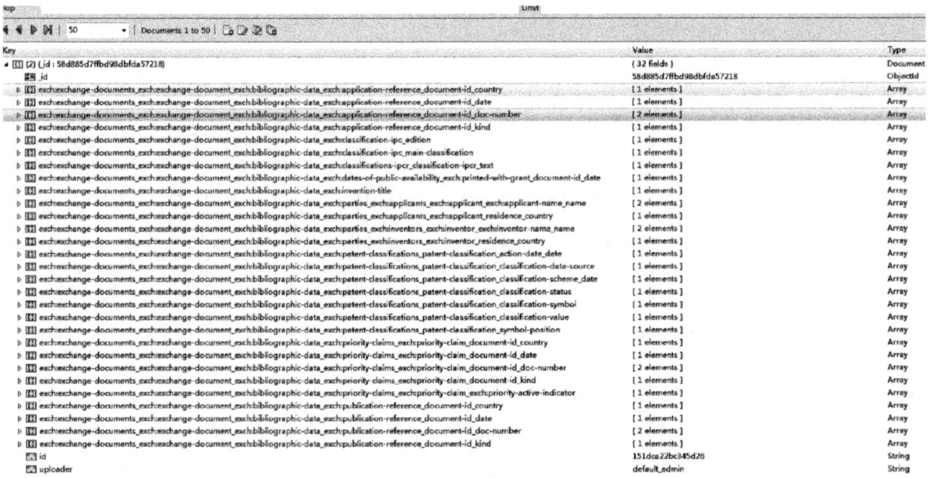

图 2-31　XML 解析结果

TXT。我们可以通过调用插件完成 Word 文档的解析与转换。

下载 Word 解析插件：http：//mirrors. ibiblio. org/pub/mirrors/maven2/org/textmining/tm-extractors/0. 4/，建立工程，编码，运行，如图 2-32 所示。

数据库中查看解析结果，如图 2-33 所示。

```java
package cn.ac.istic.corpusSemantic.dictionary.util;

import java.io.File;

public class MyWordExtractor {

    public static List<WordContentInItemDTO> paserWord(String abnewFileName,String type) throws XmlException, OpenXML4JException{
        List<WordContentInItemDTO> wordContentDTOList = new ArrayList<WordContentInItemDTO>();
        //String seg ="\\s{1,}";
        try {
            String content=null;
            if("word_2003".equals(type)){
                File file = new File(abnewFileName);
                FileInputStream fis = new FileInputStream(file);
                WordExtractor wordExtractor = new WordExtractor(fis);

                content = wordExtractor.getText();
                if(null!=content){
                    String [] contentArr=null;
                    contentArr= content.split("\r");

                    if(null!=contentArr&&contentArr.length>0){
                        for(String o :contentArr){
                            if(null!=o&&!"".equals(o)){
                                String[] wordContentArr = o.split("  ");

                                if(null!=wordContentArr&&wordContentArr.length>0){
                                    int length = wordContentArr.length;
                                    System.out.println(length);
                                    WordContentInItemDTO wordContentDTO = new WordContentInItemDTO();
                                    String word = "";
                                    String enName = "";
                                    String definition="";
                                    for(int i= 0 ;i<length;i++ ){
                                        if(length>3){

                                            if(i==1){
                                                word = wordContentArr[1];
                                            }else if(i==length-1){
                                                definition  = wordContentArr[length-1];
                                            }else{
                                               enName =enName+wordContentArr[i];
                                            }

                                        }else{
                                            if(length==3){
                                                word = wordContentArr[1];
```

图 2-32 WORD 解析代码

tagid	tagname	tagcontent	worditemId	orders
3	pos	名词	5391	0
4	definition	无色斜方板状或针状结晶。熔点110～110.5℃。沸点345～346℃。密度1.005g/cm3。能升华及随水蒸气挥发。溶于乙醇、乙醚、苯及	5391	0
5	anotherName	氮（杂）蒽	5391	0
6	enName	acridine	5391	0
7	pos	名词	5392	0
8	definition	acridine orange橙色粉末。溶于水、乙醇。溶液为橙黄色带绿色荧光。pH值为8.4～10.4则无荧光。能嵌于两个相邻的碱基对之间，(	5392	0
11	pos	名词	5394	0
12	definition	熔点139～140℃。难溶于水，溶于乙醇、乙醚和苯。具醛的一般性质。其主要衍生物有：邻硝基苯腙（熔点191℃），2，4-二硝基苯腙	5394	0
13	enName	acridine-9-carbaldehyde	5394	0
14	pos	名词	5395	0
15	definition	熔点274℃（分解）。加热至120℃脱羧，得到喹啉-3-羧酸。与碱石灰共热，得到喹啉。其二甲酯熔点107～108℃；二乙酯熔点54～55	5395	0
16	anotherName	喹啉-2，3-二羧酸（quinoline-2，3-dicarboxylic acid）	5395	0
17	enName	acridinic acid	5395	0
21	pos	名词	5397	0
22	definition	熔点354℃。黄色针状晶体。不溶于水、乙醚、苯和氯仿，溶于热乙醇及热乙酸。可用醋酸或醋酸戊酯重结晶。升华或蒸馏时不分解。在	5397	0
23	enName	9-acridone;acridanone	5397	0
24	pos	名词	5398	0
25	definition	红色针状晶体。熔点>250℃（分解）。用硝酸氧化1，4-二羟基-9-吖啶酮制得。用作有机合成试剂。	5398	0
26	enName	9-acridone-l,4-quinone	5398	0
27	pos	名词	5399	0
28	definition	吸湿性黄色针状固体。熔点169℃。在乙醇溶液中呈绿色荧光。与亚硫酸氢钠作用得吖啶。用钠汞齐还原，得到9，10-二氢吖啶。亲电取	5399	0
29	enName	acridine-N-oxide	5399	0
30	pos	名词	5400	0
31	definition	含有一个或几个氮原子的不饱和六节杂环的总称，如吡啶、哒嗪、嘧啶、吡嗪、 嗪、噻嗪及三嗪、四嗪等。	5400	0
32	enName	azine	5400	0
33	pos	名词	5401	0
34	definition	70年代出现的抗生素杀螨剂，可从阿维杀虫素中分离得到，其活性成分为阿维杀虫素B1a和B1b的混合物。用于防治棉红蜘蛛、朱砂叶螨	5401	0
35	enName	abamectin	5401	0
36	pos	名词	5402	0
37	definition	由双去氧卡那霉素与α-羟基-γ-氨基丁酸合成的氨基糖苷类抗生素。白色粉末，无味。易溶于水，不溶于乙醇和乙醚。抗菌谱与丁胺卡那	5402	0

图 2-33 WORD 解析结果

3）EXCEL 的解析与转换

Microsoft Excel 是微软办公套装软件的一个重要的组成部分，它可以进行各种数据的处理、统计分析和辅助决策操作，广泛地应用于管理、统计、财经、金融等众多领域。为了进一步适应 XML 格式的要求，需要将 Excel 的文档格式自动转换 TXT。我们可以通过调用插件完成 Excel 文档的解析与转换。

下载 Excel 解析插件：http：//www. andykhan. com/jexcelapi/，建立工程，编码，运行。Excel 解析代码如图 2-34 所示。

```
/**
   * 读取xls文件
 * @throws IOException
 * @throws Exception
   */
  public static  List<Map<String,String>> readExcle(File excleFile,String entityName) throws IOException, Exception {
      InputStream is =  new FileInputStream(excleFile);
      Workbook wb =   WorkbookFactory.create(is);//(new BufferedInputStream(output));

          Sheet sheet = wb.getSheetAt(0);
          int rowNum = sheet.getLastRowNum();
          Row row = sheet.getRow(0);

          if(row == null){
              return null;
          }
          int startNumber=1;
          int colNum = row.getPhysicalNumberOfCells();
          if(colNum == 0){
              return null;
          }
          String[] titles = new String[colNum];
          for (int i = 0; i < colNum; i++) {
                //title[i] = getStringCellValue(row.getCell((short) i));
                titles[i] = getCellFormatValue(row.getCell((short) i));
           }
           // 正文内容应该从第二行开始,第一行为表头的标题
           List<Map<String,String>> list = new ArrayList<Map<String,String>>();
           Map<String,String> map = null;
           for (int i = startNumber; i <= rowNum; i++) {
              // System.out.println("row is :" + i);
                row = sheet.getRow(i);
                int j = 0;
                map = new HashMap<String,String>();
                String valueArrays[]=new String[colNum];
                String value = null;
                while (j < colNum) {
                   // System.out.println("col is :" + j);
                   try {
                       value= getCellFormatValue(row.getCell((short) j));
                  } catch (Exception e) {
                      System.out.println("col is :" + j);
                      System.out.println(row.getCell((short) j));
                  }
                    if(value!=null){
                        value = value.trim();
```

图 2-34　Excel 解析代码

数据库中查看解析结果，如图 2-35 所示。

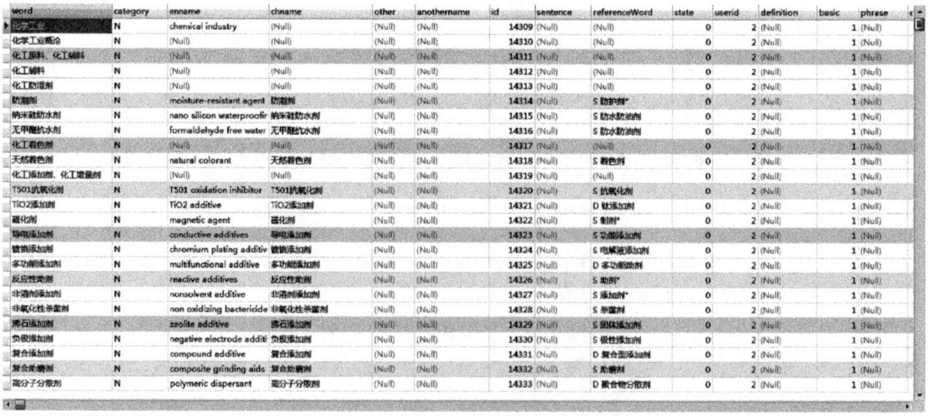

word	category	enname	chname	other	anothername	id	sentence	referenceWord	state	userid	definition	basic	phrase
化学工业	N	chemical industry	(Null)	(Null)	(Null)	14309	(Null)	(Null)	0	2	(Null)	1	(Null)
化学工业概论	N	(Null)	(Null)	(Null)	(Null)	14310	(Null)	(Null)	0	2	(Null)	1	(Null)
化工原料、化工辅料	N	(Null)	(Null)	(Null)	(Null)	14311	(Null)	(Null)	0	2	(Null)	1	(Null)
化工辅料	N	(Null)	(Null)	(Null)	(Null)	14312	(Null)	(Null)	0	2	(Null)	1	(Null)
化工防湿剂	N	(Null)	(Null)	(Null)	(Null)	14313	(Null)	(Null)	0	2	(Null)	1	(Null)
防潮剂	N	moisture-resistant agent	防潮剂	(Null)	(Null)	14314	(Null)	S 防护剂*	0	2	(Null)	1	(Null)
纳米硅防水剂	N	nano silicon waterproofir	纳米硅防水剂	(Null)	(Null)	14315	(Null)	S 防水防油剂	0	2	(Null)	1	(Null)
无甲醛抗水剂	N	formaldehyde free water	无甲醛抗水剂	(Null)	(Null)	14316	(Null)	S 防水防油剂	0	2	(Null)	1	(Null)
化工着色剂	N	(Null)	(Null)	(Null)	(Null)	14317	(Null)	(Null)	0	2	(Null)	1	(Null)
天然着色剂	N	natural colorant	天然着色剂	(Null)	(Null)	14318	(Null)	S 着色剂	0	2	(Null)	1	(Null)
化工添加剂、化工增量剂	N	(Null)	(Null)	(Null)	(Null)	14319	(Null)	(Null)	0	2	(Null)	1	(Null)
T501抗氧化剂	N	T501 oxidation inhibitor	T501抗氧化剂	(Null)	(Null)	14320	(Null)	S 抗氧化剂	0	2	(Null)	1	(Null)
TiO2添加剂	N	TiO2 additive	TiO2添加剂	(Null)	(Null)	14321	(Null)	D 钛添加剂	0	2	(Null)	1	(Null)
磁化剂	N	magnetic agent	磁化剂	(Null)	(Null)	14322	(Null)	S 制剂*	0	2	(Null)	1	(Null)
导电添加剂	N	conductive additives	导电添加剂	(Null)	(Null)	14323	(Null)	S 功能添加剂	0	2	(Null)	1	(Null)
镀铬添加剂	N	chromium plating additiv	镀铬添加剂	(Null)	(Null)	14324	(Null)	S 电解液添加剂	0	2	(Null)	1	(Null)
多功能添加剂	N	multifunctional additive	多功能添加剂	(Null)	(Null)	14325	(Null)	D 多功能助剂	0	2	(Null)	1	(Null)
反应性助剂	N	reactive additives	反应性助剂	(Null)	(Null)	14326	(Null)	S 助剂*	0	2	(Null)	1	(Null)
非溶剂添加剂	N	nonsolvent additive	非溶剂添加剂	(Null)	(Null)	14327	(Null)	S 添加剂*	0	2	(Null)	1	(Null)
非氧化性杀菌剂	N	non oxidizing bactericide	非氧化性杀菌剂	(Null)	(Null)	14328	(Null)	S 杀菌剂	0	2	(Null)	1	(Null)
沸石添加剂	N	zeolite additive	沸石添加剂	(Null)	(Null)	14329	(Null)	S 固体添加剂	0	2	(Null)	1	(Null)
负极添加剂	N	negative electrode additi	负极添加剂	(Null)	(Null)	14330	(Null)	S 极性添加剂	0	2	(Null)	1	(Null)
复合添加剂	N	compound additive	复合添加剂	(Null)	(Null)	14331	(Null)	D 复合型添加剂	0	2	(Null)	1	(Null)
复合助磨剂	N	composite grinding aids	复合助磨剂	(Null)	(Null)	14332	(Null)	S 助磨剂	0	2	(Null)	1	(Null)
高分子分散剂	N	polymeric dispersant	高分子分散剂	(Null)	(Null)	14333	(Null)	D 聚合物分散剂	0	2	(Null)	1	(Null)

图 2-35　Excel 解析结果

4）PDF 的解析与转换

PDF（Portable Document Format）是由 Adobe 最先使用的文件格式，可提供与应用程序、操作系统、硬件无关的文件交换方式。这一特点使它成为在互联网上进行电子文档发行和数字化信息传播的主流文档格式。为了有效获取文件语义信息，需要将 PDF 转换为自然语言处理技术所需的 TXT 格式。采用调用插件的方式完成对 PDF 文件的解析与转换，常见工具包括 PDF-Box、IText 等工具。

下载解析插件：http：//sourceforge. net/projects/pdfbox。

将 external 和 lib 目录下的所有 Jar 文件放到编译路径中，进行编码及运行。PDF 解析代码如图 2-36 所示。

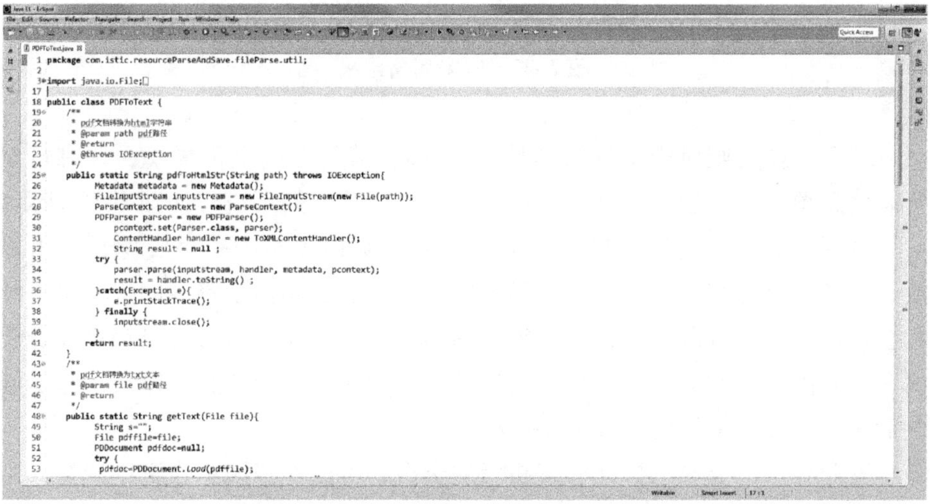

```
package com.istic.resourceParseAndSave.fileParse.util;

import java.io.File;

public class PDFToText {
    /**
     * pdf文档转换为html字符串
     * @param path pdf路径
     * @return
     * @throws IOException
     */
    public static String pdfToHtmlStr(String path) throws IOException{
          Metadata metadata = new Metadata();
          FileInputStream inputstream = new FileInputStream(new File(path));
          ParseContext pcontext = new ParseContext();
          PDFParser parser = new PDFParser();
              pcontext.set(Parser.class, parser);
              ContentHandler handler = new ToXMLContentHandler();
              String result = null ;
          try {
              parser.parse(inputstream, handler, metadata, pcontext);
              result = handler.toString() ;
          }catch(Exception e){
              e.printStackTrace();
          } finally {
              inputstream.close();
          }
        return result;
    }
    /**
     * pdf文档转换为txt文本
     * @param file pdf路径
     * @return
     */
    public static String getText(File file){
          String s="";
          File pdffile=file;
          PDDocument pdfdoc=null;
          try {
           pdfdoc=PDDocument.load(pdffile);
```

图 2-36 PDF 解析代码

数据库中查看解析结果，如图 2-37 所示。

（2）数据交换池

通过数据交换池系统，数据终端设备（Data Terminal Equipment，DTE）之间可建立数据链式通信临时互联通路，进行数据交换。

数据交换池功能系统主要功能如下。

资源上传：系统支持对资源进行 Schema 校验，根据不同 XML 选择相应的 Schema 模板对资源进行校验，并提供资源上传功能。上传资源时，可选择资源类型，系统会判断资源是否已存在，若存在则跳转至资源信息预览

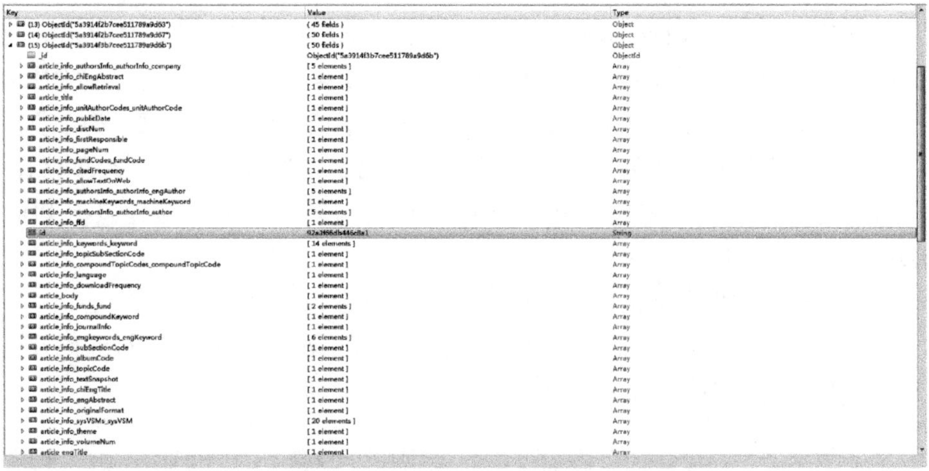

Key	Value	Type
(13) ObjectId("5a3914f2b7cee511789a9d63")	{ 45 fields }	Object
(14) ObjectId("5a3914f2b7cee511789a9d67")	{ 50 fields }	Object
(15) ObjectId("5a3914f3b7cee511789a9d6b")	{ 50 fields }	Object
_id	ObjectId("5a3914f3b7cee511789a9d6b")	ObjectId
article_info_authorsInfo_authorInfo_company	[5 elements]	Array
article_info_chiEngAbstract	[1 element]	Array
article_info_allowRetrieval	[1 element]	Array
article_title	[1 element]	Array
article_info_unitAuthorCodes_unitAuthorCode	[1 element]	Array
article_info_publicDate	[1 element]	Array
article_info_discNum	[1 element]	Array
article_info_firstResponsible	[1 element]	Array
article_info_pageNum	[1 element]	Array
article_info_fundCodes_fundCode	[1 element]	Array
article_info_citedFrequency	[1 element]	Array
article_info_allowTextOnWeb	[1 element]	Array
article_info_authorsInfo_authorInfo_engAuthor	[5 elements]	Array
article_info_machineKeywords_machineKeyword	[1 element]	Array
article_info_authorsInfo_authorInfo_author	[5 elements]	Array
article_info_fld	[1 element]	Array
id	92a3f66db446c8a1	String
article_info_keywords_keyword	[14 elements]	Array
article_info_topicSubSectionCode	[1 element]	Array
article_info_compoundTopicCodes_compoundTopicCode	[1 element]	Array
article_info_language	[1 element]	Array
article_info_downloadFrequency	[1 element]	Array
article_body	[1 element]	Array
article_info_funds_fund	[2 elements]	Array
article_info_compoundKeyword	[1 element]	Array
article_info_journalInfo	[1 element]	Array
article_info_engkeywords_engKeyword	[6 elements]	Array
article_info_subSectionCode	[1 element]	Array
article_info_albumCode	[1 element]	Array
article_info_topicCode	[1 element]	Array
article_info_textSnapshot	[1 element]	Array
article_info_chiEngTitle	[1 element]	Array
article_info_engAbstract	[1 element]	Array
article_info_originalFormat	[1 element]	Array
article_info_sysVSMs_sysVSM	[20 elements]	Array
article_info_theme	[1 element]	Array
article_info_volumeNum	[1 element]	Array
article_engTitle	[1 element]	Array

图 2-37　PDF 解析结果

页，若不存在，则对资源进行 Schema 校验；若符合则上传成功，并跳转至资源信息预览页，若不符合，则提示不符合规范。处理流程如图 2-38 所示。

资源编辑：对资源信息进行编辑，在资源列表选中一个资源，单击修改，跳转至资源编辑页面，左侧显示资源结构，右侧显示资源内容；单击结构会显示对应的资源内容，可以编辑内容并单击保存，后台会自动更新资源库。所有内容修改完成，则单击提交按钮，跳转至资源信息预览页，显示修改后资源。资源编辑流程如图 2-39 所示。

资源导出：要导出标注、解析后的资源，可以在资源列表页中选择一个资源，单击导出，然后在弹出对话框中选择导出格式，再次单击导出，生成的文件保存至用户设置的文件路径中。资源导出流程如图 2-40 所示。

系统为实现与其他业务系统的数据交换，提供数据检索接口与数据更新接口。

数据检索接口：外部系统调用检索接口查询数据池中的资源。系统提供 Web Service 数据检索接口，用户调用该接口，传入关键词、资源类型等参数，系统查询符合条件资源，将资源对象集合返回给用户。

数据更新接口：外部系统对资源进行加工处理后，调用更新接口将资源更新至数据池中。系统提供 Web Service 数据更新接口，用户调用该接口，传入参数资源对象、资源类型，系统将传入的资源对象更新至数据池中。

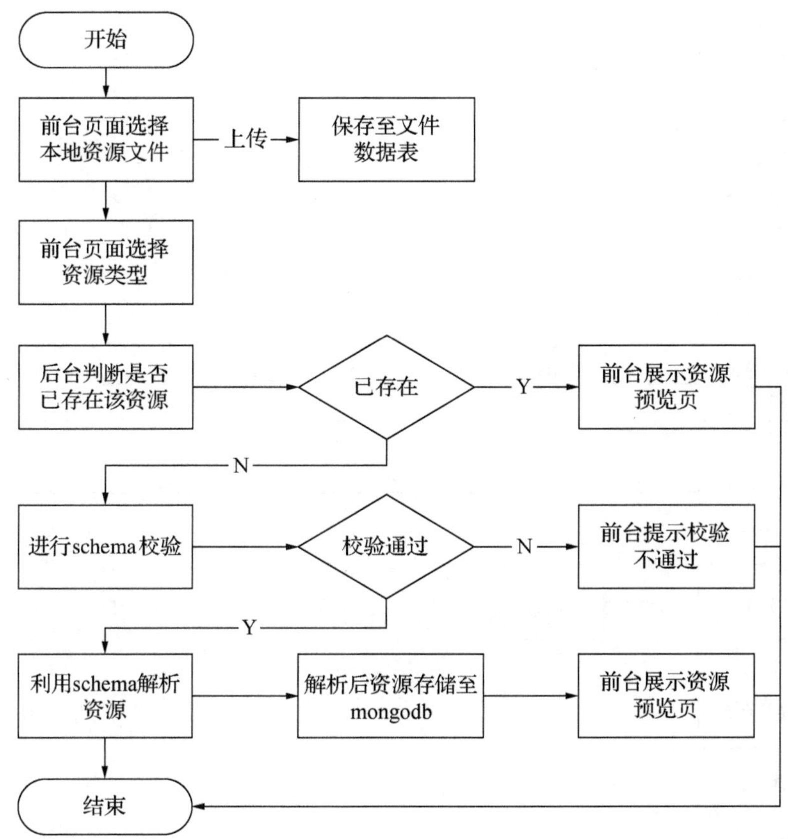

图 2-38　资源上传流程

2.3.2　标准化体系建设

建立基础的 Schema 标准体系，并在此基础上分别建立针对图书、论文、专利的 Schema 标准文件，实现数据内容交换。以专利 Schema 文件设计为例，其设计思想是在继承国家知识产权局专利 DTD 的基础上，设计一种基于 Schema 的新专利文献结构模型，实现用户自由定制 Schema，其框架结构如图 2-41 所示。国家知识产权局给出了部分专利元素的 DTD 规范性定义，有的没有具体说明。专利文献 Schema 一部分是由专利元素 DTD 转换而来；另一部分是根据国家知识产权局关于专利文献的著录项目标准设计的。

在改进已有专利结构化文档缺陷的基础上，通过元素转换、属性转换及实体声明转换等技术范式，设计基于 Schema 的专利文献规范标准。

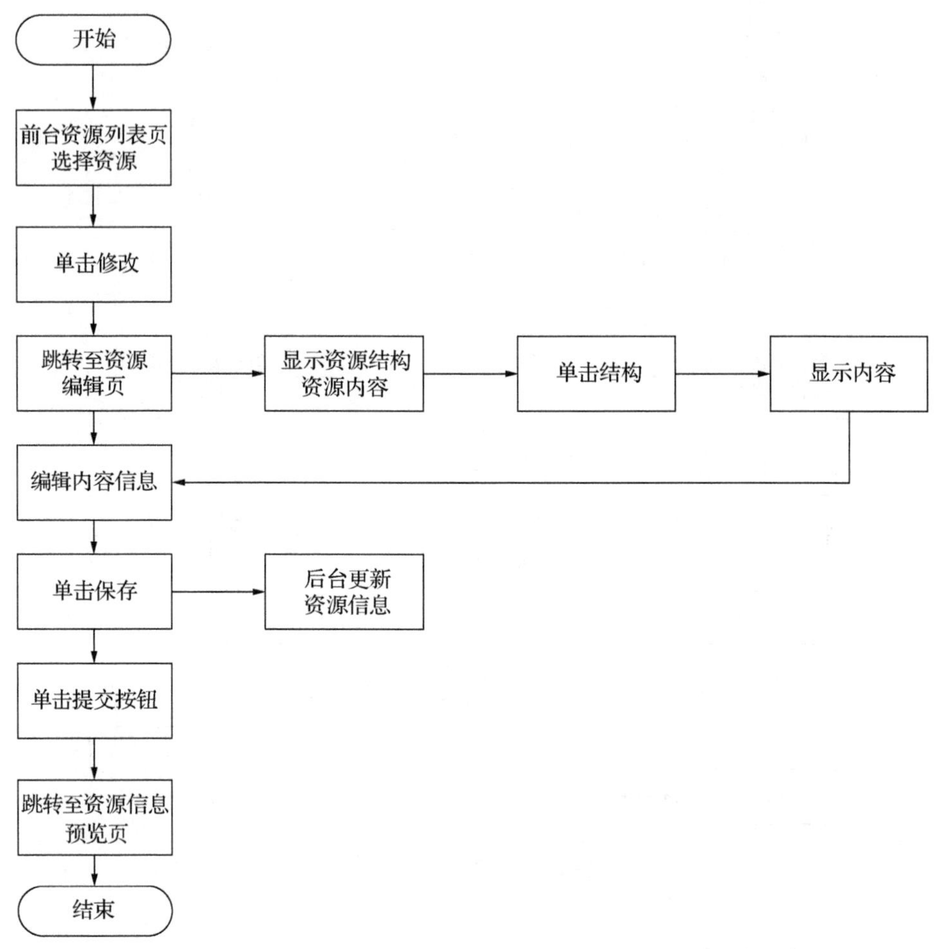

图 2-39　资源编辑流程

①元素转换。XML Schema 用 <element> 来定义元素，在 <element> 中，可以再定义其他子元素，也可以为元素增添属性，如 name、type、minOccurs、maxOccurs 等。使用 <sequence> 代替 DTD 中的“,”，用 <choice> 代替 DTD 中的“|”，采用 minOccurs 和 maxOccurs 的组合来表示 DTD 中的“?”“+”和“*”。例如，在国家公布的专利元素 DTD 定义中，对申请人数据元素的定义如下：

```
<! ELMENT cn-applicants(cn-applicants-name,cn-applicants-address) >
```

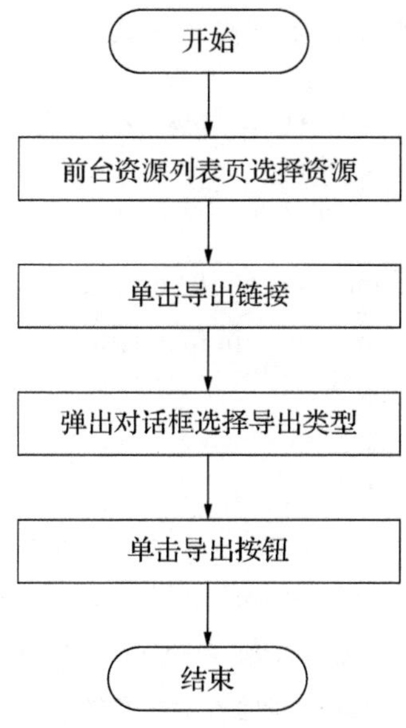

图 2-40　资源导出流程

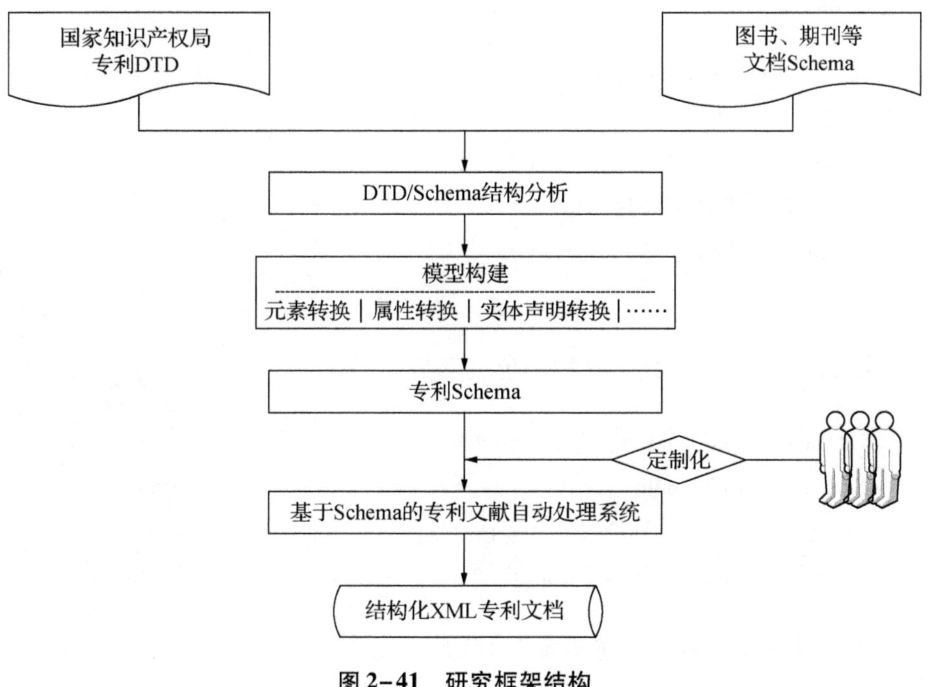

图 2-41　研究框架结构

而在 Schema 中，上述信息被等价表示为：

```
<xsd:element name = "cn-applicants" >
  <xsd:complexType >
    <xsd:sequence >
    <xsd:element name = cn-applicants-name type = "xsd:string"/ >
    <xsd:element name = cn-applicants-address type = "xsd:string"/ >
    </xsd:sequence >
  </xsd:complexType >
</xsd:element name = "cn-applicants" >
```

②属性转换。DTD 以关键字#IMPLIED、#FIXED 和#来指定属性是否出现，并支持属性缺省值的定义。XML Schema 则提供了更明确的标记来实现清晰易懂的表示。Schema 要求必须给出明确的状态，并以 Prohibited 来表示属性的禁用。对于缺省值的表达则更为直观，可用 default 来直接给出。例如，在国家公布的专利元素 DTD 定义中，对微生物样本保藏信息元素属性的定义如下：

```
<! ATTLIST bio-deposit
  ID ID #IMPLIED
  num CDATA #REQUIRED
  url CDATA #IMPLIED
  dnum CDATA #IMPLIED
>
```

在 Schema 中，上述信息被等价表示为：

```
<xsd:attribute name = "ID"  type = "xsd. string"  use = "optional"/ >
<xsd:attribute name = "num"  type = "xsd. string"  use = "prohibited"/ >
<xsd:attribute name = "url"  type = "xsd. string"  use = "optional"/ >
<xsd:attribute name = "dnum"  type = "xsd. string"  use = "optional"/ >
```

上述属性在文档中描述如表 2-14 所示。

表 2-14 元素属性描述

中文名称	英文名称	类型	约束性	重复性
标识符	ID	String（50）	可选	不可重复
编号	num	String（3）	禁用	不可重复
统一资源定位符	url	String（50）	可选	不可重复
专利号	dnum	String（50）	可选	不可重复

③实体声明转换。Schema 不支持实体，因此需要对 DTD 中的实体声明进行处理。对于参数实体，可将其展开后再转换成 XML Schema，通用实体声明则可以转换为 Schema 中的元素声明。

专利文献元素用节点 <cn-patent-document> 来表示，它包括著录项目数据 <bibliographic-data> 和专利申请体 <application-body> 2 个子元素。XML 元素除了可以包含其他元素、文本或者两者的混合物之外，还可以拥有属性。为了更全面地描述专利文献元素，设置了 3 个必备属性：标号 ID，语种 lang 和修正码 correction-code；以及 7 个可选的属性：国别 country，文献中涉及的文件编码 file-reference-ID，文献号 doc-number，文献种类（发明、实用新型或外观设计）kind，文献生产日期 date-produced，文献公布/公告日期 date-publ 和文献的法律状态（公开、授权、实质审查的生效等）status。

著录项目数据 <bibliographic-data> 中共包含 17 个子元素，元素名称及其含义见表 2-15。表中的大部分元素还包含下一级的子元素，如公布/公告数据 <publication-reference> 的子元素有公布/公告号 <publication-number>，公布/公告日期 <publication-date>，公布/公告机构 <publication-institution>；专利中的各方 <parties> 的子元素有申请人数据 <cn-applicants>，发明人数据 <cn-inventors>，设计人数据（仅外观设计专利）<designers>，专利权人数据 <cn-patentee> 和专利代理数据 <agents>。这些子元素甚至还可以继续嵌套自己的子元素，如申请人数据 <cn-applicants> 就包含了 2 个子元素：申请人姓名 <cn-applicants-name> 和申请人地址 <cn-applicants-address>。

表 2–15 著录项目数据元素

序号	元素名称	含义
1	< publication-reference >	公布/公告数据
2	< application-reference >	申请数据
3	< correction >	更正数据
4	< priority-claims >	优先权数据
5	< classification-ipc >	国际专利分类数据
6	< classification-locarno >	外观设计国际分类
7	< title >	名称
8	< references-cited >	引用文献
9	< division >	分案原申请数据
10	< cn-related-publication >	同一申请有关的公布/公告数据
11	< date-pct-article-22-39-fulfilled >	进入国家阶段日期
12	< pct-or-regional-filing-data >	PCT 国际申请数据
13	< pct-or-regional-publishing-data >	PCT 国际申请国际公布数据
14	< cn-domestic-priority-claim >	本国优先权数据
15	< parties >	专利事务中的各方
16	< cn-related-documents >	和本申请有关的其他国内申请数据
17	< bio-deposit >	微生物样本保藏信息

需要说明的是，序号 6 外观设计国际分类 < classification-locarno > 是外观设计特有的元素；序号 8、10、12、13、17 为发明/实用新型特有的。在专利申请过程中，要依次经历以下几个阶段：申请、审查、授权、无效、终止、质押等。在不同法律状态下，专利文件著录项目也会发生相应的变化。例如，授权后的专利特有著录项目包括序号 1 和序号 15 中的专利权人数据。

专利申请体 < application-body > 包括 4 个子元素：摘要 < abstract >，权利要求书 < claims >，说明书 < description > 和外观设计图片 < design-figures >（仅外观设计有）。同样，它们也包含自己的子元素，如摘要就包括摘要内

容 <abstract-text> 和摘要附图 <abstract-drawing>；说明书包括技术领域 <technical-field>，背景技术 <background-art>，内容 <disclosure>，附图说明 <description-of-drawings> 和实施方式 <mode-for-invention>5 个子元素，其形成的专利 Schema 结构模型如图 2-42 所示。

通过结构化描述文档展现形式，可以整合现行的加工处理流程，建立通用的、结构化的期刊论文数据交换格式标准，从而统一文档内容的描述方法、验证标准和展现规范，促进文档资源的生产和复用，满足各种不同表现形式文档内容的数据交换。采用这种展现形式旨在建立一套文档（如图书、论文、专利等）结构的内容描述标准规范，为业务系统提供统一的数据组织定义、统一的内容标准化原则和方法，实现数据内容结构描述的科学化、合理化和规范化。

对建设好的 Schema 文档，系统提供对 Schema 模板的管理功能，包括模板上传、编辑、删除、预览、修改、导出等。

Schema 上传：管理员上传 Schema 模板，供资源校验使用。上传 Schema 模板，Schema 文件信息记录至文件表中，同时后台会解析该 Schema 文档，获取 Schema 结构、节点信息、约束信息并将其记录到 Schemanode 对象中，再将该对象保存至数据库中。跳转至 Schema 结构预览页即可显示该 Schema 的树状结构及各节点的信息。Schema 模板上传界面如图 2-43 所示。

Schema 列表：管理员查看 Schema 模板列表时，系统会展示模板的基本信息，包括创建日期、模板名称、适用类型等。单击查看 Schema 模板列表，后台会查询模板库，返回模板对象集合并展示在模板列表页，列表包含对各模板的修改、预览、删除操作链接。Schema 模板列表页面如图 2-44 所示。

Schema 删除：管理员删除 Schema 模板，单击 Schema 列表的一条模板的删除操作，该模板 ID 会传入后台，后台再根据 ID 删除该模板记录及模板信息。

Schema 预览：预览 Schema 模板，包括 Schema 节点结构及节点信息。单击 Schema 列表的一条模板的预览操作，模板 ID 会传入后台，后台会根据 ID 查询 Schema 的节点结构、节点信息。节点结构以树状结构展示，而节点信息会在单击每一个节点后，以表格展示。

Schema 修改：管理员对模板进行修改，单击 Schema 列表的一条模板进行修改操作时，该模板 ID 会传入后台，后台会根据 ID 查询模板记录及模板信息。相应地，页面显示 Schema 的节点结构及各节点的属性信息，用户可

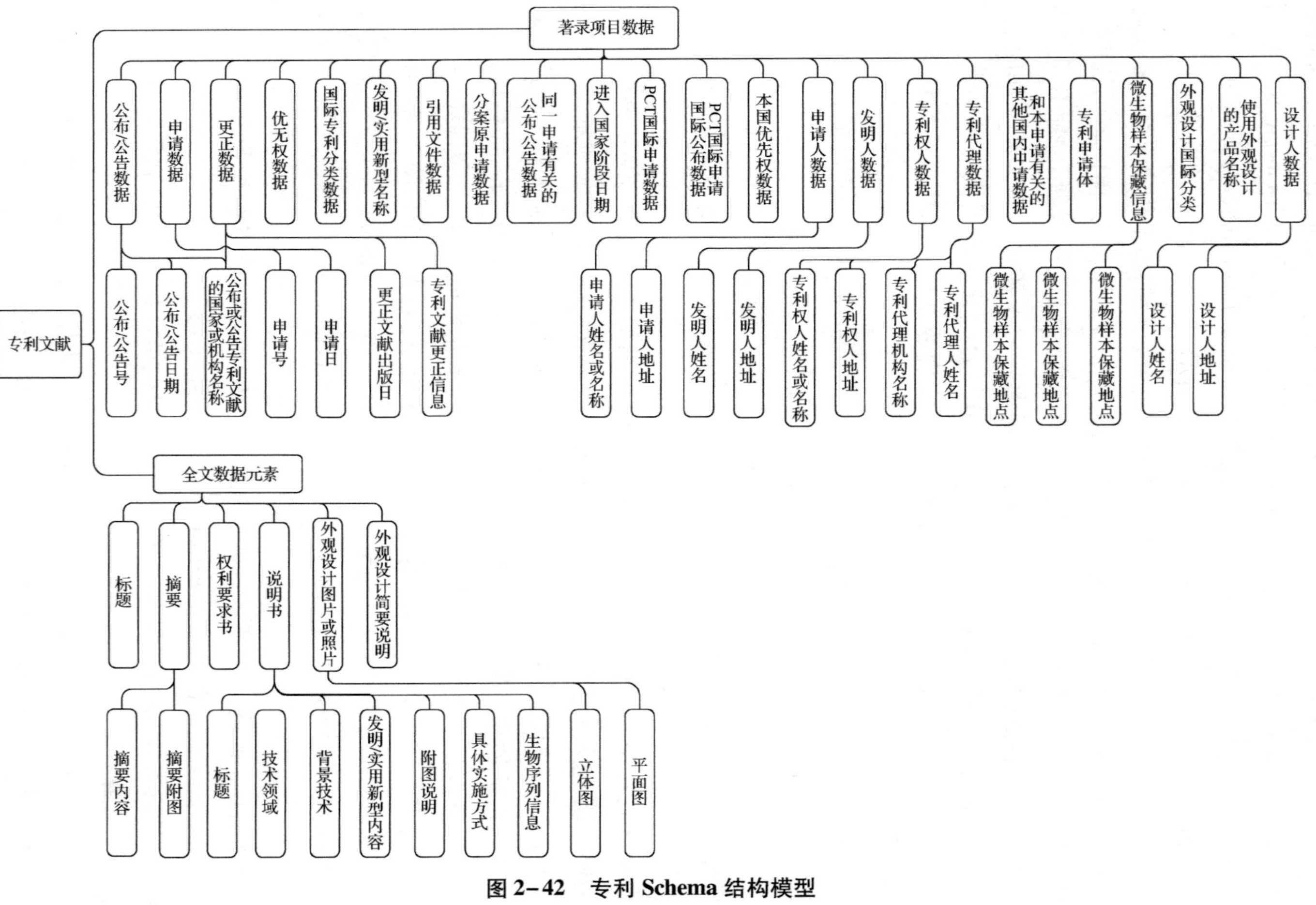

图 2-42 专利 Schema 结构模型

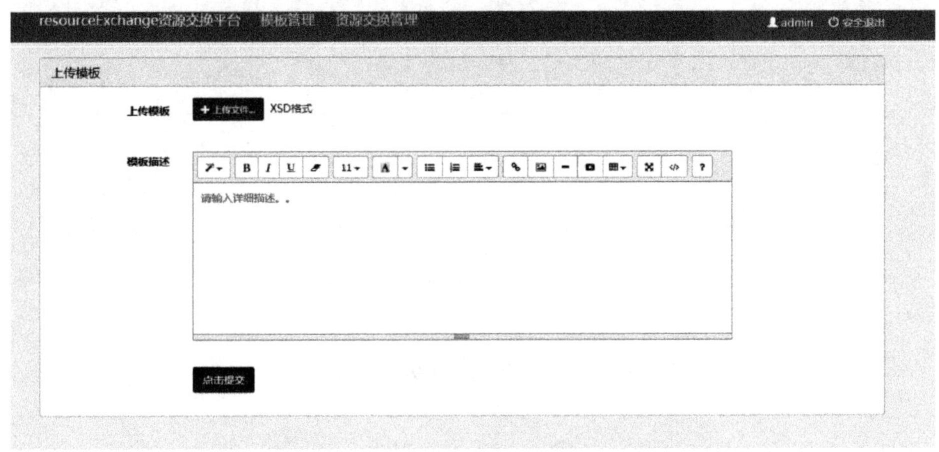

图 2-43　Schema 模板上传界面

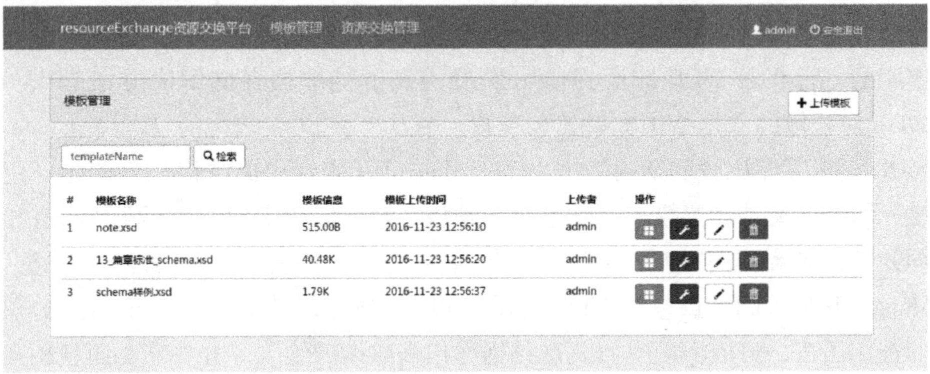

resourceExchange资源交换平台　模板管理　资源交换管理　admin　安全退出

模板管理　上传模板

templateName　检索

#	模板名称	模板信息	模板上传时间	上传者	操作
1	note.xsd	515.00B	2016-11-23 12:56:10	admin	
2	13_篇章标准_schema.xsd	40.48K	2016-11-23 12:56:20	admin	
3	schema样例.xsd	1.79K	2016-11-23 12:56:37	admin	

图 2-44　Schema 模板列表页面

增加、修改节点。修改节点的属性信息提交后，修改后的信息会保存至 Schema 模板库中。Schema 模板修改页面如图 2-45 所示。

Schema 导出：管理员导出模板时，单击 Schema 列表的一条模板的导出操作，该模板 ID 会传入后台，后台会根据 ID 查询模板记录及模板信息，创建 xsd 文件，供用户下载。

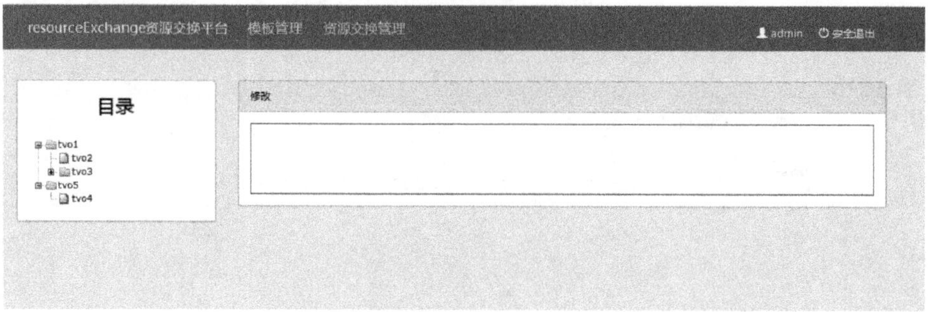

图 2-45　Schema 模板修改页面

2.4　资源存储

资源存储是指将解析规范的数据进行持久化处理。MongoDB 是一个基于分布式文件存储的数据库，是非关系数据库当中功能最丰富，最像关系数据库的，旨在为 WEB 应用提供可扩展的高性能数据存储解决方案。MongoDB 对松散的数据结构支持比较友好，在无须定义表结构的情况下，MongoDB 可以存储比较复杂的数据类型。MongoDB 数据存储结构是存储是一组键—值对、文件动态模式。动态模式是指在相同集合中的文档不需要具有相同的字段或结构组的公共字段的集合文档，可以容纳不同类型的数据。MongoDB 最大的特点是支持的查询语言比较强大，其语法类似于面向对象的查询语言，可以实现类似关系数据库单表查询的绝大部分功能，而且还支持对数据建立索引。

MongoDB 的基本存储单位为文档，MongoDB 要求每个文档必须有唯一标识，是一个 12 个字节的唯一标识符，该标识符被称为_ id，默认的_ id 格式是一个 ObejectId。文档由键和值组成，键和值总是成对出现。MongoDB 没有要求每个文档必须含有相同的字段，也没有要求同名的字段值的类型必须相同。

下载 MongoDB 数据库：https：//www. mongodb. com/download-center #community。

编码实现插入数据，如图 2-46 所示。

```java
    }
    /**
     * 插入单条数据
     * @param collectionName
     * @param json
     */
    public static void insertDBJson(String collectionName ,DBObject json){
        DB db  = getInstanceDB();
        DBCollection collection = db.getCollection(collectionName);
        try {
            collection.insert(json);
        } catch (Exception e) {
            Log.error(e, "MongoClient插入数据出错！collectionName : "+collectionName +"!  "+e.getMessage());
        }
        //db.cleanCursors(true);
    }

    /**
     * 插入返回id
     * @param obj
     * @param collectionName
     * @return
     * 2016年12月1日
     */
    public String insertReturnId(Object obj, String collectionName){
        String id = null;
        try {
        //  JSONObject jsonObj=(JSONObject) JSONObject.toJSON(obj);
            JSONObject jsonObject = (JSONObject) JSONUtil.parse(obj);
            DBObject db = (BasicDBObject) JSON.parse(jsonObject.toString());
            MongoDBUtils.insertDBJson(collectionName, db);
            if(db.get( "_id" ) != null) id = db.get( "_id" ).toString();
        } catch (Exception e) {
            Log.error(e, e.getMessage());
            return id;
        }
        return id;
    }
    /**
     * 直接从Mongo获取Cursor
```

图 2-46　MongoDB 插入数据代码

数据插入 MongoDB 数据库后，利用 MongoDB 数据库工具 Robo 3T 查看数据库内容，如图 2-47 所示。

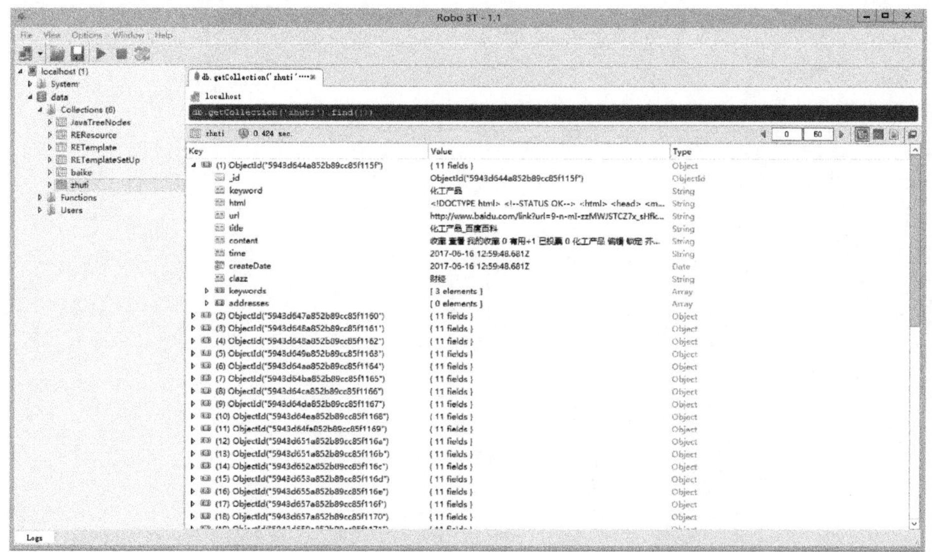

图 2-47　MongoDB 数据库工具 Robo 3T 查看数据库内容

2.5 本章小结

本章主要介绍了多资源融合的相关内容，涵盖资源获取、资源解析、数据交换、资源存储的全流程。首先，本章介绍了从网络、数据库、本地获取资源的流程、方法与技术，并从资源类型、载体形式等多角度阐述了资源解析的方法与技术；其次，介绍了标准化体系建设的方法，将解析后的数据进行规范以支持数据交换；最后，介绍了资源存储的方法与技术。

3 资源加工与结构化

本章主要介绍资源加工与结构化的相关内容。在通用自然语言处理技术的基础上，根据专业领域资源组织结构化的需求，对资源进行针对加工与处理，从语料与词表 2 个方面进行阐述。结构化语料加工主要介绍了词性标注及消歧、句法自动标注、语义角色自动标注、文本分割、句间及段落关系标注的相关理论与方法；结构化词表构建主要介绍了专业词典、语义词典、概念词表、同义词词表构建的相关理论与方法。同时，针对资源的结构化程度与资源组织结构化的需求，利用管线技术进行定制化处理流程，实现个性化定制处理。

3.1 结构化语料加工

专业领域语料库是对文献进行自然语言处理的重要的且不可或缺的基础，是对文本内容与意图进行深层把握的必由之路。自然语言处理（Natural Language Processing，NLP）是一种对自然语言信息进行处理的技术，从语言学角度来说，自然语言处理也叫计算语言学（Computational Linguistics）。自然语言处理包括自然语言理解（Natural Language Understanding，NLU）和自然语言生成（Natural Language Generation，NIG）2 部分：自然语言理解特指计算机对自然语言的内容和意图的深层把握；自然语言生成是指从非自然语言输入到自然语言输出的处理。自然语言理解与自然语言生成互为逆过程。

语言知识库（如语料库、机器词典、句法规则库等）是自然语言处理系统不可或缺的组成部分，语言知识库的规模和质量在很大程度上决定了自然语言处理系统的成败。这已经是计算语言学研究者和自然语言处理系统开发者的共识。特别是中文信息处理尤其需要重视知识库的建设，这其中以语料库与词典的建设为重中之重。语料库是储存和处理语言材料的仓库，但它并不是语言材料的简单堆积。由于语料领域的特殊性，在对语料库进行规划时，必须根据领域特色来确立建库原则。

语料库研究具有以下特点：①语料库研究是实证性的，能够用来分析自然环境下的实际模式；②能以大量收集起来的自然文本作为语料库研究的基础；③能大量使用计算机作为分析工具；④能同时使用定性和定量分析手段。

语料库的建设和研究对术语规范化、术语语义、词的切分、词频统计及词典编纂研究等方面具有重要的意义。在语料自动标注生成的整个过程中，分析其过程显得极为重要。从分析过程看，首先是词类分析，其次是语料标注、语法信息分析和专业属性分析。其中，语法信息包括词类信息、子类信息、语义信息、格助词添加等信息；专业属性又包括专业分类体系与知识结构，专业属性的层次越深，则语料标注就会越准确。语料中每个词条的语法信息及专业属性需要同语法规则和相应的子类相结合，以实现自动标注。结构化语料加工特点可总结如下。

①存储格式：以 XML 格式存储。

②单位层级：最大单位为文档 doc；文档包含若干段落 para；段落可包含若干句子 sentence；每个句子可包含若干词 word。

③基本单位：词。每个词一定有 ID、CONT（词形）、POS（词性）、PARENT（父节点 ID）、RELATE（句法角色）等信息，还可能具有 WSD（动词语义类或名词的语义类）、SRL（语义角色）、CLASS（名词间语义关系）等信息。

结构化语料加工流程如图 3-1 所示。

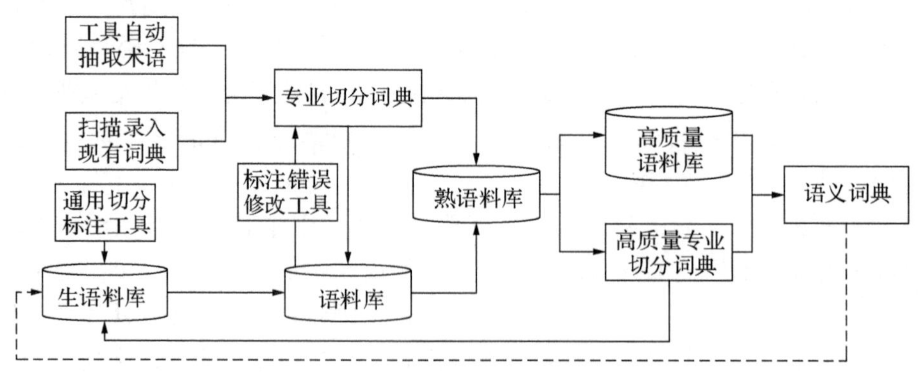

图 3-1　语料库加工流程

结构化语料加工是建立在通用自然语言处理技术的基础上，为满足专业领域语料结构化处理的需要，主要从词性标注及消歧、句法自动标注、语义角色自动标注、句间及段落关系标注等几个方面开展研究。

3.1.1　词性标注及消歧

（1）词语切分

词语切分方面以北京大学计算语言学研究所于2003年发布的《北大语料库加工规范：切分·词性标注·注音》为基本依据，在实际标注时以空格作为词语间的分隔标记。词语切分与新闻语料切分的主要区别在于较长的名词短语如果被认定为特定领域的术语，会直接作为一个切分单位处理。例如，“后天性心血管病、动脉粥样硬化、冠状动脉粥样硬化、冠状动脉粥样硬化性心脏病、缺血性心脏病、冠状动脉、主动脉、脑动脉、肾动脉、冠心病周围动脉”会被看成是一个切分单位。因此，专业术语的识别与切分将会与词语切分的工作同时进行。在进行术语识别时会充分使用已经有的主题词表和专科词典，如《英汉皮肤性病学词典》。

（2）词性标注

词性标注方面，同样以《北大语料库加工规范：切分·词性标注·注音》为基本依据。该规范包括2个标记集，一个标记集的标签是40个左右，另一个则为100个左右。复杂标记集是对简单标记的进一步细化。目前得到学界广泛认可的是简单版标记集，因此，在实际标注中都选择简单版标记集。

除了使用《现代汉语语法信息词典》中的26个词类代码（名词n、时间词t、处所词s、方位词f、数词m、量词q、区别词b、代词r、动词v、形容词a、状态词z、副词d、介词p、连词c、助词u、语气词y、叹词e、拟声词o、成语i、习用语l、简称j、前接成分h、后接成分k、语素g、非语素字x、标点符号w）外，现行词语切分还增加了以下2类标记。

①专有名词的分类标记，即人名nr、地名ns、团体机关单位名称nt、其他专有名词nz和英语等其他非汉字的字符串nx。

②动词和形容词的特殊用法标记，即名动词vn（具有名词功能的动词），名形词an（具有名词功能的形容词），合计约40个。

3.1.2 词性标注及消歧的主要功能

词性标注及消歧的主要功能包括：对原始文本自动进行词语切分和词性标注；对自动标注结果提供辅助校对工具；合法性检查，如格式、词性标记和具体词的词性等信息；生成组合歧义列表、生成词语列表、生成新词语列表；可视化校对，对非法标记、组合性歧义、新词语分别以不同的颜色显示（图 3–2）。

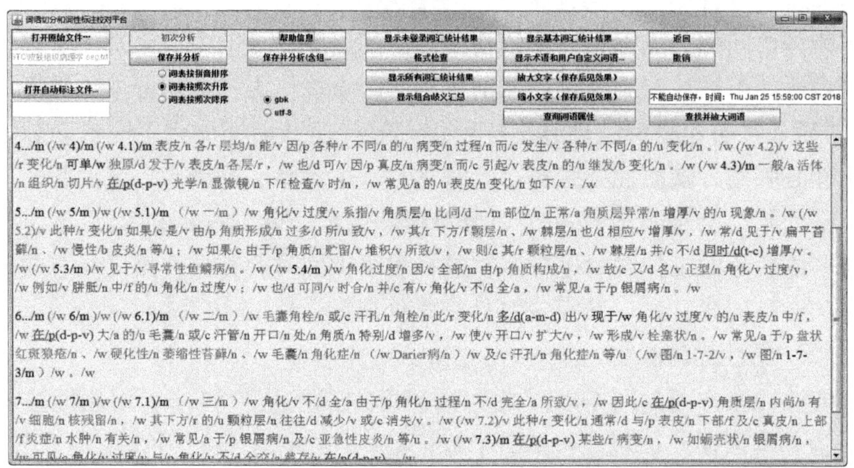

图 3–2　词语切分和词性标注及校对工具

3.1.3 句法自动标注

句法自动标注就是指对句子中的词语语法功能进行分析。例如，“我来晚了”，这里“我”是主语，“来”是谓语，“晚了”是补语。句法自动标注的主要功能包括：句法树可视化校对，增加弧、删除弧、修改标签；语法词典的兼容性检测；特定类型结点的查找。句法标注工具如图 3–3 所示。

3.1.4 语义角色自动标注

使依存树与一个语义框架词典相配套，可以更细致地描写词语的语义框架。但在句子层面进行人工标注时，为了减少标注的难度，提高标注的一致性，宜使用较粗的语义框架体系。在与之配套的语义框架词典中，可以为每

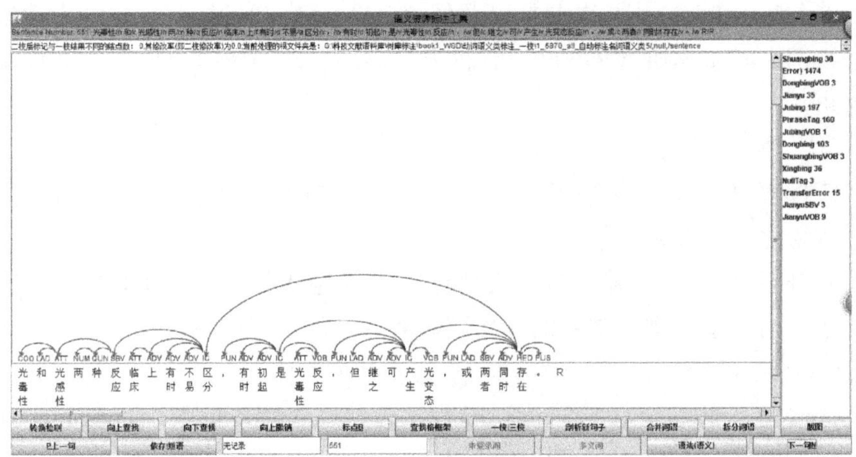

图 3–3 句法标注工具

个动词提供更细的格框架，这个语义框架与标注时使用的较粗的语义框架之间存在双向的映射关系：从细的语义框架可以直接映射到粗的语义框架，不需借助词典；从粗的语义框架映射到细的语义框架时，需要借助语义框架词典。

为实现上述目标，基本思路是从一个现有的较细的语义框架体系出发推导出一个较粗的语义框架体系。在推导时遵循对立互补的基本原则，即如果两个语义角色不在同一个具体词的语义框架中出现，则两者是互补的；如果两个语义角色在至少一个具体词的语义框架中共现，则两者是对立的。对立的角色必须分开，互补的角色如果同时也比较相似的话，也可以考虑合并成一个语义角色。

本书提出的语义角色体系包括 12 个语义角色，分别是：主事、客事、对事、与事、共事、领事、补事、工具、时间、处所、起点、终点。

①主事（SBJ）与客事（OBJ）。主事包括施事（agent）、存现体（existent）、经验者（experiencer）、领有者（possessor）、关系主体（relevant）、整体（whole）。客事包括类指（isa）、内容成品（content product）、触及部件（part of touch）、受事部件（patient part）、成品受事（patient product）、内容（content）、受事（patient）、占有物（possession）、部分（of part）等。

②对事（TRG）。对事主要指动作、行为、态度针对的对象，通常充当介词“对”或“向”的宾语。

③与事（DTV）。与事包括参照体（contrast）和目标（target）。在依存语法视图，间接宾语（IOB）一般属于与事；另外，介词“比”的宾语也属于与事。

④共事（COA）。

⑤领事（POS）。仅限于出现在主谓谓语句中的大主语，且要求大主语与小主语之间存在领属关系。

⑥补事（ACT）。补事与语法角色中的行为补语基本上是等同的。一般情况下，与补事共享父结点的客事同时兼为补事动词的主事。

⑦工具（INS）。仅限于介词宾语或者动词宾语。

⑧时间（TIM）。包括时段、时距、时点、过程，仅限于用时间词和名词表示的时间，不包括时间状语“迅速、已经”，可以有多个时间共现。

⑨处所（LOC）。包括处所、方向、距离，可以有多个处所共现。

⑩起点（INI）。包括时间起点、处所起点、初状态、来源。起点与终点是相对的，即使其中一方没有出现，但也会有一个隐性的起点/终点对，否则就不应该标成起点或终点；起点和终点之间有一个物理或逻辑上的位移或变化过程。

⑪终点（FIN）。包括时间终点、处所终点、终状态等。

在构建多视图树库时，一个重要的目标是保持语法树与语义树之间的兼容性。比较理想的情况是，两个树中依存弧的方向是一致的，区别仅仅在于弧上的标签不同，一个是语法角色标签，一个是语义角色标签。与这个目标相冲突的现象主要是介词宾语。一般认为，介词结构中介词是核心，所以在依存树中介词应该是整个介词结构的核心结点，但是，在语义树中介词不能直接充当谓语动词的语义角色，“的”字结构也有类似的问题。

此外，形式动词等意义比较虚的动词（如“进行、加以、有”）充当谓语动词时主语通常并不充当谓语动词的语义角色，而是充当宾语的语义角色。

处理策略是认为这些词具有传递格的功能：“的”把定语的角色传递给中心语；“进行”把主语和状语的角色传递给宾语；“对”把宾语的角色传递给它的父节点；在主谓谓语句中，话题充当的“领事”这一语义角色可以经过谓语动词或形容词传递给主语。这种传递可以进行多次，如“对北京的访问”中“对”和“的”连续两次传递，使“北京”成为“访问”的语义角色。

主要功能包括：语义信息校对；单义词自动标注，多义词人工标注，主宾语语义角色标注；基于格框架进行兼容性检测等。语义角色自动标注工具如图 3-4 所示。

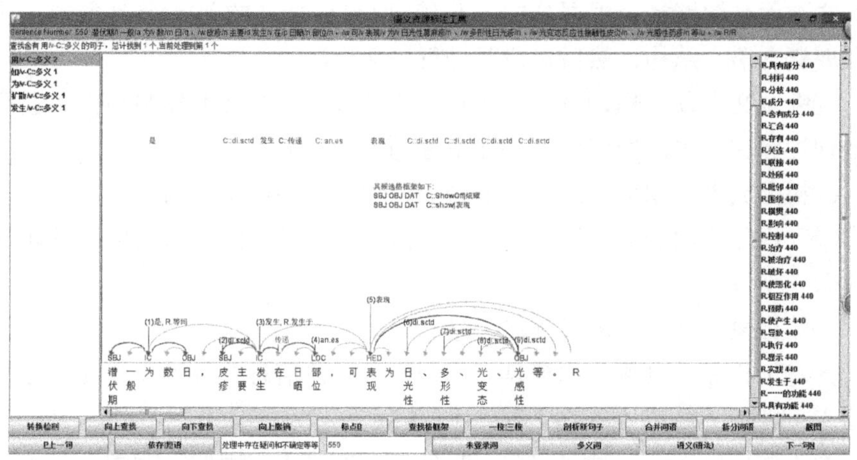

图 3-4　语义角色自动标注工具

3.1.5　文本分割

对于不同的应用场景及应用目的，文本分割的方法、分割颗粒度及分割技术会有所不同。传统的 TextTiling 方法计算复杂度低，但分割准确性较低；文本分割方法则需要预设主题数量或者待比较文本块大小，而且，一些文本分割方法在文本相似度计算时只考虑了词汇的重复信息，而没有考虑词汇之间的语义关联；概率统计方法分割效果较好，但是计算复杂度高，需要大量语料进行训练。此外，现有的大多数文本分割方法是针对通用领域，并且分割颗粒度通常为句子级别。然而在实际应用中，文本分割颗粒度不需要细分到句子级别，一个自然段落通常只描述一个主题。

对于特定领域的文本，领域本体的概念结构能够较为完整地涵盖文本的父主题与子主题。因此，针对特殊领域文本提出了一种基于段落颗粒度的文本分割方法，其主要思想是利用本体的概念、属性及概念间的关系对文本段落进行语义标注，拥有相同语义标签的相邻段落划分为同一语义段落。该方法的优点在于先对文本进行语义段落划分的同时，也可以获得语义段落的主题。文本分割流程如下。

①输入领域文本。

②确定文本标题，无标题情况继续步骤③，有标题情况继续步骤④。

③文本无标题的情况：文本有来源路径，根据其来源找回文本标题/主题；文本无来源路径，根据公式（3.1）取得分最高的前 n 个概念词，并自动获取概念语义结构，然后对段落进行语义标注。

④领域文本预处理，将文本按自然段划分，并对文本标题和正文进行分词、词性标注、去停用词处理并保留标题中的名词。

⑤根据文本标题词或段落主题词获取本体三层概念结构。

⑥利用已构建的概念结构对文本段落进行语义标注，语义标注具体过程见 3.2.2 小节。

⑦输出段落及段落语义标注信息。

⑧对于相邻的段落，如果具有相同语义标注信息并且语义标注得分超过阈值 Y，则划分为同一语义段落。

由于概念层次的自动获取需要初始概念的输入，因此，对于无标题的文本段落，可借鉴一些文献中提出的高效的短文本主题词抽取方法，其计算公式为：

$$\omega(\omega_i) = tf(\omega_i) \times df(\omega_i) \times (1 + g(\omega_i)) \tag{3.1}$$

$$tf(\omega_i) = \frac{f_j(\omega_i)}{n(d_j)} \tag{3.2}$$

$$df(\omega_i) = -\frac{n(\omega_i)}{N} \times \log \frac{n(\omega_i)}{N} - \left(1 - \frac{n(\omega_i)}{N}\right) \log\left(1 - \frac{n(\omega_i)}{N}\right) \tag{3.3}$$

$$g(\omega_i) = \frac{n(\omega_i)}{n(\omega_i) + 1} \tag{3.4}$$

其中，tf（ω_i）是文档 d_j 中的词 ω_i 的相对词频，由公式（3.2）计算求得，其中 f_j（ω_i）是 ω_i 在文档 d_j 中出现的次数，n（d_j）是文档中实词的个数；df（ω_i）是词汇 ω_i 的权重因子，由公式（3.3）计算求得，其中 n（ω_i）是出现词汇 ω_i 的段落个数，N 是文本段落总数；g（ω_i）代表词汇 ω_i 的主题表现力，由公式（3.4）计算求得。对于没有标题的文本段落，采用该公式计算词汇对主题的贡献得分，取得分最高的前 n 个主题词作为初始概念获取其概念层次结构。

本体是相关领域内不同主体之间相互交流的一种语义基础，是对某领域的知识的通用理解，描述了领域内共同认可的概念及概念之间的关系。目前本体构建的思路主要分为本体论工程方法及叙词表转换为本体方法两大类。

本体构建方法属于工程论工程方法，采用了一些文献中受限文本的本体自学习机制，从叙词表、百科类网站、图书目录及搜索引擎获取本体的三层概念结构，如图 3-5 所示，实现了本体概念体系的自动构建。

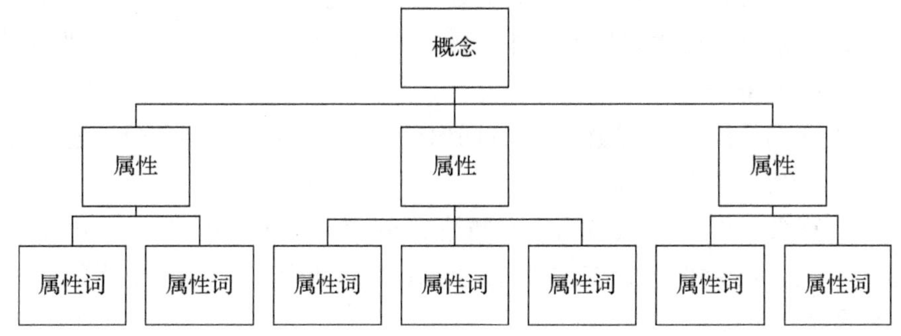

图 3-5　概念语义结构

本体概念层次自动构建流程如下。

①将标题中的关键词（名词）或者段落获取的前 n 个概念词作为本体概念结构第一层。

②本体概念结构第二层获取方式如下：从主题词表获取第一层概念的下位概念；通过百度百科和维基百科检索第一层概念词，获取搜索结果的一级目录；在当当网、亚马逊平台检索概念词，获得图书目录，过滤掉“目录”“前言”“概要”“简介”“第一章”和“第三节”等词。

③对上述获取的字符串进行分词、词频统计和词性标注，保留名词，得到名词 - 频次集合。

④对上一步骤得到的各类资源的名词合并去重，作为备选关联词集合 $W = \{w_1, w_2, \cdots\}$。

⑤将关联词集合 W 与第③步得到的名词 - 频次集合输入关联词得分计算公式，计算得到 W 中每个词的关联词得分 score（word）：

$$score(w_i) = \mu \sum_{j=1}^{m} \left(\sum_{k=1}^{n} weight_j \times \left(\frac{w_i \cdot length}{term_{kj} \cdot length} \right) \times tf_j(term_{kj}) \right) \tag{3.5}$$

该式中，$score$（ω_i）为备选关联词集合 W 中的词 w_i 的关联词得分，m 为用以提取关联词的资源类别数量，提取第二层属性时由于包含百科类、图书目录类、网页标题类及主题词表 4 类资源，所以 m 值为 4。n 为第 j 类

资源中包含有 w_i 的词项数量，$weight_j$ 为第 j 类资源对应的权重，$w_i \cdot length$ 为 w_i 的词长，$term_{kj}$ 为第 j 类资源中第 k 个包含 w_i 的词项，$term_{kj} \cdot length$ 为其词长，tf_j（$term_{kj}$）为 $term_{kj}$ 在第 j 类资源中的词频，μ 为调节因子，仅对关联词得分进行一定倍数的放大，方便比较。通过实验计算和分析，将百科类、图书目录类、网页标题类及主题词表 4 类资源的权重分别设置为 0.52、0.15、0.13 和 0.20。

⑥关联词得分高于阈值 Q 的名词保留，作为第二层候选词。通过实验分析，Q 的经验值为 1.5。

⑦计算第二层候选词与第一层概念词的归一化 Google 距离，过滤掉距离过大的词，其余作为第二层概念词输出。如两个词 x 和 y 之间的归一化 Google 距离为：

$$NGD(x,y) = \frac{\max\{\log f(x),\log f(y)\} - \log f(x,y)}{\log M - \min\{\log f(x),\log f(y)\}} \tag{3.6}$$

其中，M 是 Google 索引的网页总数，f（x）和 f（y）分别是搜索词 x 和 y 的命中数量，f（x，y）是同时出现 x 和 y 的网页数量。如果 x 和 y 从未一起出现在同一网页上，而只是单独出现，则它们之间的归一化 Google 距离是无穷大；如果 x 和 y 总是同时出现，则它们之间的归一化 Google 距离是 0。

⑧本体第三层概念属性词获取方式为：通过“第一层关键词 + 第二层属性”构建检索词，在百度、必应和谷歌搜索检索词获取网页，提取网页主要内容，进行词性标注并保留名词，选择 TF-IDF 值较高的词作为候选概念。利用归一化 Google 距离对非领域内概念进行过滤，过滤后得到的词汇作为本体第三层概念属性词。

利用语义资源对文本进行语义标注，对每个段落计算其语义标注分数，得分最高的“概念-属性”组即为段落的主题。语义标注后的输出结果为文本自然段及其语义标注信息，段落语义信息包括段落的概念及其属性。对于包含部分语义标注的段落集合，进行文本分割的思路如下。

①对于细颗粒度的主题分割，选取相邻的拥有相同“概念-属性”语义信息的段落，如果段落语义标注分数都超过阈值 Y，则划分为同一语义段落。

②对于粗颗粒度的主题分割，选取相邻的拥有相同“概念”语义信息的段落，如果段落语义标注分数都超过阈值 Y，则划分为同一语义段落。

经过语义标注后的文本语义段落可以通过切分标注，并计算归一化 Google 距离筛选出同领域内的概念，从而补充本体概念结构的第三层属性词，实现语义结构的进化。

文本分割的评测标准比较主观，主要是因为人们对于主题边界的位置及文本分割颗粒度往往没有一致的观点和看法；另外，不同的应用场景对文本分割的准确性有不同的要求。

最早使用的文本分割评价指标是准确率（Precision）和召回率（Recall），准确率是指分割得到的正确分割点数目占总分割点数目的百分比，召回率则是指得到的正确分割点数目占标准分割点数目的百分比。由于准确率和召回率评价的片面性，F-measure 评价方法综合了两个指标，其评价公式为：

$$F = 2 \times 准确率 \times 召回率 / (准确率 + 召回率) \tag{3.7}$$

现在常用的文本分割评测方法有 P_k 评价方法，其公式为：

$$P_k(ref, hyp) = \frac{1}{N-k} \sum_{i=1}^{N-k} (\delta_{ref}(i, i+k) XOR \delta_{hyp}(i, i+k) > 0) \tag{3.8}$$

Pevzner 和 Hearst 改进了 P_k 评价方法，提出了 WindowDiff 评价方法，其公式为：

$$WindowDiff(ref, hyp) = \frac{1}{N-k} \sum_{i=1}^{N-k} (|b(ref_i, ref_{i+k}) - b(hyp_i, hyp_{i+k})| > 0) \tag{3.9}$$

实验选用化学工业领域文本，构造了 10 篇文本作为评测语料集。文本大主题为化工领域的下位概念，小主题为概念的下位概念，即属性。每个文本中包含的段落数目不固定，考虑到通常情况下自然文本的长度，每篇文本的子主题数量为 6 ~ 11 个，平均自然段数目为 27.3。

由于文本分割方法基于段落颗粒度，所以采用准确率、召回率及 F 值作为评价指标，如果分割后的语义段落拥有相同“概念 - 属性”语义信息，则分割正确，否则错误。通过研究分析，将段落语义分数计算公式中的权重和阈值分别设置为 $\alpha = 1$、$\beta = 1$、$\gamma = 0.8$、$\delta = 0.7$、$\theta = 1.5$、$\mu = 0.6$ 及 $P = 0.024$。实验发现，对于文本存在标题和不存在标题 2 种情况，当阈值 Y 分别为 0.549 和 0.054 时，文本分割算法具有较高的准确率、召回率及 F 值，测试结果与其他文本分割方法对比如表 3-1 所示。

表 3-1 文本分割实验结果对比

	基于知网的文本分割	基于 GA 的文本分割	基于多元判别分析的文本分割	方法
准确率	0.54	0.71	0.47	0.85
召回率	0.57	—	0.48	0.90
F 值	0.55	—	0.48	0.88

以上数据显示，文本分割方法平均准确率、召回率和 *F* 值分别达到 0.85、0.90 和 0.88，基本满足实际应用中的文本分割需求，并且好于现有的大多数中文文本分割方法，如基于知网的文本分割，基于多元判别分析的文本分割和基于 GA 的文本分割方法。通过观察分割结果可以发现，本体语义结构覆盖范围越全面，则更能挖掘段落的语义信息，分割结果更准确。此外，自然段的长度影响分割结果，长度过短的段落通常缺失属性和属性词，从而造成语义标注的主题颗粒度较大。

3.1.6 句间及段落关系标注

句间及段落关系标注是篇章分析的重要内容。基于篇章树库（RST-DT）及宾州篇章树库（Penn Discourse TreeBank，PDTB）的调研，根据 CT 理论（Computerized Tomography），结合中文的实际情况，提出了一套用于篇章标注的标签体系，从内容标签和关系标签 2 个层面比较全面地描述篇章的内容和逻辑关系。

实际文本中，篇章关系是体现在各个层次的：篇由关系比较松散的章组成；章由一个或者几个意义段组成；意义段由意义段或者自然段组成；自然段可再分为句子；句子内部又可以分为句内基本单位。篇章单位与同一层级及其上下层级的单位之间存在或强或弱的关系，从而构成了整个篇章。篇章单位的体系如图 3-6 所示。

篇章、自然段和句子都是自然单位，可以根据文本形式进行切分。而句内基本单位的切分则需要综合判断。例如，使用分号、顿号等标点符号进行切分，原则上不对长度不超过 5 个词的句子进行切分。

A. 关系标签

参考 RST-DT 和 PDTB 的标签体系，针对不同篇章单位（章、段、句），

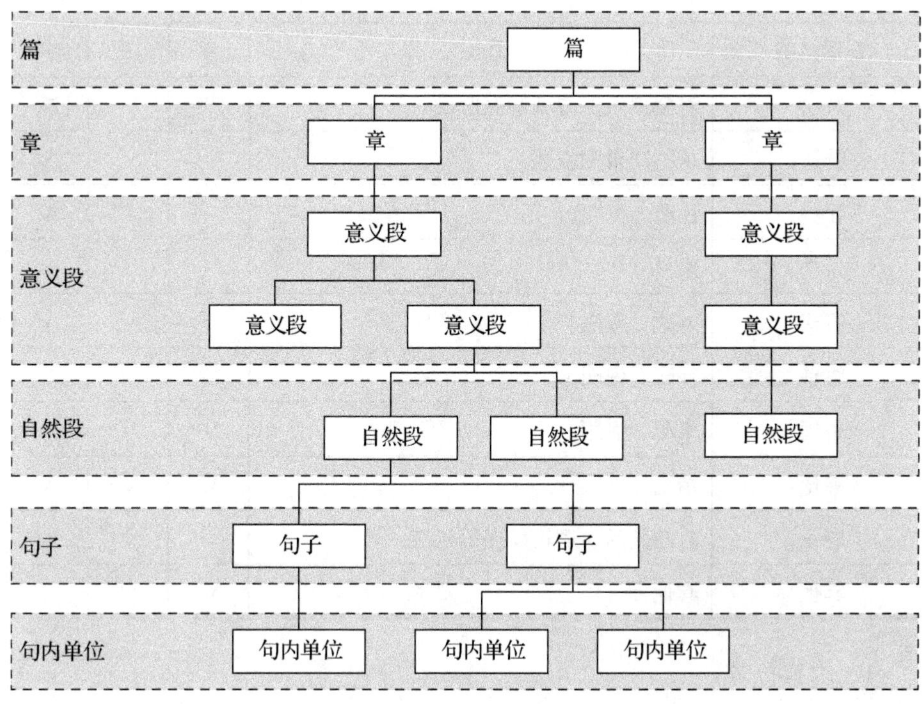

图 3–6　篇章单位的层次结构

本书设计了如表 3–2 的关系标签体系。其中单位颗粒度越大，推荐使用的标签集合越小（√表示推荐使用）。

表 3–2　篇章关系标签集合

关系标签	释义	章	段	句
总分	总分		√	√
因果	原因		√	√
补充	补充		√	√
目的	目的		√	√
转折	转折		√	√
递进	主要信息在量上有增强、叠加		√	√

续表

关系标签	释义	章	段	句
假设	对虚拟条件或者情况假设		√	√
分述	从不同角度叙述		√	√
让步	让步			√
条件	条件			√
方式	方式、方法			√
解释	补充、说明	√	√	√
引用	来源、引用	√	√	√
结论	结论	√	√	√
顺承	时间先后、逻辑发展等延续	√	√	√
其他	其他类	√	√	√

B. 内容标签

内容标签和关系标签是独立的，用来对部分文本的内容或者功能进行说明。表 3–3 给出了科学文献标注中用到的一些内容标签。

表 3–3　标注科学文献的内容标签示例

标签名	释义
题目	标题
作者	作者
单位	单位
摘要	摘要
关键词	关键词
分类	所属类别
参考文献	参考文献
定义	概念的定义

内容标签的设置和关系标签的设置是彼此独立的，但是它们的标注并非截然分开的。文本应当首先进行关系标签的标注，形成层次的结构，然后将

内容标签标注在结构中的成分上，如表 3-4 所示。

表 3-4　标注“皮肤病”语料的篇章内容标签

病理	数据	预后	防治
病因	定义	症状	病理解剖
预防	诱因	诊断	病理生理
治疗	分类	体征	检查
临床表现	皮损特点	描述	功能

以医学领域的文本为例，展示关系标签和内容标签的标注过程和结果，原始文本经切句后显示如下：

(1) 第一章　皮肤组织病理学

(2) (2.1) 皮肤病理变化与其他器官所发生的变化基本相似，它可以发炎、充血、贫血、萎缩、肥厚、坏死与变性，也可以增生或发生肿瘤。(2.2)但是皮肤的结构有其自己的特点，因此也有其特殊的病理变化。(2.3) 现按皮肤不同组成部分分别叙述其病理组织学的基本变化。

(3) 第一节　表皮的变化

(4) (4.1) 表皮各层均能因各种不同的病变过程而发生各种不同的变化。(4.2) 这些变化可单独原发于表皮各层，也可因真皮病变而引起表皮的继发变化。(4.3) 一般活体组织切片在光学显微镜下检查时，常见的表皮变化如下。

(5) (5.1)(一)角化过度　系指角质层比同一部位正常角质层异常增厚的现象。(5.2) 此种变化如果是由角质形成过多所致，其下方颗层、棘层也相应增厚，常见于扁平苔藓、慢性皮炎等；如果由于角质贮留堆积所致，则其颗粒层、棘层并不同时增厚。(5.3) 见于寻常性鱼鳞病。(5.4) 角化过度因全部由角质构成，故又名正型角化过度，如胼胝中的角化过度；也可同时合并有角化不全，常见于银屑病。

(6) (6.1)(二)毛囊角栓或汗孔角栓　此变化多出现于角化过度的表皮中，在大的毛囊或汗管开口处角质特别增多，使开口扩大，形成栓塞状。(6.2)常见于盘状红斑狼疮……

(7)(7.1)(三)角化不全　由于角化过程不完全所致,因此在角质层内尚有细胞核残留,其下方的颗粒层往往减少或消失。(7.2)此种变化通常与表皮下部及真皮上部炎症水肿有关,常见于银屑病及亚急性皮炎等。(7.3)在某些病变,如蛎壳状银屑病,可见角化过度与角化不全交替存在。

为方便阅读，将段上和段下的关系分开，效果如下：

```
(          (0#篇
           (1#章
           (2#概述
           (总分(3,…)
                 (4# 概述
                 (总分
                           (5)
                           (6)
                           (7)
                 )
           )
)
```

关系标签和内容标签联合标注的形式：(关系标签（组成成分）#内容标签)，可嵌套。

以上述文本第二段为例，给出了句子之间的篇章关系标注，效果如下：

```
(解释说明
         (解释说明
                  (2.1 #定义)
                  (转折(2.2))
                  (顺承(2.3))
         )
)
```

本书研发了篇章标注工具来进行句间及段落关系标注，标注效果如图 3–7 所示。

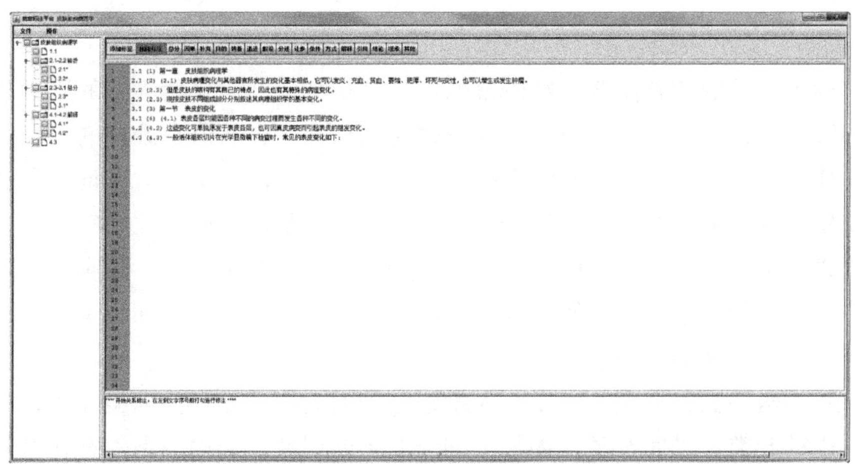

图 3–7 篇章标注工具

3.2 结构化词表构建

3.2.1 专业词典构建

术语是为了有效表达领域知识而产生的词语单元，其计算至少分为单元度的计算和领域性的计算 2 个方面，这里的单元度指的是一个符号串作为词语出现的可能性的度量。关于单元度的计算的常见方法有互信息、开方分布等，这些方法所使用的统计信息一般包括词串同现信息及各个子串的出现概率信息。然而，在实际应用中发现，这些信息对于准确计算词串的单元度还是不够的。同时，术语在各个领域中层出不穷，自动术语提取日益受到人们的关注。作为汉语语言计算中的一种基本算法，术语的自动提取算法将在术语标准化、词典编撰、自动分词、新词语的发现和领域知识的获取等应用中发挥巨大的作用。

中文的切分标注一般采用基于词典与基于统计（马尔可夫语言模型）相结合的方法，来对中文句子进行切分和名词标注，因此，制作一个规模适当、分级合理并可灵活配置的词典是建造中文信息提取系统的第一步。语言信息处理系统也需要专业知识的配合，特别是实现专业领域有效切分与标注，就必须构建专业切分词典。

3.2.2 语义词典构建

内容信息的理解需要自然语言的语义分析技术，而自然语言的语义分析离不开语义词典的支持，语义词典的建设已经成为自然语言处理的一项基础性工作。语义词典作为自然语言处理的一项基础资源，不仅对分词、命名实体识别、词义消歧等自然语言处理的底层技术有帮助，而且在问答系统、信息检索、文本分类等上层应用中也大有用武之地。为了建设一部实用的、能在中文信息处理领域中发挥重要作用的词典，本书提出了一种简单结构、收词量丰富的语义词典构建的方法。

根据医药文献特点，由专业人士建立了面向信息处理的词类体系，完成了词语的归类，进而按类描述每个词语的不同属性。采用关系数据库的二维表文件格式描述词语的语法属性，按词类建立文件，一条记录描述一个词语的相关属性。其中，一个词条包括以下几项内容：词语、拼音、义项、释义、语义类、直接上位、配价数、参照体、对象、共现词语、英文、例句等。示例如表 3-5 所示。

表 3-5 中医药语义词典示例

词语	拼音	义项	释义	语义类	直接上位	配价数	共现词语	英文	例句
头痛	tou2 tong4	1	病名，泛指头部疼痛	病名	疾病	0		headache	痰浊上扰之头痛
头痛	tou2 tong4	2	头痛病的一个症状	症状	病名	0	症见	headache	症见头痛

在自然语言处理中，语义分析占有很重要的位置，医药语义词典可以为医药文献的句义分析、词汇歧义消解提供更全面的语义知识，有效地提高了文献的标注精度。

运用专业切分词典再次加工后的语料，经语义词典的修正后如下：

降浊化痰法/n_zf

用于/v 痰浊上扰/n_bj 之/u 头痛/n_bm。/w 头痛/n_bm 多/a 由/p 嗜酒食肥/n_by 而/c 致/v 。/w 症/Ng 见/v 头痛/n_zz,/w 重在/v 枕部/n 或/c 全头昏痛/n_zz ,/w 体/k 丰/Ag 痰/n 盛/v ,/w 周身倦怠/n_zz ,/w 眠差梦多/n_zz ,/w 恶心欲吐/n_zz 或/c 呕吐痰涎/n_zz ,/w 舌淡红/n_zf ,/w 苔腻/n_zf ,/w 脉滑/n_zf 。/w

从以上语料可以看出，“症见”后的“头痛”被标注成了症状，有效解决了“头痛”既为病名又为症状名的歧义问题。

面向机器的词典与语言规则库所包含的知识是显性的，比较规范且噪声少，结构化程度比较高，有些还实现了形式化描述，但它们所包含的知识总是有限的，而且是静态的，词典也不能完全反映词的实际使用情况，高频词与低频词常被同等看待。特别是当一个词具有多种读音、多种词性、多种词义时，词典中的知识具有不确定性。因此，应将词典与语料库两类数据资源综合使用，实现优势互补。

利用医学专业《医学主题词表》（MeSH）生成的医学术语词典采用的专业输入词典如下所示（节选了前20个词条的内容，该词典共有21 502个词条）：

疾病类　医学类
解剖类　医学类
有机体类　医学类
化学制品和药物类　医学类
分析、诊断和治疗的技术和设备类　医学类
精神病学和心理学类　医学类
生物科学类　医学类
物理科学类　医学类
人类学、教育学、社会学和社会现象类　医学类
工艺学、工业、农业类　医学类
人文科学类　医学类
信息科学类　医学类

命名组类　医学类
卫生保健类　医学类
地理名称类　医学类
身体部位　解剖 A
腋　身体部位
背　身体部位
腰骶部　背
骶尾部　背

经过系统自动处理生成的专业语义词典格式为：

医学类,yxl
　　疾病类,jbl
　　解剖类,jpl
　　有机体类,yjtl
　　化学制品和药物类,hxzphywl
　　分析、诊断和治疗的技术和设备类,zdhzldjshsblfx
　　精神病学和心理学类,jsbxhxlxl
　　生物科学类,swkxl
　　物理科学类,wlkxl
　　人类学、教育学、社会学和社会现象类,shxhshxxljyxrlx
　　工艺学、工业、农业类,nylgygyx
　　人文科学类,rwkxl
　　信息科学类,xxkxl
　　命名组类,mmzl
　　卫生保健类,wsbjl
　　地理名称类,dlmcl
解剖类,jpl
　　身体部位,stbw
　　　　腋,y
　　　　背,b

自动转换生成的 JSON 数据格式为：

{"医学类,yxl":{"疾病类,jbl":" ","解剖类,jpl":" ","有机体类,yjtl":" ","化学制品和药物类,hxzphywl":" ","分析、诊断和治疗的技术和设备类,zdhzldjshsblfx":" ","精神病学和心理学类,jsbxhxlxl":" ","生物科学类,swkxl":" ","物理科学类,wlkxl":" ","人类学、教育学、社会学和社会现象类,shxhshxxljyxrlx":" ","工艺学、工业、农业类,nylgygyx":" ","人文科学类,rwkxl":" ","信息科学类,xxkxl":" ","命名组类,mmzl":" ","卫生保健类,wsbjl":" ","地理名称类,dlmcl":" "},"解剖A,jpa":{"身体部位,stbw":{"腋,y":" ","背,b":{...

输入的生语料（待标注语料）为：

医学类:坐骨神经痛是坐骨神经通路及其分布区的疼痛综合征,属中医“痹证”范畴。病因病理　中医学认为本病发生是因为腠理不密,风寒湿热之邪乘虚侵袭,邪留经络,正气为邪所阻,气血凝滞,阻塞经络,不通则痛。现代医学认为按病因可将本病分为原发性坐骨神经痛与继发性坐骨神经痛两类,本病大多数继发于邻近组织的病变。根据损害的部位不同可分为根性坐骨神经痛与干性坐骨神经痛两种。根性坐骨神经痛系椎间孔及脊柱横突之间神经根部分受损所致,可由腰椎间盘突出、腰椎骨赘形成、腰骶椎关节炎、蛛网膜炎、肿瘤等病变引起。

经过上述专业语义词典标注后的输出结果为：

医学类[医学类./n_yxl]:/x 坐骨神经[坐骨神经./n_zgsj] 痛/a 是/v 坐骨神经[坐骨神经./n_zgsj] 通路/n 及其/c 分布区/n 的/uj 疼痛[疼痛./n_tt2] 综合征/n,/x 属/v 中医/j "/x 痹证/n "/x 范畴/nr。/x 病因/n 病理/n 中医学/nt 认为/v 本病/r 发生/v 是因为/c 腠理/n 不密/a,/x 风寒/n 湿热/z 之/u 邪/a 乘虚/v 侵袭/v,/x 邪/a 留/v 经络[分析、诊断和治疗的技术和设备类,/n_zdhzldjshsblfx. 治疗学,/n_zlx. 补充医学,/n_bcyx. 针刺疗法,/n_zclf. 经络./n_jl7],/x 正气/n 为/p 邪/a 所/u 阻/v,/x 气血/n 凝滞/v,/x 阻塞/v 经络[分析、诊断和治疗的技术和设备类,/n_zdhzldjshsblfx. 治疗学,/n_zlx. 补充医学,/n_bcyx. 针刺疗法,/n_zclf. 经络./n_jl7],/x 不通/v

则/d 痛/a。/x 现代医学/nt 认为/v 按/p 病因/n 可/v 将/d 本病/r 分为/v 原发性/n 坐骨神经[坐骨神经./n_zgsj] 痛/a 与/p 继发性/n 坐骨神经[坐骨神经./n_zgsj] 痛/a 两类/m,/x 本病/r 大多数/m 继发/v 于/p 邻近/v 组织[解剖 A,/n_jpa. 组织./n_zz] 的/uj 病变/v。/x 根据/p 损害/v 的/uj 部位/n 不同/a 可/v 分为/v 根性/n 坐骨神经[坐骨神经./n_zgsj] 痛/a 与/p 干性/n 坐骨神经[坐骨神经./n_zgsj] 痛/a 两种/m。/x 根性/n 坐骨神经[坐骨神经./n_zgsj] 痛系椎间孔/l 及/c 脊柱[骨和骨组织,/n_ghgzz. 脊柱./n_jz] 横/v 突/ad 之间/f 神经/n 根/p 部分/n 受损/v 所致/c,/x 可/v 由/p 腰椎间盘/n 突出/v、/x 腰椎骨/l 赘/ag 形成/v、/x 腰/n 骶椎/n 关节炎[疾病 C,/n_jbc. 肌骨骼疾病,/n_jggjb. 关节疾病,/n_gjjb1. 关节炎./n_gjy1]、/x 蛛网膜炎[脑膜炎,/n_nmy. 蛛网膜炎./n_zwmy]、/x 肿瘤[疾病 C,/n_jbc. 肿瘤./n_zl2] 等/u 病变/v 引起/v。/x

在以上标注结果中，由［］包围的内容是包含了语义关系的领域语义标注结果。例如，“蛛网膜炎”的标注结果为“［脑膜炎，/n_nmy. 蛛网膜炎./n_zwmy]”，即代表了“蛛网膜炎”是“脑膜炎”分类下的一个子类。通过以上标注结果，可以识别专业术语在某个领域中的语义层次关系并反映出完整的语义标注信息。

3.2.3 概念词表构建

概念词表主要描述了概念的上下位关系。上下位关系构成了语义知识库的基础框架，为其他信息的获取提供基础支持。在词汇上下位关系的获取中，使用的数据源多种多样，一般分为以下 3 种：结构化资源（如数据库)、半结构化资源（如语义关系词典)、自由文本（网络资源)。上下位关系的获取分为 2 种：基于模式匹配的方法和基于统计方法。

本书主要采用基于规则模板的关系抽取。

以逗号为单位，当出现“主要有/一般有/通常有/常见的有/常见的…有/常用的有/常用的…有/内含有（通常/主要/一般/多数/又/还）包括/分为/视为/可视为/作为/可作为/分成/可分/可以分/可分成/可分为/可以分成/可以分为”且具有顿号（、）或和/与/及/以及，则同一个句子中（以句号为单位）“主要有/一般有/通常有/常见的有/常见的…有/常用的有/常用的…有/内含有（通常/主要/一般/多数/又/还）包括/分为/视为/可视为/

作为/可作为/分成/可分/可以分/可分成/可分为/可以分成/可以分为”后“顿号（、）”，后或“和/与/及/以及”，后“等”、标点符号或两（大/小）类/种、三（大/小）类/种、四（大/小）类/种、五（大/小）类/种、六（大/小）类/种前的词语都提取出来，为该词语的子类。“主要有/一般有/通常有/常见的有/常见的…有/常用的有/常用的…有/内含有（通常/主要/一般/多数/又/还）包括/分为/视为/可视为/作为/可作为/分成/可分/可以分/可分成/可分为/可以分成/可以分为”前的词语取出来，属于这些词语的父类。如下文中A。

如果“主要有/一般有/通常有/常见的有/常见的…有/常用的有/常用的…有/内含有（通常/主要/一般/多数/又/还）包括/分为/视为/可视为/作为/可作为/分成/可分/可以分/可分成/可分为/可以分成/可以分为”前没有词语，则放弃这条规则，如下文中B。

A. 高频变压器又分为耦合线圈和调谐线圈两类。

父类：高频变压器

子类：耦合线圈、调谐线圈

B. ？可分成陶瓷滤波器、陶瓷谐振器和陶瓷陷波器等。

（没有主语的，不考虑）

①以逗号为单位，当出现“是一种”时，则“是一种”后的词语是父类，“是一种”前的词语是子类。如下文中A。

但是当“是一种”后有“的”时，只取“的”后，标点前的词语（父类）。“是一种”前的词语是子类。如下文中B。

A. 普通晶体管是一种电流控制元件。

父类：电流控制元件

子类：普通晶体管

B. 转换插头是一种对输入/输出插头类型（如立体声转卡侬）进行转换的接插件。

父类：接插件

子类：转换插头

②以逗号为单位，当“由/主要由/一般由/多数由/通常由”“组成/构

成/合成/制成/组装/而成/组装而成/组合而成/黏合而成”出现时，“由/主要由/一般由/多数由/通常由”后，“组成/构成/合成/制成/组装/而成/组装而成/组合而成/黏合而成”前的词语提取出来是子类，中间去掉标点符号或和/与/及/以及/或/或者。“由/主要由/一般由/多数由/通常由”前是父类。如下文中 A。符合以上条件，但是出现“的”的时候，则放弃提取，如下文中 B。如果“由”前没有词语，则放弃这条规则。

A. 压电蜂鸣片(Piezo Buzzer)由压电陶瓷片和金属振动板黏合而成。

父类:压电蜂鸣片

子类:压电陶瓷片、金属振动板

B. 它将线圈置于由永久磁铁、铁芯、高导磁的小铁片及振动膜组成的磁回路中。

(一出现“的”就排除)

实验表明，该方法支持读取领域专业词典、教材、百科全书数据，自动生成概念词表结构，正确率能达到88% 。概念词表构建如图 3–8 所示。

图 3–8　概念词表构建

3. 2. 4　同义词表构建

同义关系在自然语言处理领域有着广泛的应用，同义词能够在一定程度上为信息检索系统提供扩展检索，提高检索系统的查全率。目前，大型的知识库，如中文概念词典、How-Net 均为人工开发，更新速度较慢，词语的覆盖率较低。随着网络的发展，各种新名词不断出现在网络中，各种词汇语义关系，包括同义关系和上下位关系也不断产生。根据使用方法的不同，对同义词抽取的研究可以分为：基于词典释义，基于字面相似度，基于大规模语料库的同义词抽取，基于依存句法结构的同义词抽取，基于模式匹配的同义词抽取等。本书主要采用基于规则模板的关系抽取。

①以逗号为单位，当出现“（分别/通常/常/主要/一般/多数/又/还）也称/也称为/被称为/也被称为/俗称/简称/简称为/又称/又称为/可称为/可称/称为/又名”时，提取出“也称/也称为/被称为/也被称为/俗称/简称/简称为/又称/又称为/可称为/可称/称为/又名”前的词语。若抽取出来的，开头是数字或英文字母，要去除掉。

②“也称/也称为/被称为/也被称为/俗称/简称/简称为/又称/又称为/可称为/可称/称为/又名”后，“标点”或“和/与/及/以及/或/或者”前，为同义词。如下文中 A。注意：当抽取出来的词首是数字和标点时，请去掉数字和标点的部分。

符合以上条件，但如果这个句子中出现了“名称”“统称”“就”“即”“这种”“这个”“此种”时，就不提取，如下文中 B。

符合以上条件，但如果“（分别/通常/常/主要/一般/多数/又/还）也称/也称为/被称为/也被称为/俗称/简称/简称为/又称/又称为/可称为/可称/称为/又名”前没有词语（以逗号为单位），也不提取，如下文中 C。

符合以上条件，但如果“（分别/通常/常/主要/一般/多数/又/还）也称/也称为/被称为/也被称为/俗称/简称/简称为/又称/又称为/可称为/可称/称为/又名”前出现了“的”“它”时，也不提取，如下文中 D。

A. 半导体三极管简称三极管或晶体管。
半导体三极管
同义词:三极管、晶体管
B. 这种电容器即被称为反交联电容器。
(这种现象不考虑)
C. ？被称为“增益”(gain)。
(这种现象不考虑)

D. 光谱响应最敏感的波长被称为光谱响应峰值。
（这种现象不考虑）

实验表明，该方法支持读取领域专业词典、教材、百科全书数据，可按照规则自动构建同义词词表，正确率能达到 96% 。同义词表构建如图 3-9 所示。

图 3-9　同义词表构建

3.3　定制化处理

针对专业领域资源结构化程度、资源语义化处理程度，通过管线技术将现有的算法及自然语言处理工具进行集成，处理成模块部件，可实现对资源文献任务定制化处理。例如，我们接触的医学领域项目有比较成熟的 MeSH 词表；化工领域项目有纸质主题词表、XML 图书；雷达领域项目有雷达本体模型、相关图书；护理领域项目有纸质护理词典、医学词典和 PDF 期刊论文资源等。针对各个领域资源特征及资源语义化处理需求，利用管线技术实现资源的定制化处理，涵盖资源的获取、解析及结构化处理流程与步骤。

定制化管线技术可以根据用户自己的需求来选择更为合理的处理部件，定制化管线具有以下几个优势。

①针对性。用户可以根据自己的需求来选择更为合理的处理部件。一般的语义标注系统相对来讲功能较为单一，不是那么灵活，内部部件比较固定，很难满足针对科技文献的多样化处理需求。

②扩展性。符合接口标准的处理部件，都可以实现定制化的需求，也可以很方便地将现有的算法或者自然语言处理系统处理成部件，然后进行定制化。

③高效性。由于能够按需定制，整个处理的过程更加有效，针对不同的处理任务，只要求按需求选择处理部件生成应用，可以反复使用，也可以根据需求迅速生成新的应用，节约了大量的人力、物力。

3.3.1 基本原理

基于开源的语言工程框架，管线技术提供了一系列的串行控制器，能够让处理部件按照指定顺序运行。控制器用来定义应用并充当控制执行流程的角色，能够支配一组处理部件，按照特定的策略来执行。

一个支持定制化的管线流程就是一个应用，这个应用由若干个处理部件组成。这个定制化的管线模型实际上是处理部件执行的一种控制策略。所以，这些应用也就是控制器。一旦加载完所需的部件，就可以创建一个包含这些部件的应用来处理语料库。可以通过新建语料库管线或者管线，来生成所需的应用或者处理语料库。一个管线的应用只可以处理一个单独的文件，而语料库管线则可以处理整个语料库。如果使用语料库管线，那么语料库仅需要设置一次；如果使用管线，每个使用的处理部件都需要选择待处理的文档。

3.3.2 模型构建

利用开源的技术框架和自然语言处理理论构建了核心架构，通过研究界面定制、插件的开发、利用 ant 技术生成部件的可重用 jar 包、语料和文档的处理及 JNI 技术，将一些其他语言开发的系统进行嵌入，利用定制化的管线技术和思想，以专利文献语义标注为例，实现了面向专利文献个性化定制处理流程。本书提出了一种基于自然语言处理的面向专利文献的定制化管线处理流程模型，如图 3-10 所示。

上述模型中，切分词在整个环节中是关键的第一步。只有完成了这个步骤，才能进行下一步的词性标注工作。词与词之间以空格作为间隔标记，每个词语后加上一个词性标记，词与词性标记之间以指定符号隔开。词性标注在语义标注的整个环节中，是承上启下的一步：以切分后的词串作为输入，输出的结果是理解专利文献的基础。句法分析在整个面向专利文献的语义标注平台中的意义是可以得到输入的结构表示，一方面它的输入为词性标注处

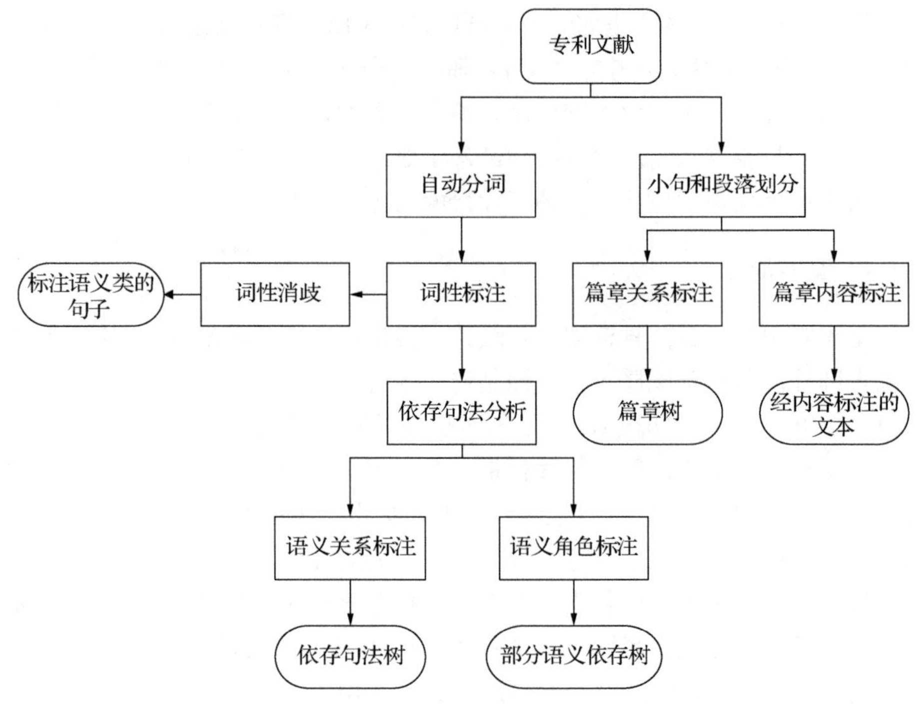

图 3-10　面向专利文献的定制化管线处理流程模型

理后的词串；另一方面会输出依存句法树。篇章分析是语义标注中的最后一步，也是必不可少的一步。

这个模型是一种处理策略，这种策略针对专利文献处理的各个阶段提供了一套范式，促使整个自然语言处理任务的进程达到预期的要求。管线处理流程模型需要综合考虑任务或者应用的性质、需求的控制、采用的方法及输出的要求。

3.3.3　实验与结果分析

1）创建和加载处理部件

从一组处理部件中选择需要加载的处理部件：单击文件菜单中新建处理部件，然后选择需要加载的处理部件。例如，通过插件管理器（图 3-11）加载 MySegPOS 部件。

先用右键单击资源面板的“处理部件”，然后单击“新建”，这时就可以选择插件提供的处理部件，也可以选择创建一个带有默认参数的“My-

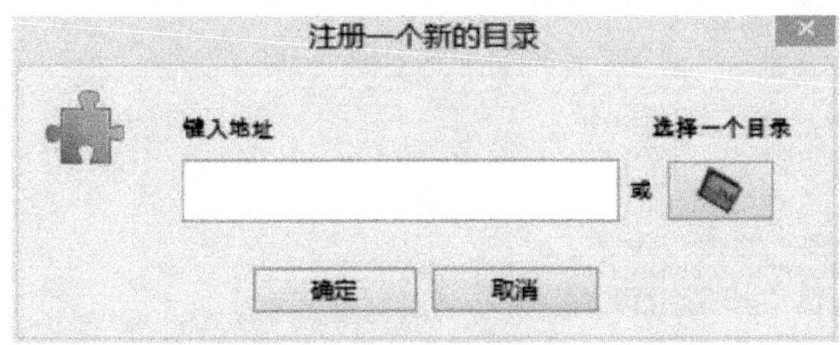

图 3-11　插件管理器

SegPOS”，如图 3-12 所示。此时，这个处理部件添加到支持定制化的管线技术的应用中了。

图 3-12　MySegPOS 处理部件

2）创建和运行定制化管线应用

用户能够创建 2 种应用：一种是管线；另一种是语料库管线。管线应用支持将用户定制的一组部件按照顺序依次执行。语料库管线应用则加载定制相关部件及参数设置，依次打开语料库中的文档执行处理（图 3-13）。

3）文本分析

文本分析实验通过对专利文本执行切分词、词性标注、依存句法分析和专利知识抽取的自动化处理。根据专利文本的特点，将动词分为四大类，分别用以抽取专利的发明类型、特征、组件成分及功用，如图 3-14 所示。

除了动词，也需找出与核心动词关联的其他线索词，如与表发明类型的动词关联的线索词有一种，即“属于/涉及/提供/提出/公开/为一种…”“其特征在于…”，这些线索词也可以帮助专利知识抽取，如图 3-15 所示。

多数的专利知识抽取研究以线索词作为模板，这种方法有局限性。通过人工归纳词语的方法，无法穷尽所有的线索词。本书采取依存句法或者短语结构句法分析来辅助抽取的方式，以更好地抽取专利中的知识。短语结构句

图 3–13　创建和运行定制化管线应用

发明类型	**属于、涉及、提供、公开、适合、为**
特征	**有、具有**
组件成分	**用、采用、包括、安装、设置、连接**
功用	**实现、解决、优化、提高、增加、促进、方便、保证、消除、防止、避免、指导、控制、便于、有助于、有利于、适合于、用于、应用于**

图 3–14　动词分类

本发明提出了一种果园联合工作机，其特征在于 包括 一个驱动装置，它装备有向两个方向伸出的动力轴，以便将动力传输给装备于减速器的传动装置和液力装置，而减速器连同动力轴放置在驾驶员座位一侧的引擎的一侧，在动力轴的另一侧伸出侧动力轴，在传动装置一侧伸出有输入轴以便接受由所述减速器传输来的动力……

图 3–15　专利文本示例

法树主要反映句子的线性关系和层次关系，其中每个节点蕴含的信息量较少；依存树注重句子中词与词之间的修饰关系，依存树以中心词驱动，中心词特征的作用突出。

以图 3–16 为例，核心词是“设有”，与其关联的介词是“在”。通过依存树能直接抽取核心动词及与其关联的成分，再通过专利动词、线索词的类型找出其对应的“发明类型”“特征”“组件成分”及“功用”。至于短语结构分析，主要重视句子的层次关系，难以体现动词与动词、介词或其他成分的关系，如图 3-17 所示，“设有”与“在”的关系被分别归属于动词短语 VP 和介词短语 PP，体现不出两者的语义关系紧密。

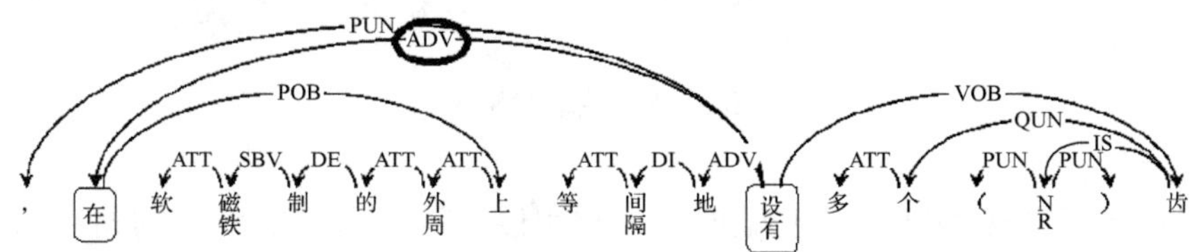

图 3-16　依存句法分析树

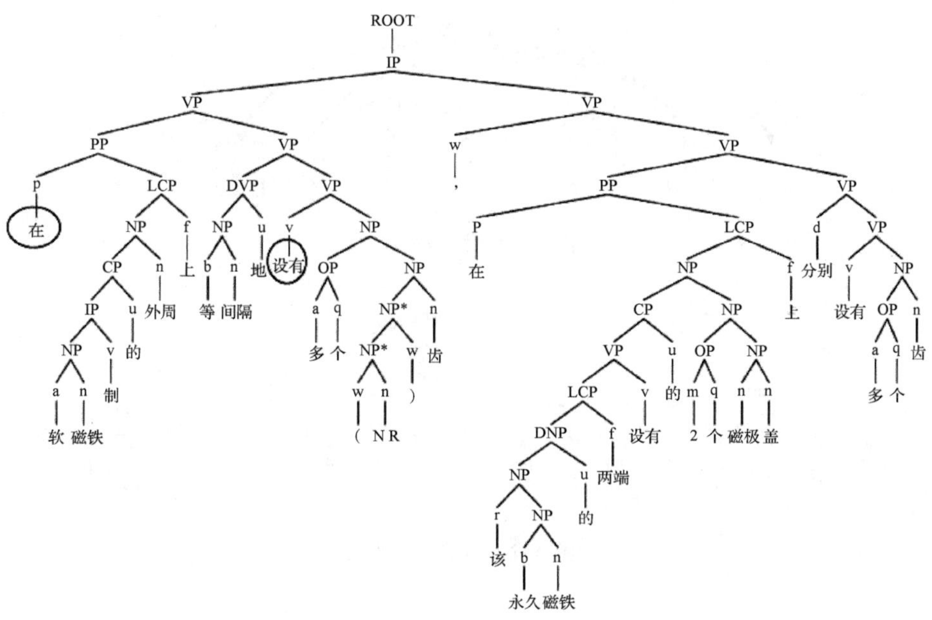

图 3-17　短语结构句法树

此外，通过依存树的分析，可以根据句法结构进行知识抽取，增加知识抽取规则。用以表示“发明类型”的句子中有 QUN 数量关系结构，如图 3-18 所示，即抽取“一种借助人力操纵踏板和利用电子整流直流电动机驱动的一共同驱动链的混合驱动自行车”，其中包括了专利类型及其涉及的领域。

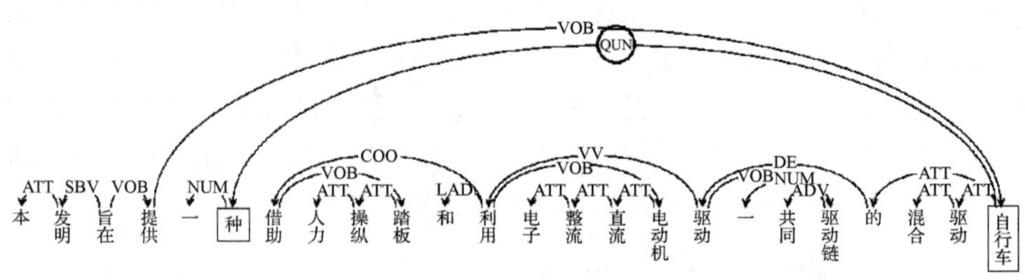

图 3–18　抽取规则 1

当句子出现 ACT 行为宾语时，该句用以表示专利“功用”的句法结构，如图 3–19 所示，将“使该电动机的转矩稳定性得到改善”抽取出来。另外，当 VV 连动结构出现时，该句也表示专利的“功用”，如图 3–20 所示。

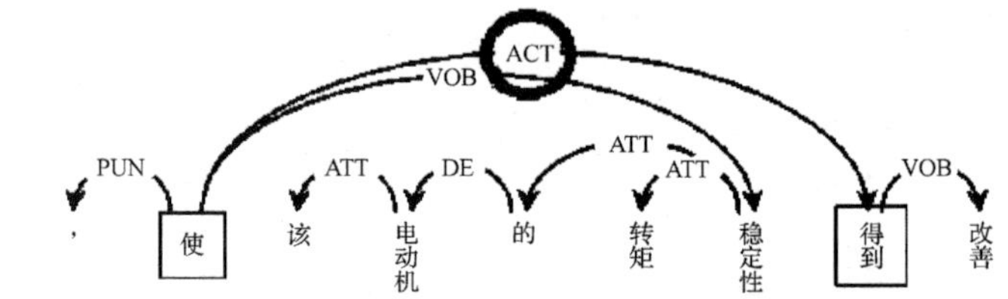

图 3–19　抽取规则 2

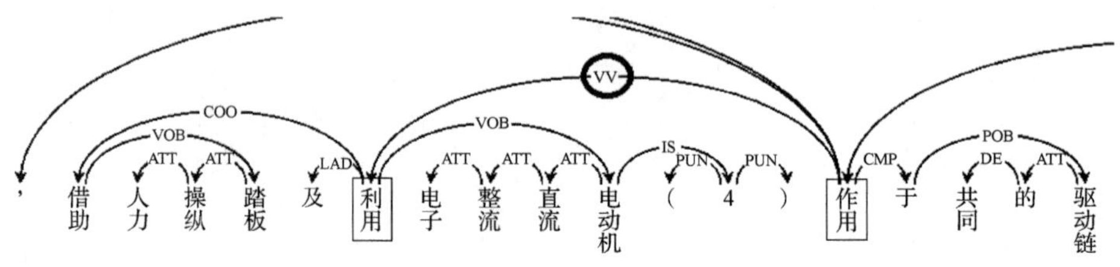

图 3–20　抽取规则 3

用以表示专利“组件”的句子常出现“P + N + V”的形式。首先，通过词性标注工具找出介词（p），再用依存树分析，当介词与动词连接属于 ADV 状中结构关系时，该句用以表示专利的组成成分，如图 3–21 和图 3–22 所示。图 3–21 中，介词“在”和动词“设有”搭配；图 3–22 中，介词“与”和动词“间隔”搭配。

依据抽取规则处理了 100 条专利摘要，结果如图 3–23 所示。

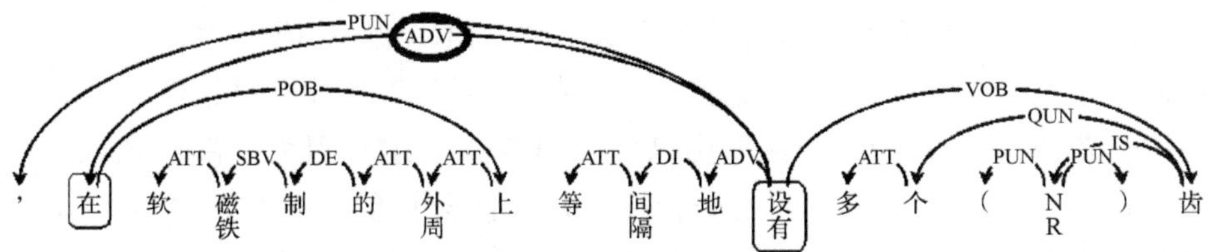

图 3-21　抽取规则 4

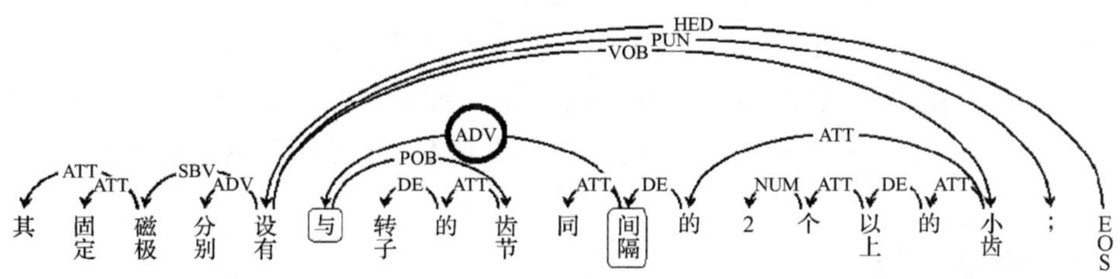

专利摘要	专利发明类型	专利功效	专利组件
本发明设计的水冷系统是将车辆上的电机冷却系统、辅助冷却系统与逆变器冷却系统有机地结合在一起，这样就使逆变器冷却系统无须单独设计一套冷却装置，可以将多个需要冷却的部件或系统通用一套冷却体系，有利于构件的集成以及合理的利用有限的空间。	一套冷却装置	使逆变器冷却系统无须单独设计一套冷却装置，	与逆变器冷却系统有机地结合在一起，这样就使逆变器冷却系统无须单独设计一套冷却装置，可以将多个需要冷却的部件或系统通用一套冷却体系，有利于构件的集成以及合理的利用有限的空间
一种蓄电池模块，包括：层叠至指定深度的至少两个电池芯，其中有导气块插设在相邻电池芯的水平面之间，并且有固定块插设在相邻电池芯的突起表面之间，导气块和固定块利用紧固件而相互固定，且相邻电池芯的相应电极端子通过用作螺栓和螺母的导电连接件和绝缘连接件而相互串联连接起来，从而使蓄电池模块能方便地安装在各种工业设施和电动车辆中。	一种蓄电池模块	利用紧固件而相互固定，且相邻电池芯的相应电极端子通过用作螺栓和螺母的导电连接件和绝缘连接件而相互串联连接起来，从而使蓄电池模块能方便地安装在各种工业设施和电动车辆中。	在相邻电池芯的突起表面之间，导气块和固定块利用紧固件而相互固定，且相邻电池芯的相应电极端子通过用作螺栓和螺母的导电连接件和绝缘连接件而相互串联连接起来，从而使蓄电池模块能方便地安装在各种工业设施和电动车辆中
本文公开了一种用于电池组的冷却系统，该电池组可以用作电动车辆和混合电动车辆的电源。	一种用于电池组的冷却系统	组可以用作电动车辆和混合电动车辆的电源。	
一种用于汽车的系统，包括连接在汽车中的内燃发动机，该发动机至少包括一个具有进气和排气门的汽缸，其中在发动机操作期间，进气门的开启和关闭正时可以可调整地延迟，且排气门的开启和关闭正时可以可调整地延迟，及包括连接在汽车中并能够在汽车操作期间选择性地提供和吸收扭矩的能量转换装置。	一种用于汽车的系统	关闭正时可以可调整地延迟，且排气门的开启和关闭正时可以可调整地延迟，及包括连接在汽车中并能够在汽车操作期间选择性地提供和吸收扭矩的能量转换装置。	在发动机操作期间，进气门的开启和关闭正时可以可调整地延迟，且排气门的开启和关闭正时可以可调整地延迟，及包括连接在汽车中并能够在汽车操作期间选择性地提供和吸收扭矩的能量转换装置
本发明公开了一种可堆叠式单室微生物燃料电池，电池为薄板式结构，电池厚度为5-30cm，两组膜电极共用一个阳极室，便于组装成较大规模的微生物燃料电池堆，以便输出较大的电压和电流来满足不同用电设备的需求。	两组膜电极	来满足不同用电设备的需求。	

图 3-23　抽取结果

可以通过准确率、召回率和 F 值作为指标来评价是否能达到专利知识抽取的基本要求。专利抽取结果如表 3-6 所示。

表 3-6　专利抽取结果

抽取规则	P	R	F_1
发明类型（QUN）	46.67%	43.75%	45.17%
功用（ACT 和 VV）	66.67%	92.31%	77.42%
组件（ADV）	77.78%	92.45%	84.48%

以依存句法分析的方法补充的规则，其抽取结果 F 值平均为 69.02%，可满足专利知识抽取的基本要求。其中发明类型的 F 值相对较低，原因是通过 QUN 数量关系的规则抽取出来的数量较少，这是因为一部分数词和量词，如“一种”等未被正确切分，在依存句法分析的时候被标注为 SBV 和 NUM 的句法标识，所以未被抽取出来。可以通过进一步提高切分部件的准确性来提高 QUN 数量关系的抽取结果，把“一种”等用来表示发明类型的数量词切分开。功用类型的准确率较低的原因可能是由于 ACT 行为宾语和 VV 连动关系中有一小部分用来表示专利中某组件的功能，并不是整个专利的功用。例如，“同步环沿换向器周向运动，使电流换向，继续驱动转子同向旋转”，可以通过搭配术语匹配的方式来提高功用类型的抽取准确率。

3.4 本章小结

本章主要介绍了如何对获取的资源进行加工与结构化的相关内容。首先，从专业领域语料加工的角度，介绍了词性标注及消歧、句法自动标注、语义角色标注、文本分割、句间及段落关系标注的相关方法与技术；其次，从专业词典、语义词典、概念词表、同义词表加工等几个方面介绍了词表结构化加工的流程、方法与技术；最后，介绍了管线技术的相关内容，可以实现针对不同的资源状态，实现定制化处理流程，实现资源的结构化加工。

4　本体构建技术

本章主要介绍本体构建的相关技术内容。从理论、框架层面介绍了本体自动构建的思想方法，即利用自然语言处理理论和技术方法，对已有的公认领域知识进行重构利用，并借助领域专家知识，建立受限文本的本体自学习机制，实现领域本体概念描述体系自动构建；并就本体构建涉及的核心步骤、方法与技术，对包括词表转换、属性获取、关系获取等一一进行了详细阐述。

4.1　相关理论

本体（Ontology）原本是一个哲学概念，用于描述事物的本质，是对客观存在的系统的解释和说明。本体作为某一领域中的术语及术语之间关系的规范说明，是信息、知识的底层构架工具。因此，本体可作为知识表达的基础，避免重复的领域分析，并通过统一的术语和概念达成知识共享的目的。本体的作用包括通信（Communication）、互操作（Inter Operability）和系统工程（Systems Engineering）。“通信”主要指为人与人之间或组织与组织之间的通信提供共同的词汇，使得人们和组织之间的交流准确无歧义；“互操作”指在不同的建模方法、范式、语言和软件工具之间进行翻译和映射，以实现不同系统之间的互操作和集成；“系统工程”指本体分析能够为系统工程提供以下方面的好处。

①重用（Reusability）：本体是领域内重要实体、属性、过程及其相互关系形式化描述的基础。这种形式化描述可成为软件系统中可重用和共享的组件（Component）。

②知识获取（Knowledge Acquisition）：当构造基于知识的系统时，用已有的本体作为起点和基础来指导知识的获取，可以提高其速度和可靠性。

③可靠性（Reliability）：形式化的表达使得自动的一致性检查成为可能，从而提高了软件的可靠性。

④规范描述（Specification）：本体分析有助于确定信息系统的需求和规范。

本体作为一种全新的信息组织方法，能很好地适应现代网络信息组织和知识组织的需要，具有传统情报检索语言和信息组织方法所无法比拟的一些功能和特点，为信息组织，特别是网络信息组织带来了许多新的变革。但是，任何一种新的组织方法，都是在传统方法的基础上发展而来的。因此，将其与传统的一些数据知识组织方式进行比较，更有利于我们对本体的理解与把握。

传统的信息与知识组织方式多种多样，如数据库、词典、百科全书、分类法、主题词表等。但无论是数据库、词典、百科全书、分类法、主题词表还是本体，强调的都是对信息的表示、序化和组织。它们都是分类、构造及表示某一社会、主题的概念及其相互关系的方法，有着千丝万缕的联系。有人甚至认为最简单的本体是字典（Hashtable）和分类树（Taxonomy），再复杂一点的，如数据库的结构（Relational Schema），更复杂的，如 XML Schema，然后就自然过渡到 RDF、DAML + OIL、OWL。这种描述虽然有些片面，但也不失直观、形象。

本体与传统的知识组织方式分析比较如表 4–1 至表 4–3 所示。

表 4–1　本体与词典、百科全书的关系

<table>
<tr><th></th><th colspan="2">本体</th><th>词典、百科全书</th></tr>
<tr><td rowspan="3">相同</td><td colspan="3">均是知识组织的方法，均以提高检索效率与知识的共享为目的</td></tr>
<tr><td colspan="3">均由概念或词条构成</td></tr>
<tr><td colspan="3">均对概念或词条有不同程度的解释或说明</td></tr>
<tr><td rowspan="5">不同</td><td>对象不同</td><td>计算机</td><td>人</td></tr>
<tr><td>形式不同</td><td>使用形式化的方法对概念及概念之间的关系进行揭示</td><td>通过自然语言对概念的解释及概念与其他概念之间的联系进行表述</td></tr>
<tr><td>知识推导</td><td>支持知识推导</td><td>不支持知识推导</td></tr>
<tr><td>词间关系</td><td>对概念及其关系进行全面表述</td><td>无概念之间的关系表达</td></tr>
<tr><td>组织方式</td><td>是以事物概念为核心，重在概念及其关系的体现</td><td>由一个个的词条及其解释构成，所有词条均按某种方式排列（如音序、笔画排列）</td></tr>
</table>

表 4–2　本体与数据库模式的关系

	本体	数据库模式
相同	两者都能在某种程度上独立于应用程序获得对数据或者知识的独立性	
不同	通过在应用程序之外确定和管理领域的语义信息而获得语义的独立性	通过建立规范及对应用程序之外存储的数据元素的管理获得数据的独立性
	本体提供的是领域的知识	侧重的是提供数据容器的结构
	目标重点在于知识的共享	目标重点在于方便大规模数据的操作

表 4–3　本体与分类法、主题法的关系

		本体	分类法	主题法
相同	都是信息组织的方法，都以提高检索效率与知识的共享为目的			
	都是一个术语集合，都在不同程度上包括了对术语的详细说明			
	都是人们为便于交流而制定的一致性标准。这里的一致性既包含对概念上认识的一致，也包含对术语使用上的一致，即三者使用的术语都是由权威组织、机构发布的，能使特定的社会、组织就同一方式使用同一术语达成一致			
	都包括一个结构化的词汇体系，以识别一个单一的关键术语，描述一个可以用几个词汇表示的概念			
	都是从学科角度，对描述对象进行归纳或解构，均可以看作是知识体系和结构的表现，具有对词汇或概念语义上的控制			
	都适用于某一专业领域范围，被不同的个体和团体用在不同的方面			
不同	逻辑表达	可以用自然语言或半自然语言进行描述	词汇、术语	词汇、术语
	组织结构	本体中的类或概念的分布是一个立体网状结构	平面树状结构	一般为一维或二维架构
	系统的开放性	是一个开放集成的体系。底层知识库与概念集会随着学科领域的更新和发展随时进行修正和更新	学科分类体系相对稳定，结构保守而单一，不具有动态更新的特点	词表相对稳定，不具有动态更新的特点

续表

		本体	分类法	主题法
不同	语义关系	不仅显示术语及其内在关系规则，还定义了一系列有关对象和关系的类，提供一种推理的机制	词表中只包含上下位关系	提供术语词汇列表及参照系统显示词间关系，但只包含简单的语义关系
	包含的内容	不仅是概念集还包括知识库，以事物概念为核心，重在概念及其关系的体现	是一个词汇库，按照知识门类逻辑次序逐级展开	是一个词汇库，主要从表达主题概念的词汇入手，从非规范词指向规范词
	产生的背景	是在网络信息环境下产生及发展起来的，能够较好地适应网络信息需求	是从传统纸质文献环境中发展起来的，在网络时代面临重大调整与改进	是从传统纸质文献环境中发展起来的，在网络时代面临重大调整与改进
	构建的人员	由领域专家参与建立，对概念之间的关系描述更加详尽，能够反映学科内在联系，学术性、专业性更强	由情报人员负责编写，词间关系的显示限于一定程度，不够详尽合理	由情报人员负责编写，词间关系的显示限于一定程度，不够详尽合理

综上所述，信息组织的方法是随着时代的变化而变化的，其目的都是为了方便人们对信息的高效利用。在人类对信息进行组织的历史进程中，本体与主题法最具相似性，从其实质而言，一个正式的本体可以说是关于特定领域或主题的一个表示词表，即一个本体不像词表一样被严格限制，而是对词表中术语的概念化描述。一个本体包括一定领域内的人们所共同理解并认可的概念、说明概念范畴及其相互之间关系的定义、在本概念化结构内进行推理（Reasoning）的条件限制与规则。

4.2　总体框架

领域本体是对领域中关于概念体系的明确、正式的规范化说明，主要由领域知识中的概念、概念之间的关系及计算机可以识别和处理的形式化描述语言组成。本书提出了利用 NLP 理论和技术方法对已有公认领域知识进行重构利用，并借助领域专家知识，建立受限文本的本体自学习机制，最终实现领域本体概念描述体系自动构建的理论与方法，基本设计思想如下文所述。

4.2.1　基础流程

实现领域本体的自动构建，必然是建立在大量公认领域知识的基础之上的，其流程如图 4-1 所示。

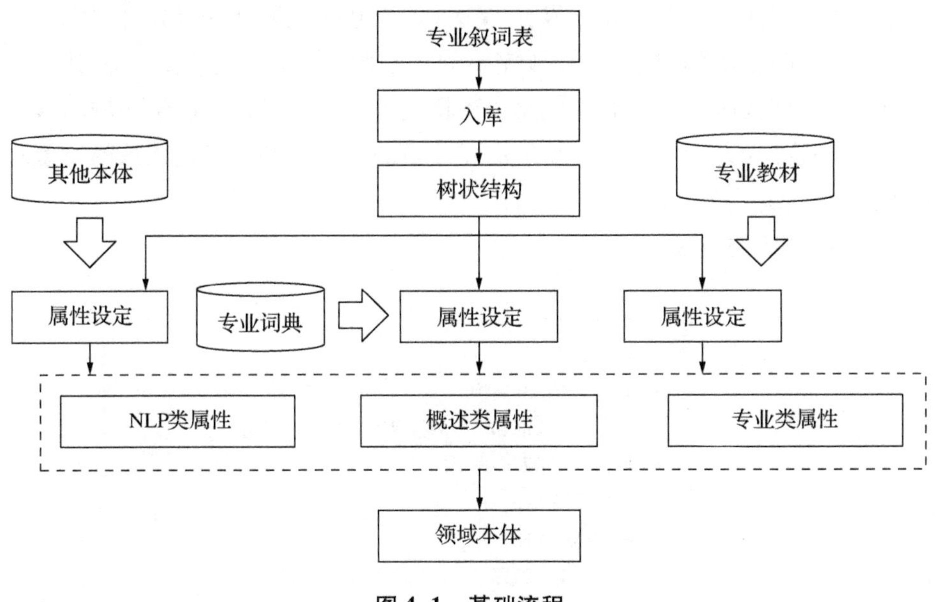

图 4-1　基础流程

4.2.2　扩充流程

本体是一个开放集成的体系，底层知识库与概念集需要随着学科领域的更新和发展随时进行修正和更新。针对权威机构、行业网站发布的更新信息，进行定期采集与获取，基于网络资源进行知识采集与加工，进而实现受限文本的本体自学习机制。其流程如图 4–2 所示。

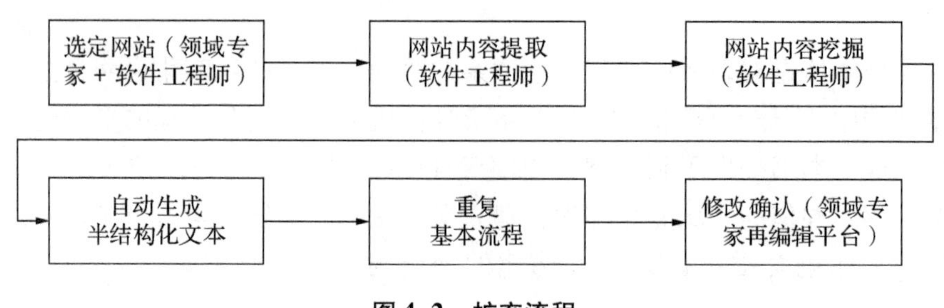

图 4–2　扩充流程

4.3　模型构建

以医学领域本体模型构建为例，通过调研国内外现有的医学知识体系，选择美国国立医学图书馆编纂的《医学主题词表》(MeSH）作为基础。MeSH 包括了医学领域中相对比较完整的主题词及其上下位关系，将其中的主题词作为现代医学本体的知识元，还将其上下位关系作为医学领域本体的知识元树状结构，以此来建立知识描述体系的原型。知识描述体系的原型示意图如下。

一级类 15 类（图 4–3）。

- ▶ ● 解剖A
- ▶ ● 有机体B
- ▶ ● 疾病C
- ▶ ● 化学制品和药物D
- ▶ ● 分析、诊断和治疗的技术和设备E
- ▶ ● 精神病学和心理学F
- ▶ ● 生物科学G
- ▶ ● 物理科学H
- ▶ ● 人类学、教育学、社会学和社会现象I
- ▶ ● 工艺学、工业、农业J
- ▶ ● 人文科学K
- ▶ ● 命名组M
- ▶ ● 卫生保健N
- ▶ ● 地理名称Z

图 4–3　医学类树状结构示意

解剖类的子类（图 4-4）。

- ▼ ● 解剖A
  - ▶ ● 身体部位
  - ▶ ● 组织
  - ▶ ● 细胞
  - ● 细胞质膜微囊
  - ▶ ● 体液和分泌物
  - ▶ ● 动物结构
  - ▶ ● 口颌系统
  - ▶ ● 血液和免疫系统
  - ▶ ● 胚胎结构
  - ▶ ● 肌肉骨骼系统
  - ▶ ● 消化系统
  - ▶ ● 呼吸系统
  - ▶ ● 泌尿生殖系统
  - ▶ ● 内分泌系统
  - ▶ ● 心血管系统
  - ▶ ● 神经系统
  - ▶ ● 感觉器官

图 4-4　解剖类的子类树状结构示意

有机体类的子类（图 4-5）。

- ▼ ● 有机体B
  - ▶ ● 无脊椎动物
  - ▶ ● 脊椎动物
  - ▶ ● 细菌
  - ▶ ● 病毒
  - ▶ ● 藻类和真菌
  - ▶ ● 植物
  - ▶ ● 古细菌

图 4-5　有机体类的子类树状结构示意

疾病类的子类（图 4–6）。

- ▼ ● 疾病C
  - ▶ ● 细菌感染和真菌病
  - ▶ ● 神经系统疾病
  - ▶ ● 眼疾病
  - ▶ ● 泌尿道和男性生殖器疾病
  - ▶ ● 女（雌）性生殖器疾病和妊娠并发症
  - ▶ ● 心血管疾病
  - ▶ ● 血液和淋巴系统疾病
  - ▶ ● 先天性遗传性新生儿疾病和畸形
  - ▶ ● 皮肤和结缔组织疾病
  - ▶ ● 营养和代谢性疾病
  - ▶ ● 内分泌疾病
  - ▶ ● 病毒性疾病
  - ▶ ● 免疫性疾病
  - ▶ ● 环境因素诱发疾病
  - ▶ ● 动物疾病
  - ▶ ● 病理状态，体征和症状
  - ▶ ● 鬼臼树脂
  - ▶ ● 寄生虫病
  - ▶ ● 肿瘤
  - ▶ ● 肌骨骼疾病
  - ▶ ● 消化系统疾病
  - ▶ ● 口颌疾病
  - ▶ ● 呼吸道疾病
  - ▶ ● 耳鼻咽喉疾病

图 4–6 疾病类的子类树状结构示意

然而，主题词表多是由图书情报人员编写而成，主要用来描述图书情报，不能深层次地反映专业领域行业内的内在联系。因此，在基于主题词表建立领域本体的知识描述体系过程中，需进行知识重组，使其对知识的描述更加深入、细致和全面。根据实际应用的需求，本书进行了三级知识重组。

4.3.1 树状结构到多层嵌套网状结构

为了文献标引方便，主题词表往往把主题词平行分布在多个树状结构内。例如，MeSH 把医学领域中的主要主题词平行分布在 15 个大类中，类与类之间没有主次之分。在描述一个领域的知识时，往往以某一类概念为知识描述的对象，以作为知识元把其他类概念作为该关键概念的不同角度的属性进行描述。因为应用为疾病咨询检索，那么选择 MeSH 中“疾病类”主题词作为知识描述的基本单元，建立疾病类的层次结构体系，以此建立知识的纵向关联。以其他类（A 解剖，B 有机体，D 化学制品和药物，E 分析、诊断和治疗的技术和设备，N 卫生保健）作为对“疾病类”知识元的属性描述，以此建立疾病类知识的横向关联，如图 4-7 所示。

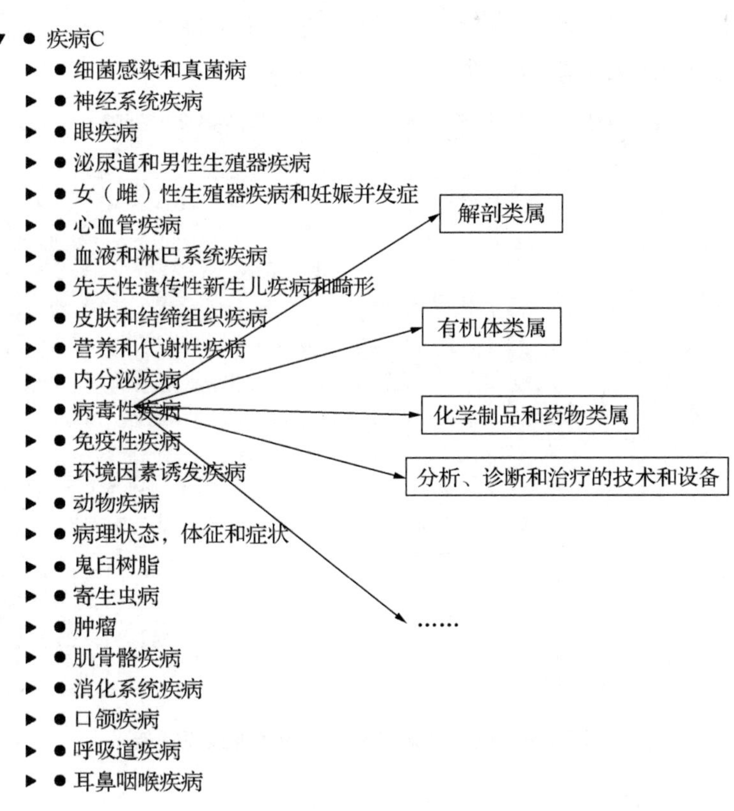

图 4-7 疾病类知识的横向关联示意

针对属性知识元，进一步深入描述其属性，就可继续建立其他 14 类知识的描述框架了。

4.3.2 文献检索到专家系统

第一级知识重组虽然可以改变概念体系的描述结构，但是没有改变对于知识本质的描述，必须依据专业领域的知识对其进行二级重组。从临床应用的角度出发，组织医学领域的知识。将疾病类知识描述框架中的其他类合并拆分，得到疾病类知识元的临床属性描述，包括症状与体征、实验室与其他辅助检查、发病部位、治疗与护理等。同样，将“化学制品与药品”的属性描述确定为作用与用途、剂型规格、性状、用法用量、不良反应、注意事项、储藏等。

以上重组可以使知识体系从服务于文献检索与标注，到既服务于文献检索与标注，又服务于临床诊断与治疗的双重功能的转变。

疾病类知识元的临床属性描述框架（图 4–8）。

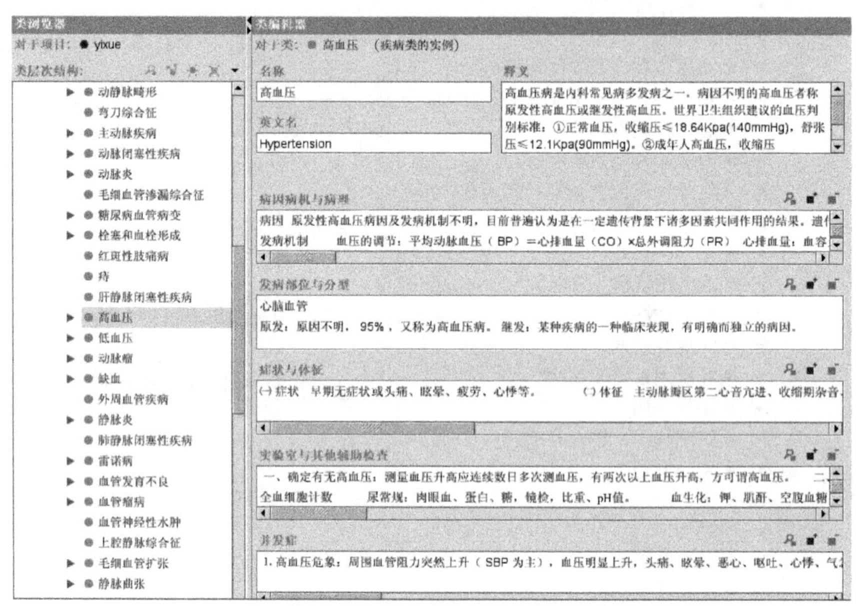

图 4–8　疾病类知识元的临床属性描述框架

解剖类的临床属性描述框架（图 4–9）。

化学制品和药物类的临床属性描述框架（图 4–10）。

4.3.3　自然语言描述到主题词描述

本体应该是概念与概念之间的关联，目前的知识描述方式是通过自然语言对概念的属性进行描述，只能做到概念（疾病类主题词）与自然语言描述之间的关联，但不能做到概念与概念之间的关联。因此，目前的描述还没

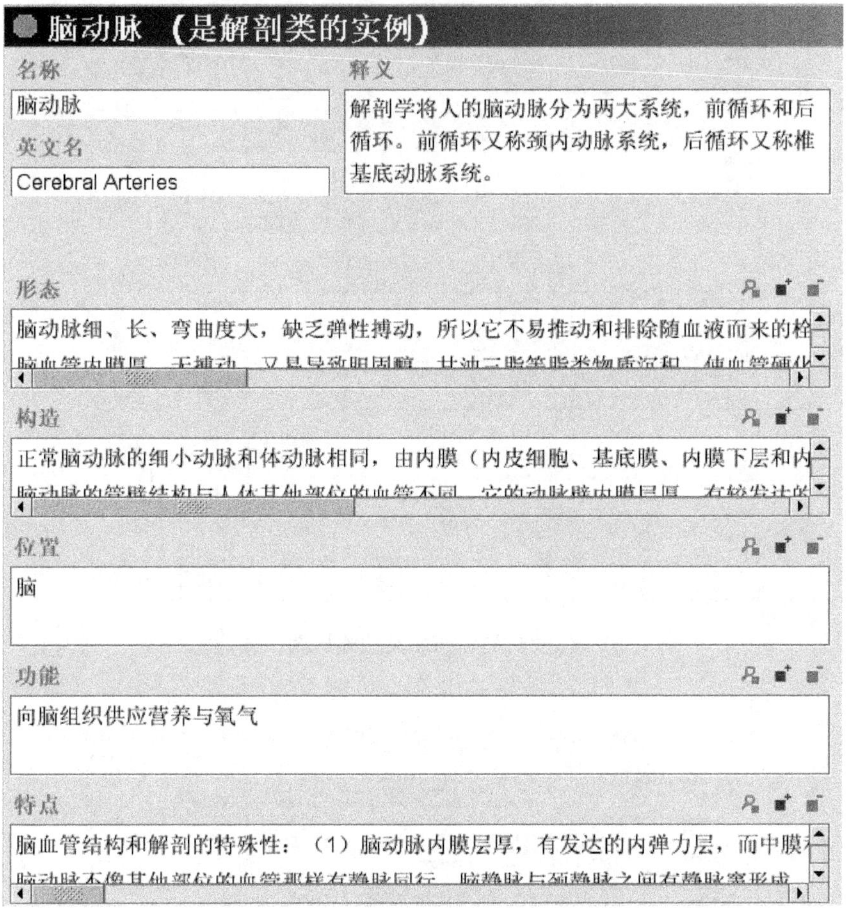

脑动脉（是解剖类的实例）

名称

脑动脉

英文名

Cerebral Arteries

释义

解剖学将人的脑动脉分为两大系统，前循环和后循环。前循环又称颈内动脉系统，后循环又称椎基底动脉系统。

形态

脑动脉细、长、弯曲度大，缺乏弹性搏动，所以它不易推动和排除随血液而来的栓

构造

正常脑动脉的细小动脉和体动脉相同，由内膜（内皮细胞、基底膜、内膜下层和内

位置

脑

功能

向脑组织供应营养与氧气

特点

脑血管结构和解剖的特殊性：（1）脑动脉内膜层厚，有发达的内弹力层，而中膜

图 4-9 解剖类的临床属性描述框架

有达到更加高度的形式化。所以，还要进行从自然语言描述到主题词描述的知识重组，这样就可以利用自然语言的语义分析与主题标引技术，对用自然语言描述的概念属性进行主题标引，增加对概念属性的知识元——主题词的描述。具体情况如图 4-11 中黑色框圈注部分所示。

接下来，要为所有的知识元——“疾病类 C”主题词建立对应的 NLP 语义类描述，包括自由词、同义词、相关词、CCD 概念词典（Chinese Concept Dictionary，CCD）词等，也就是建立了自然语言和主题词之间的对应关系，相当于建立了用户自然语言查询和形式化/结构化知识库之间的桥梁。

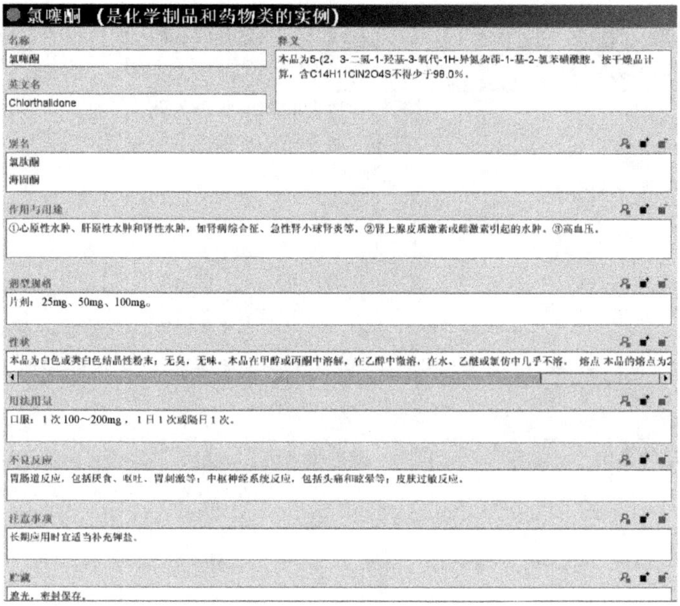

氯噻酮（是化学制品和药物类的实例）

名称
氯噻酮
英文名
Chlorthalidone
释义
本品为5-(2，3-二氯-1-羟基-3-氧代-1H-异氮杂茚-1-基-2-氯苯磺酰胺。按干燥品计算，含C14H11ClN2O4S不得少于98.0%。

别名
氯肽酮
海固酮

作用与用途
①心原性水肿、肝原性水肿和肾性水肿，如肾病综合征、急性肾小球肾炎等。②肾上腺皮质激素或雌激素引起的水肿。③高血压。

剂型规格
片剂：25mg、50mg、100mg。

性状
本品为白色或类白色结晶性粉末；无臭，无味。本品在甲醇或丙酮中溶解，在乙醇中微溶，在水、乙醚或氯仿中几乎不溶。 熔点 本品的熔点为2

用法用量
口服：1次100～200mg，1日1次或隔日1次。

不良反应
胃肠道反应，包括厌食、呕吐、胃刺激等；中枢神经系统反应，包括头痛和眩晕等；皮肤过敏反应。

注意事项
长期应用时宜适当补充钾盐。

贮藏
遮光，密封保存。

图 4-10　化学制品和药物类的临床属性描述框架

图 4-11　概念属性示意

4.4　概念获取

领域词表往往是领域文献专家多年积累与更新的成果，其主要目标是进行文献标引，要求是能够对该领域的文献进行全覆盖标引。专业词表基本上覆盖了本领域所涉及的主要概念，可以利用词表来获取本体的基本概念，即概念获取输入的是结构化词表，输出的是生成的本体初始模型。

4.4.1 基本思想

带有结构信息的资源包括专业叙词表、分类词表、主题词表、分类主题词表等，这些资源是领域本体自动构建的基础，经过简单的处理后都能够生成结构化词表。主要考虑3种常见类型资源的处理。

①主题词表格式。词表中不仅包含概念及对概念的描述，而且词表中还给出了概念的代码，可以通过代码获取概念间的层级关系。MeSH即属于这类词表，如图4-12所示。

CA－15－3 Antigen
CA－15－3 抗原
D12.776.395.550.170
D12.776.395.560.631.115
D12.776.543.550.170
D24.185.101.840.75.115
D24.611.216.285.50.115
D24.611.216.550.325.115
X Antigen CA－15－3（抗原CA－15－3）
X Episialin（抗黏着因子）
X Epithelial Membrane Antigen（上皮膜抗原）
X Epithelial Mucin，Polymorphic（上皮黏液素，多态性）
X Mucl Mucin（Mucl 黏液素）
X Polymorphic Epithelial Mucin（多态性上皮黏液素）

图4-12 按代码分层的医学主题词表

②Tab键分隔格式。词表仅包含概念，未给出概念的代码，概念间的层级结构通过Tab键来区分，如图4-13所示。

③上下位关系格式。词表仅包含概念，未给出概念的代码，概念间的层级结构通过上下位关系区分，如图4-14所示。

4.4.2 技术实现

将领域知识转化为初始本体的步骤为：①将结构化词表中的概念转换为本体中的概念；②将概念的层级结构转化为本体中概念间的关系；③将对概念的描述转换为本体中概念的属性。在这个过程中，输入的是结构化词表，输出的是生成的本体初始模型，整体流程如图4-15所示。

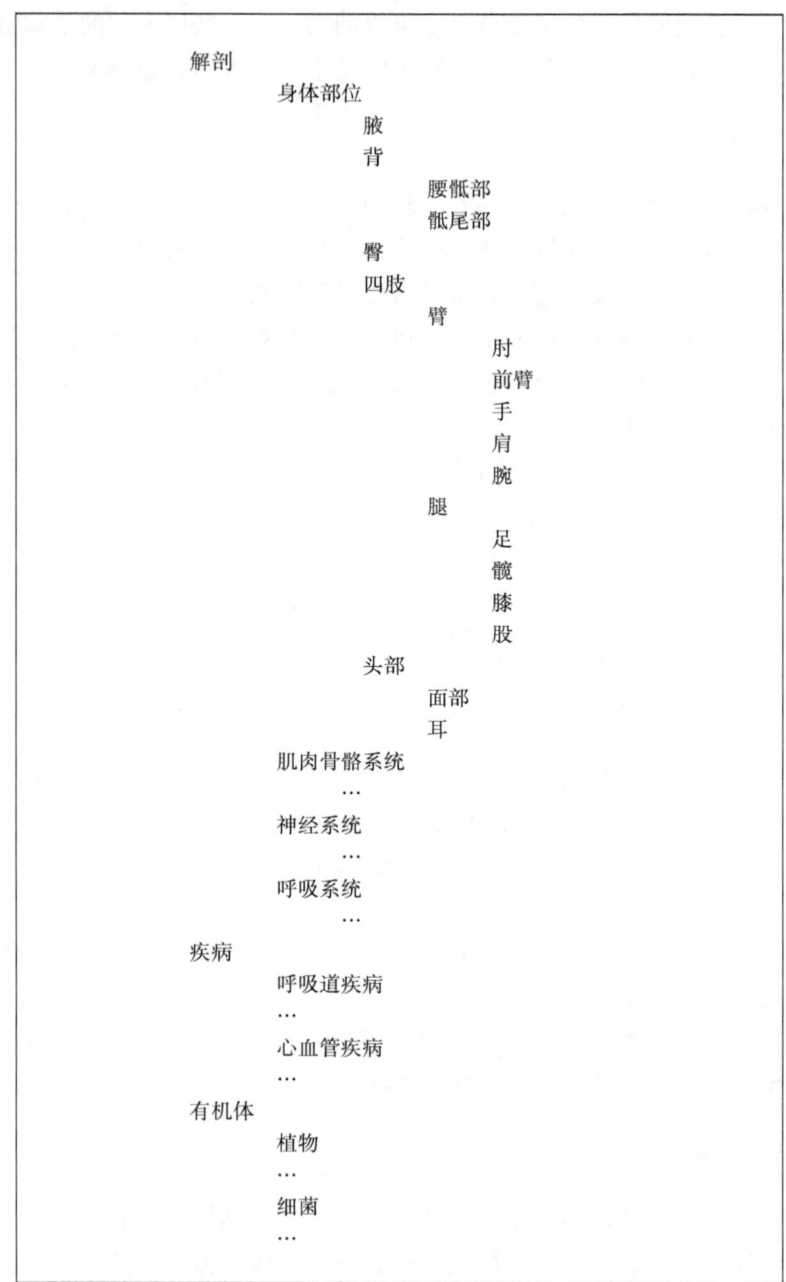

图 4-13　按 Tab 键分层的主题词表

身体部位　解剖
　腋　身体部位
　背　身体部位
　腰骶部　背
　骶尾部　背
　臀　身体部位
　四肢　身体部位
　腿　四肢
　臂　四肢
　肘　臂
　前臂　臂
　手　臂
　指　手
　拇指　指
　肩　臂
　腕　臂
　腿　四肢
　足　腿
　踝　足

图 4-14　按上下位关系分层的主题词表

第一种类型的词表，除了包含领域的基本概念外，还包含概念的属性描述。为了充分利用词表中的领域知识，需要将词表中概念的各个属性也导入本体。由于词表所包含的属性名称和属性个数不尽相同，概念所处位置也不一样，本书设计了基于代码的自定义格式词表导入的通用处理方法，其导入流程如图 4-16 所示。

词表概念转换完成后，需要将概念间的层级结构自动转换成本体中概念间的关系。这种格式的词表都提供了代码，可以通过解析代码找到各概念之间的层级关系。构建本体概念间关系的流程如图 4-17 所示。

第二种类型的词表只包含概念及概念间的层级结构，依据概念的层级结构生成概念编码，转换为本体中概念间的关系，其编码流程如下：①将概念转换为汉语拼音；②取每个字的首字母作为基本编码；③下级概念的编码继承其上级编码并以圆点分隔；④如果编码重复，则在编码后加阿拉伯数字区分。以概念为例，编码如表 4-4 所示。

第三种类型的词表处理方式与第二种类型基本相同，首先将其转换为第二种类型的词表，然后再给概念编码，编码方式相同。

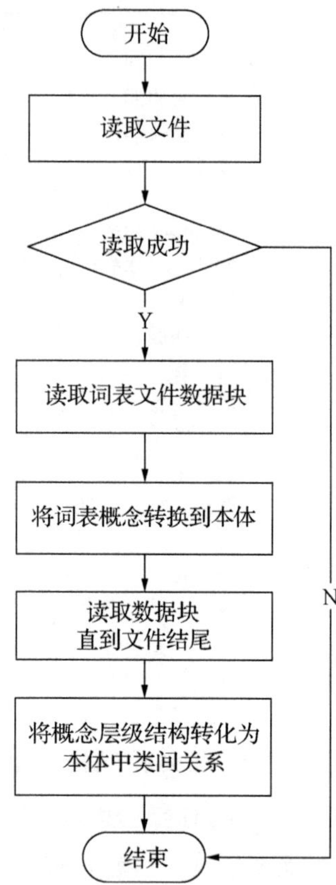

图 4-15　词表转换整体流程

表 4-4　概念编码示例

概念	编码
解剖	jp
身体部位	jp. stbw
腋	jp. stbw. y
背	jp. stbw. b
腰骶部	jp. stbw. b. ydb
骶尾部	jp. stbw. b. dwb
臀	jp. stbw. t
四肢	jp. stbw. sz

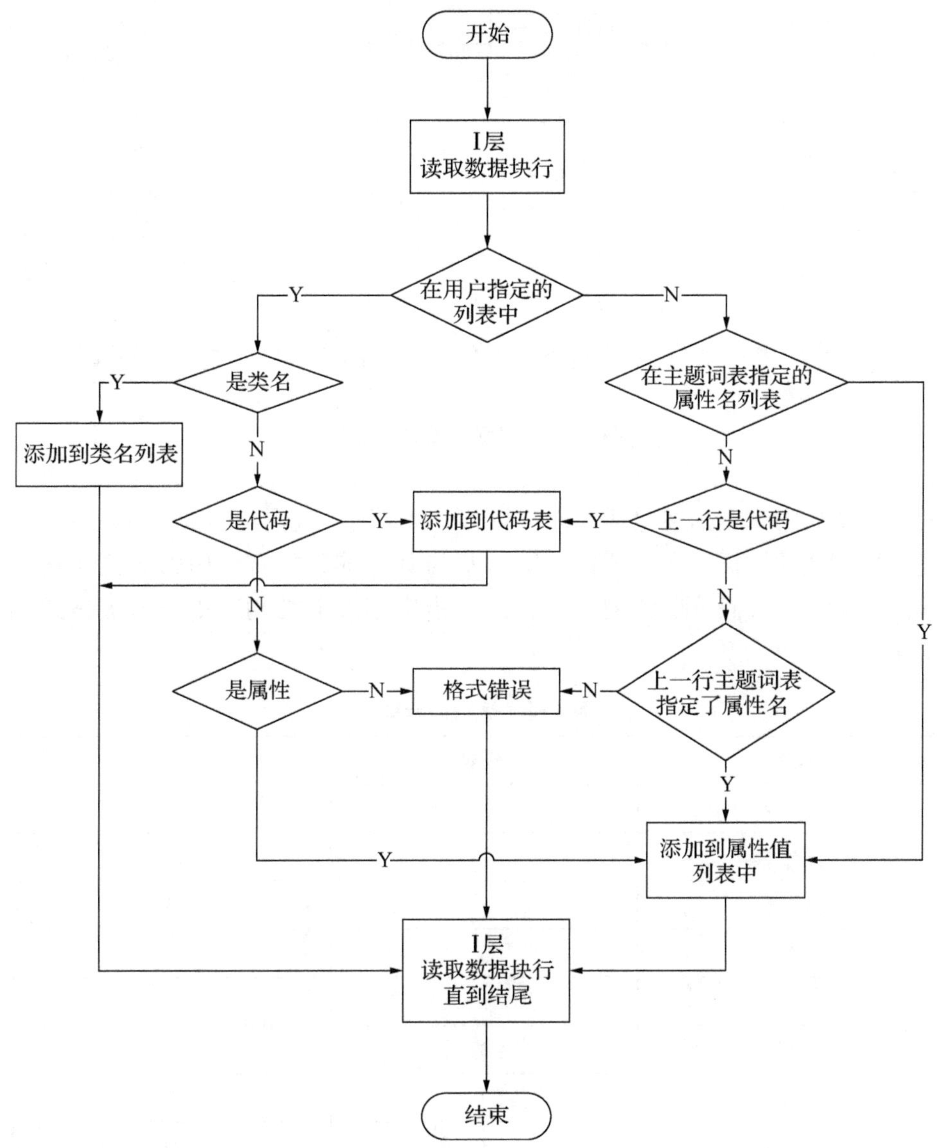

图 4–16 基于代码的结构化词表导入流程

4.4.3 实验与结果分析

实验选取了 2 个结构化词表。第一种类型和第三种类型都采用结构化处理后的美国国立医学图书馆编撰的《医学主题词表》（MeSH），该词表对于

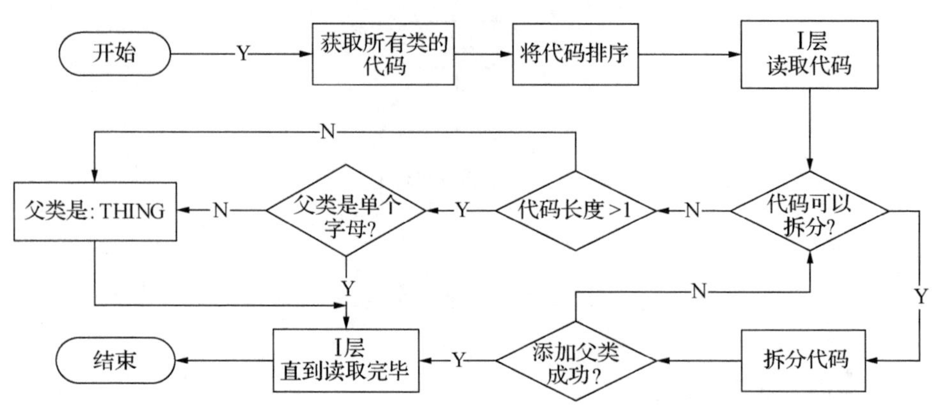

图 4–17　层级关系转换流程

每一种疾病的基本描述包括名称、释义、英文名、代码与约束，以及专业描述包括症状与体征、发病部位、实验室与其他辅助检查、病因病机与病理等。在导入按代码分层的词表时，需要指定词表的结构，指定模板格式如表 4–5 所示。

表 4–5　指定词表结构

名称	类型	行号
英文名	3	1
概念名	1	2
代码	2	3
X	3	0
XR	3	0
PA	3	0
FF	3	0
See related	3	0

词表的结构信息有 3 种类型，分别是概念名、代码和属性。按下列规则输入：①概念名 =1，代码 =2，属性 =3；②如果行号为 0，属性名称为该行第 1 个空格前的字串；③如果行号不为 0，将用户在词表格式中指定的名称作为属性名称。导入结果如图 4–18 所示。

第二类词表采用选取了冶金行业主题词表，该词表包含冶金产品、冶金

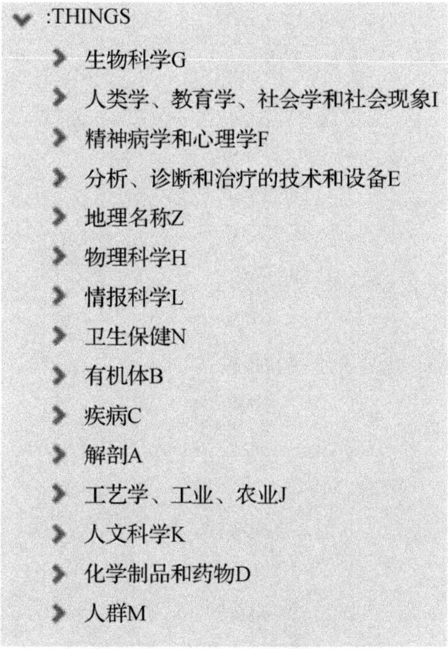

:THINGS

- 生物科学G
- 人类学、教育学、社会学和社会现象I
- 精神病学和心理学F
- 分析、诊断和治疗的技术和设备E
- 地理名称Z
- 物理科学H
- 情报科学L
- 卫生保健N
- 有机体B
- 疾病C
- 解剖A
- 工艺学、工业、农业J
- 人文科学K
- 化学制品和药物D
- 人群M

图 4–18 医学主题词表转换结果

原料、冶金工艺、冶金安全、冶金设备和冶金岗位等冶金行业的主要主题词。导入结果如图 4–19 所示。

词表转换完成后，通过人工方式检查了概念和概念层级结构的转换结果，发现生成的基础本体涵盖了词表中的全部领域概念，并且能够完整反映词表中概念的上下位关系。

4.5 属性获取

目前，属性的构建主要依靠人工标注，基于结构化和半结构化文本的属性自动提取技术，已成为大规模构建领域初始化本体的关键。属性提取，即通过对结构化或非结构化文本资源的处理，提取领域概念的相关属性，即从语料中选取待提取的候选词，作为描述概念的属性，更新到领域本体中。

从领域文本中提取属性，根据语料特征提取语料文本内容资源，判断哪些词是概念的属性。属性获取的数据主要来源于专业教材、期刊论文等，数据的特点是内容比较专业、丰富，对概念有较好的结构化的描述。另一部分

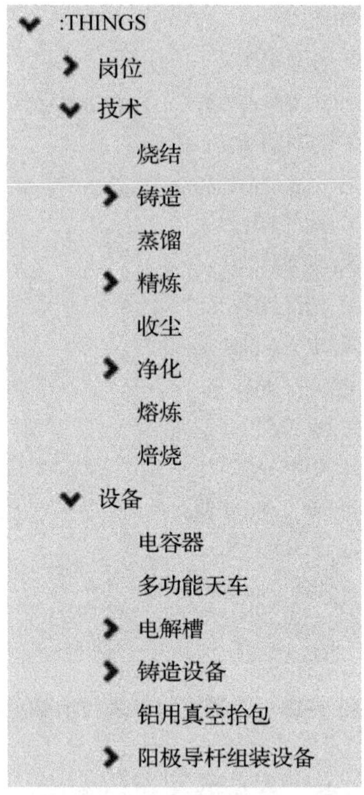

图 4-19　冶金工业词表转换结果

的数据来源于网络，数据的特点是对概念的描述有侧重点，虽然较好地反映了关于概念最新的描述，但却缺乏整齐统一的格式。

4.5.1　基本思想

本书提出一种基于无指导的自动概念属性提取方法，解决人工标注概念属性等问题：自动识别文档的结构，对结构化半结构化文档和非结构化文档进行不同的处理，对领域文本进行预处理，通过算法将文档中的属性词提取出来，将相似的属性合并排序后，按照一定的规则生成新的属性。

一篇典型的领域文档包含了对本体中概念的描述等信息，也包含了对概念属性的描述信息。结构化半结构化领域文档就是文档的概念和属性与文档本身的结构相对应，也就是概念与属性在结构上有着一定程度的匹配。例如，内科学疾病的教材对大部分疾病，都包括了疾病的症状、病因、诊断治疗等分类，而这些分类正是所需要的对应于概念疾病的属性。对于非结构化文档，如网络中一篇关于麻疹介绍的网页可能只会描述该概念的一两个方面，或者会把属性和内容混杂在一起。对结构化半结构化文档进行提取，提取的属性可信度较高，而非结构化文档则适合于补充可能遗漏的属性。属性提取的流程如图 4-20 所示。

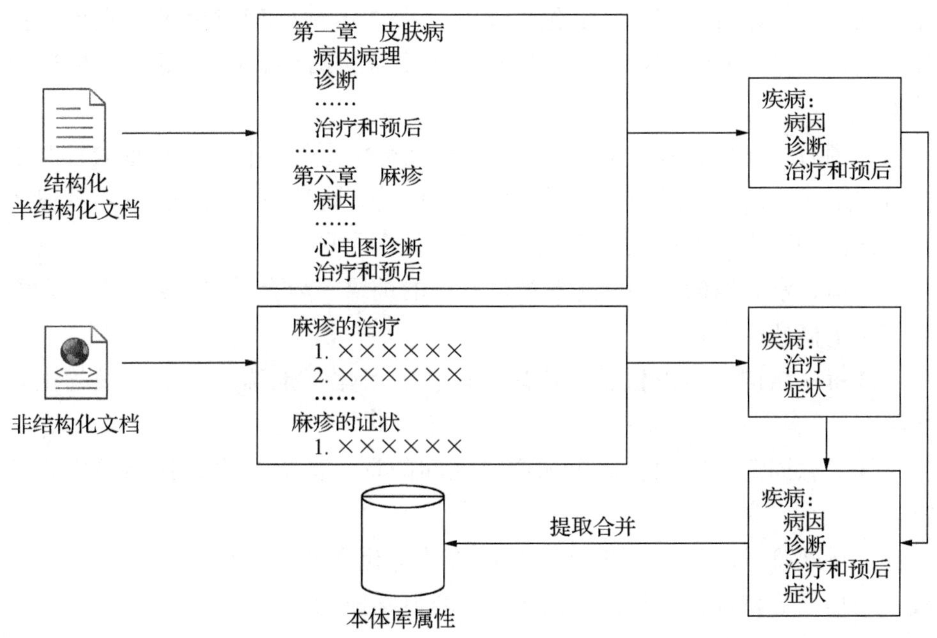

图 4-20　属性提取流程

4.5.2　技术实现

（1）基于结构化半结构化文本片段的特征获取

领域专家编著的权威教材等结构化文本资料对初始本体的构建质量有着重要的意义，结构化半结构化文档的属性提取也是自动化批量构建初始本体的重要方面。解决基于结构化半结构化文本概念的属性提取的问题，建立在一个基本假设上，即描述该概念的领域文本会包含该概念的某些属性，并且这些属性会在该文本中反复出现，并按照文本的篇章结构均匀分布在该文本中。

教材、论文等材料是按照一定的顺序进行组织的，而这个顺序和用来刻画概念的属性相关，这个假设一般情况是成立的。

对于结构化半结构化文档的预处理，主要使用切分程序按照一定的组织顺序对文档进行分割。其中，结构化的文档比较规范，如教材，其本身就是采用篇、章、节等层级化的结构。半结构化文档，结构组织可能比较松散，不严格按照篇、章、节进行区分，将小节都作为篇的章节进行处理。文档中序、前言、后记等章节一般不包含概念，在文本预处理时就可以直接过滤掉。这样处理过的文档就简单地展示出文档的结构，以方便下一步进行处理。

分割后的文档具有一定的结构，一般划分为层级结构，在提取属性时首先需要定义一组特征模板，然后再根据这些特征提取可能的表达文本片段的候选词。特征模板的设定主要参考了以下几个因素。

①篇、章、段的标题。标题窗口词内的词语一般会对整个篇、章、段的内容做出概括性描述。

②每一结构片段的段首、段尾。段首、段尾一般描述了这一段的主要内容。

③概念词窗口区间。概念词窗口区间的词可能会包含表述该段内容的特征。

④特殊符号区间。一些教材类别的结构化文章会在段首前单独列出一段，用括号等特殊符号将该段描述的内容概括成词。

选取的特征模板如表 4–6 所示。

表 4–6　选取的特征模板

$w_i \in$ ［篇、章、段标题行首，篇、章、段标题行尾］
$w_i \in$ ［结构片段段首，结构片段段首 $+i$ 句］
$w_i \in$ ［结构片段段尾 $-i$ 句，结构片段段尾］
$w_i \in$ ［实体词 $-i$，实体词 $+i$］
$w_i \in$ ［特殊符号左半部分，特殊符号右半部分］

特征提取算法主要考虑了候选词的词频和词的位置，用其对知识密集型文本进行分析，能够表征文本风格的特征词出现的频次普遍较多。所以根据前文的基本假设，特征词的出现频次不仅应该超过一定的阈值，而且特征词的分布还应该比较均匀，甚至每一章节都要有所涉及。因此，针对知识密集

型文本的情况，设计了如下的文本特征提取算法。

算法描述：对一篇领域文档中 D 进行处理，切分成篇 $P=\{P1, P2, P3, \cdots, Pm\}$，每一篇切分成章 $Q=\{Q1, Q2, Q3, \cdots, Qn\}$，每一章切分成段 $R=\{R1, R2, R3, \cdots, Ri\}$，形成层次化结构后，遍历每一篇、每一章、每一段，根据特征模板 F 提取所有可能的候选词，形成候选词集合 $S=\{S1, S2, S3, \cdots, Si\}$，根据公式计算每个候选词的权重，进行排序，按照一定的阈值输出置信度较高的特征。

属性提取算法如图 4-21 所示。

```
Extract_Feature(D,F)
List<String> P = Extract_Paragraph(D)
List<String> Q = Extract_Section(P)
List<String> R = Extract_Segment(Q)
Set<String> S = Extract_All_Feature_Word(D)
  for(String paragraph in P){
    for(String section in paragraph){
      for(String segment in section){
        for(String word in segment){
          if(word in F){
            S[word]. segment_count + +
          }
        }
            S[word]. segment_score + = segment_count
          if(word in F){
            S[word]. section_count + +
          }
      }
            S[word]. section_score + = section_count/section_length
          if(word in F){
            S[word]. paragraph_count + +
          }
      }
    S[word]. paragraph_score + = paragraph_count/paragraph_length
  }
  S[word]. score = paragraph_score * section_score * segment_score
```

图 4-21 属性提取算法

（2）基于无指导的多文档特征获取

对于知识密集型文本片段而言，单篇文档虽然内容表述结构上呈现一定的层次性，概念上具有一定的包含范围，但是仍然不能避免对于知识描述的局限性，不能反映知识在整体领域文本范围内的最新描述。目前，人们对于知识的分类、编辑、整理和更新，往往依赖大量的人工，缺乏一个面向知识密集型文本的知识描述和特征提取机制。因此，提出基于无指导的多文档特征提取方法，以准确批量地提取文本中的表征词。

对于一系列领域文档的集合 $T=\{D1, D2, D3, \cdots, Dn\}$，可以先针对使用前文提及的算法对每篇文档进行提取，以得到 T 中文档的特征词 $S=\{S1, S2, S3, \cdots, Sn\}$。其中，每篇文档的权重 $W=\{W1, W2, W3, \cdots, Wn\}$，接下来可以使用公式（4.1）计算最后合并后的结果。

$$S = Extract\_rank(\sum_i W_i \cdot S_i) \tag{4.1}$$

公式（4.1）中一个关键要点是特征词的合并，即把文档 $D1$ 中的特征词 $S1=\{P1, P2, P3, \cdots, Pn\}$ 与文档 $D2$ 中的特征词 $S2=\{Q1, Q2, Q3, \cdots, Qn\}$ 合并，也就是说 P_i 与 Q_j 若同属一个含义，在描述文本特征时应进行合并处理。

特征词合并算法主要考虑的因素是特征词所在的上下文语义环境，基于的假设是特征词能够表征上下文环境的语义。也就是说，可以认为上下文中的词的语义也能在一定程度上体现特征词的环境特征。特征词提取算法，考虑选定的特征词 w_i，上下文环境就是该特征词所在段落的文本向量，将 TF-IDF 作为基本模型，可以取出前 n 个最能够表征 w_i 的特征向量 $v_i=\{S_1, S_2, S_3, \cdots, S_n\}$；同样，对于另一篇文档的特征词 w_j，构建特征向量 $v_j=\{S_1, S_2, S_3, \cdots, S_n\}$。其中，特征词 w_i 与 w_j 的相似度计算公式为：

$$similar(w_i, w_j) = \cos(\theta) = \frac{v_i \cdot v_j}{|v_i| \cdot |v_j|} \tag{4.2}$$

如果 w_i 和 w_j 相似度高于一定的阈值，如是同一领域的特征词时，就可以合并特征词。

4.5.3 实验与结果分析

为了获得最大程度的兼容性，还需要对不同格式来源的知识密集型文本片段进行处理。在处理文档的过程中，也同样分别针对结构化、半结构化的文本做了针对性的实验，并且都取得了较好的效果。

（1）结构化文本片段的特征提取

结构化的文本片段知识结构化程度高，层次、组织结构上遵循一定的规则。实验以《牛津高阶英汉双解词典》为来源，阐述对结构化文本片段特征提取的一般步骤。《牛津高阶英汉双解词典》是权威的英文词典，收词80 000余条，每条词汇包括音标、释义、义项、习语等内容。结构化文本片段格式如图4–22所示。

```
skin
skin □  /skin/ noun, verb
■
▸ ON BODY 身体
1 [U, C] the layer of tissue that covers the body 皮；皮肤：to have dark/ fair/ olive, etc. skin 皮肤黝黑、白 、浅褐色等 ◊  The snake sheds its skin once a year. 蛇一年蜕一次皮。◊  cosmetics for sensitive skins 过敏性皮肤适用的化妆品 ◊  skin cancer 皮肤癌 —see also foreskin, redskin
▸ -SKINNED 有…皮肤
2 (in adjectives 构成形容词) having the type of skin mentioned …皮肤的：dark-skinned 深色皮肤的 ◊  fair-skinned 白皮肤的 —see also thick-skinned, thin-skinned
▸ OF DEAD ANIMAL 死兽
3 [C, U] (often in compounds 常构成复合词) the skin of a dead animal with or without its fur, used for making leather, etc.（兽）皮；毛皮；皮张：The skins are removed and laid out to dry. 皮剥下来，摊开晾干。◊  a tiger skin rug 虎皮毯
▸ OF FRUIT/ VEGETABLES 水果；蔬菜
4 [C, U] the outer layer of some fruit and vegetables 皮；壳：Remove the skins by soaking the tomatoes in hot water. 把西红柿放在热水里烫一下去皮。—see also banana skin —compare peel n. (1), rind(1), zest(3)
▸ OF SAUSAGE 香肠
5 [C, U] the thin outer layer of a sausage 外皮；肠衣：Prick the skins before grilling. 烤前先在肠衣上扎孔。
▸ ON LIQUIDS 液体
6 [C, U] the thin layer that forms on the surface of some liquids, especially when they become cold（尤指冷却时形成的）薄层，皮：A skin had formed on the top of the milk. 奶上结了一层奶皮。
▸ OUTSIDE LAYER 外壳
```

图4–22　结构化文本片段格式

词条的一般格式是：词目+音标+词性+词条义项+IDM（idiom，IDM）习语，中间还包括衍生词、反义词等内容。这些内容按照顺序组织在一起，但是部分词语可能缺少一些条目，如缺少义项或习语等，或者衍生词、反义词夹杂在词条的义项之中，这些情况为处理带来了难度。本书针对这些规则编写了能够处理词典的工具，最终得到了知识组织结构化的文档，如图4–23所示。

（2）半结构化文本片段的特征提取

实验以医学领域的《内科学》教材文本属性提取为例，展示对于半结构化文本片段的特征提取效果。实验的数据来自教材《内科学》（第七版），数据的格式如图4–24所示。

实验过程使用的提取属性功能已经集成到辅助构建平台中，语料文本使用的同样是医学领域的文本语料。使用辅助构建平台生成属性，首先要新建一个工程，填入对应的工程名称、工程说明及语料文件的路径地址。新建本体属性抽取工程如图4–25所示。

word: skin
property: noun;[C];
pron: /skin/
sense:
1 [U, C] the layer of tissue that covers the body 皮；皮肤 ： to have dark/ fair/ olive, etc. skin 皮肤黝黑、白、浅褐色等 ◊ The snake sheds its skin once a year. 蛇一年蜕一次皮。◊ cosmetics for sensitive skins 过敏性皮肤适用的化妆品 ◊ skin cancer 皮肤癌 —see also foreskin, redskin
2 (in adjectives 构成形容词) having the type of skin mentioned ... 皮肤的 ： dark-skinned 深色皮肤的 ◊ fair-skinned 白皮肤的 —see also thick-skinned, thin-skinned
3 [C, U] (often in compounds 常构成复合词) the skin of a dead animal with or without its fur, used for making leather, etc.（兽）皮；毛皮；皮张 ： The skins are removed and laid out to dry. 皮剥下来，摊开晾干。◊ a tiger skin rug 虎皮毯
4 [C, U] the outer layer of some fruit and vegetables 皮；壳 ： Remove the skins by soaking the tomatoes in hot water. 把西红柿放在热水里烫一下去皮。—see also banana skin —compare peel n. (1), rind(1), zest(3)
5 [C, U] the thin outer layer of a sausage 外皮；肠衣 ： Prick the skins before grilling. 烤前先在肠衣上扎孔。
6 [C, U] the thin layer that forms on the surface of some liquids, especially when they become cold（尤指冷却时形成的）薄层，皮 ： A skin had formed on the top of the milk. 奶上结了一层奶皮。
7 [C] a layer that covers the outside of sth 外壳；外层 ： the outer skin of the earth 地壳 ◊ the metal skin of the aircraft 飞机的金属外壳
idm: IDM by the □ skin of your 'teeth (informal) if you do sth by the skin of your teeth, you only just manage to do it 刚好；勉强
get under sb's 'skin (informal) to annoy sb 惹某人生气（或恼火）： Don't let him get under your skin. 别让他惹你生气。
have got sb under your 'skin (informal) to be extremely attracted to sb 极其迷恋；被某人深深打动

图 4–23　结构化提取后格式

第二章急性上呼吸道感染和急性气管-支气管炎
第一节急性上呼吸道感染
急性上呼吸道感染(acuteupperrespiratorytractinfection)简称上感，为外鼻孔至环状软
【流行病学】
上感是人类最常见的传染病之一，多发于冬春季节，多为散发，且可在气候突变时小规模流
【病因和发病机制】
急性上感约有70%～80%由病毒引起，包括鼻病毒、冠状病毒、腺病毒、流感和副流感病毒以
【病理】
组织学上可无明显病理改变，亦可出现上皮细胞的破坏。可有炎症因子参与发病，使上呼吸
【临床表现】
临床表现有以下类型：
（一）普通感冒(commoncold)
为病毒感染引起，俗称"伤风"，又称急性鼻炎或上呼吸道卡他。起病较急，主要表现为鼻音
（二）急性病毒性咽炎和喉炎
由鼻病毒、腺病毒、流感病毒、副流感病毒以及肠病毒、呼吸道合胞病毒等引起。临床表现
（三）急性疱疹性咽峡炎
多由柯萨奇病毒A引起，表现为明显咽痛、发热，病程约为一周。查体可见咽部充血，软腭
（四）急性咽结膜炎
主要由腺病毒、柯萨奇病毒等引起。表现为发热、咽痛、畏光、流泪、咽及结膜明显充血。
（五）急性咽扁桃体炎
病原体多为溶血性链球菌，其次为流感嗜血杆菌、肺炎链球菌、葡萄球菌等。起病急，咽痛
【实验室检查】
（一）血液检查
因多为病毒性感染，白细胞计数常正常或偏低，伴淋巴细胞比例升高。细菌感染者可有白细
（二）病原学检查
因病毒类型繁多，且明确类型对治疗无明显帮助，一般无须明确病原学检查。需要时可用免
【并发症】
少数患者可并发急性鼻窦炎、中耳炎、气管-支气管炎。以咽炎为表现的上呼吸道感染，部

图 4–24　半结构化文本片段格式

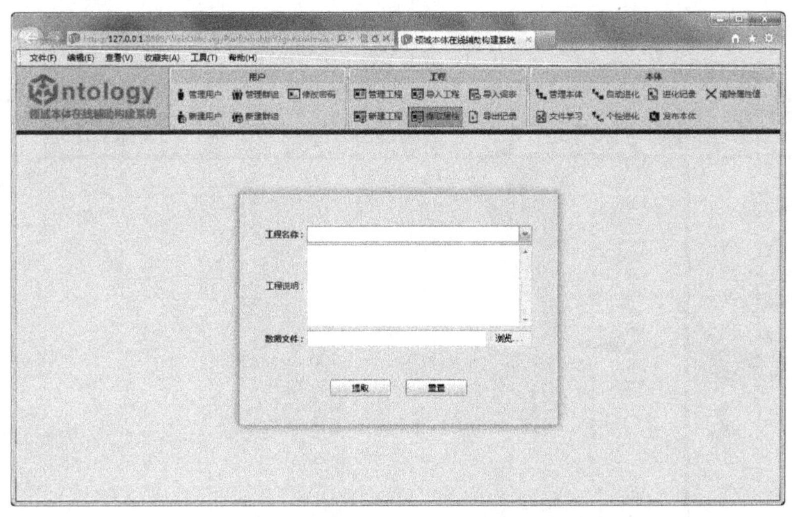

图 4-25 新建本体属性抽取工程

单击提取之后，平台会根据语料内容生出对应的属性，展示一个属性的列表，列表中的属性是按照系统生成时使用的算法因子排序，排在前面的属性概率较高，如图 4-26 所示。

在生成属性之后，选择对应的属性就可以更新到本体知识库中，这些属性将作为本体知识库中某个特定概念的属性，如图 4-27 所示。

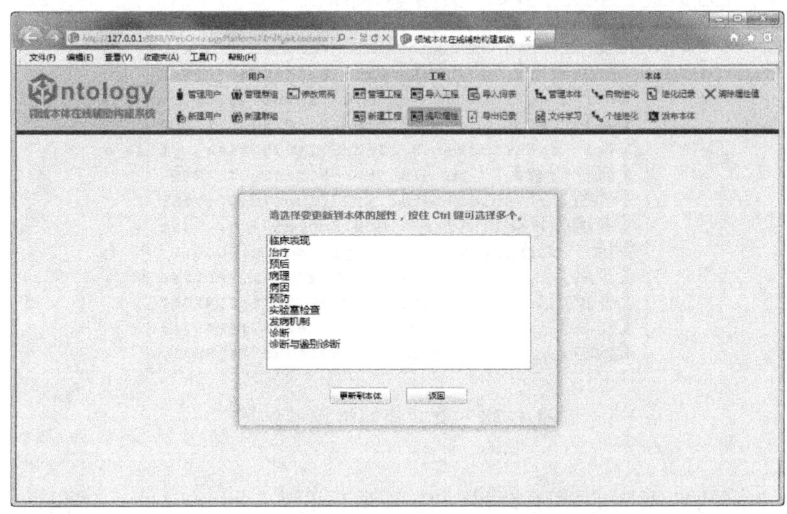

图 4-26 属性提取结果

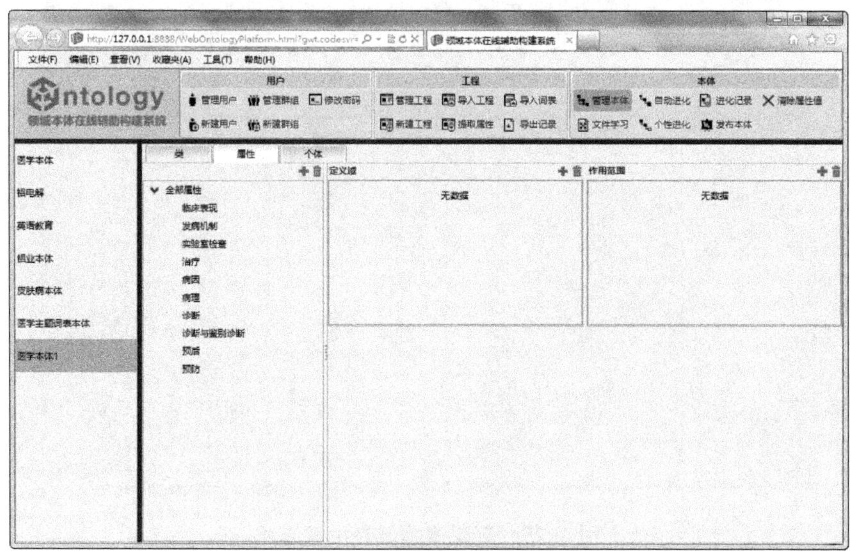

图 4–27　将属性更新到本体

为了比较实验的效果，本书增加了单文档和多文档文本片段的特征提取 2 个部分。

单文档的数据来源仍然是教材《内科学》（第七版），根据前文描述的算法，阈值为 1 进行特征提取，实验结果如图 4–28 所示。

```
【临床表现】;  totalScore: 6.6666666666666
【治疗】;  totalScore: 4.857142857142857;
【鉴别诊断】;  totalScore: 3.5714285714285
体征;  totalScore: 3.2142857142857144;  ji
【流行病学】;  totalScore: 3.2142857142857
【诊断】;  totalScore: 2.9761904761904763;
【病因和发病机制】;  totalScore: 2.0;  jie
症状;  totalScore: 2.0;  jie_score: 0.0;
【预后】;  totalScore: 1.0714285714285714;
【并发症】;  totalScore: 0.857142857142857
【病理】;  totalScore: 0.8571428571428571;
【预防】;  totalScore: 0.8571428571428571;
```

图 4–28　单文档属性提取结果

多文档的数据来源除了教材《内科学》（第七版）以外，还包括《内科学》教材笔记和其他《内科学》教材。算法根据前文阐述的多文档提取算法，阈值也定为1，实验结果如图4-29所示。

```
[临床表现]； totalScore: 69.20670434012449;
[治疗]； totalScore: 62.68274859591333;  ji
[预后]； totalScore: 20.285923153958723;  j
[病理]； totalScore: 16.019632424587193;  j
[病因]； totalScore: 14.921975774468237;  j
[预防]； totalScore: 12.341604020243002;  j
[实验室检查]； totalScore: 9.71029657817623
[诊断]； totalScore: 9.02790312653994;  jie_
[发病机制]； totalScore: 7.649561403508773;
[诊断与鉴别诊断]； totalScore: 6.8458646625
[诊断和鉴别诊断]； totalScore: 6.0843358404
体征； totalScore: 4.012489595543671;  jie_sc
【鉴别诊断】； totalScore: 3.7453007944544456
鉴别诊断； totalScore: 3.7105263157894735;  j
临床表现； totalScore: 3.5164473684210527;  j
病因； totalScore: 3.4454260668658967;  jie_s
[实验室和其他检查]； totalScore: 2.84561404
```

图4-29　多文档属性提取结果

经过人工统计，对医学领域文本、内科学文本片段的特征提取结果如表4-7所示。

表4-7　医学领域文本属性提取结果

	准确率 P	召回率 R	F 值
单文档特征提取	78.95%	71.43%	75.00%
多文档特征提取	88.23%	76.92%	82.18%

如表4-7所示，对于特定领域的知识密集型文本片段的特征提取有较好的效果，主要原因是结构化半结构化文档的知识组织结构有一定的规律，知识呈现也表现出一定的规则特征。另外，多文档特征提取效果比单文档好很多，原因是多文档对特定领域知识特征的阐述更加清晰、全面，更利于提取。

4.6　关系获取

领域词表虽然是公认的领域知识，但它提供的基本上都是孤立的概念，不能够深层次地反映学科的内在关系，而概念间的深层次关系蕴含在专业的领域知识中。利用专业的领域知识，通过关系获取找出概念间的深层次关系，这样本体才能具备更强的专业性和学术性。关系获取输入的内容可以是专业教材、文献等，通过处理转换为本体中的概念、属性和关系，来实现概念间关系的自动获取。

4.6.1 基本思想

知识关系更多地蕴含在深层次的领域知识当中，要获取深层次的领域知识关系，应该充分利用现有的领域知识。专业教材和专业文献是领域知识的主要载体，集权威性、学术性和知识性于一体，其重要性主要体现在以下2个方面。

第一，专业教材和专业文献具有科学性。专业教材的编写往往建立在符合学科专业培养目标之上，内容安排由浅入深、由简及难，符合学生的认知规律；结构安排注重本学科和其他相关学科体系之间的衔接，无论是概念说明、原理推导，还是观点表达都相对准确、严谨；表达方式不仅符合语法规范，而且与时俱进，实时体现学科发展的内容。专业文献的作者大多是本领域的专家，论述的是本领域最前沿的科研成果，代表了本领域最新发展方向。

第二，专业教材和专业文献具有先进性。科技发展迅速、成果显著，专业教材和专业文献作为传播知识和文明的载体，紧跟科技发展的脚步，吐故纳新，不断吸纳本学科的最新发展成果。而且，专业教材和专业文献不仅涉及范围广泛，而且系统性强，内容介绍也很详尽，经常用于作为指导疑难问题的参考书。

综上所述，权威的专业教材或专业文献，不但能够全面涵盖该领域的基础知识，而且能够系统地反映知识之间的内在联系，因此，从专业教材和专业文献中获取知识关系是完全可行的。所以，本书尝试了从专业教材和专业文献获取知识关系。

4.6.2 技术实现

知识关系获取功能的输入是专业教材或专业文献，输出是本体中概念的属性值。可以对专业教材和专业文献进行简单的格式化处理，以提高知识获取的效率和准确性。其流程如图 4-30 所示。

在整体流程图中，输入的格式化文件包括若干数据块，每个数据块又包含一个概念的若干属性及属性值。要获取知识关系，先要将专业教材和专业文献中的相关文本作为概念的属性 1 的值导入本体。导入时以数据块为单位，每次处理一个数据块，导入流程如图 4-31 所示。

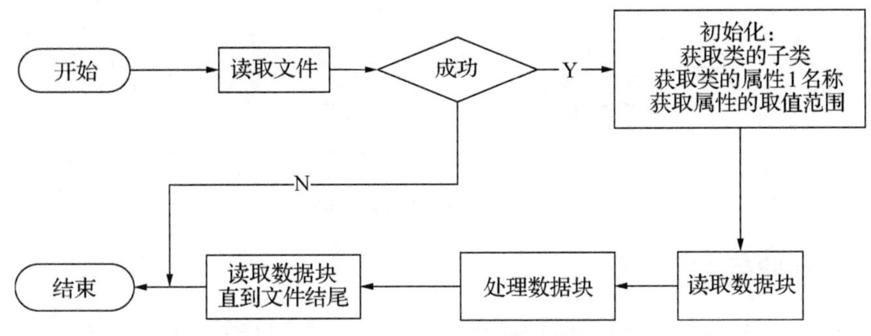

图 4-30 知识关系获取整体流程

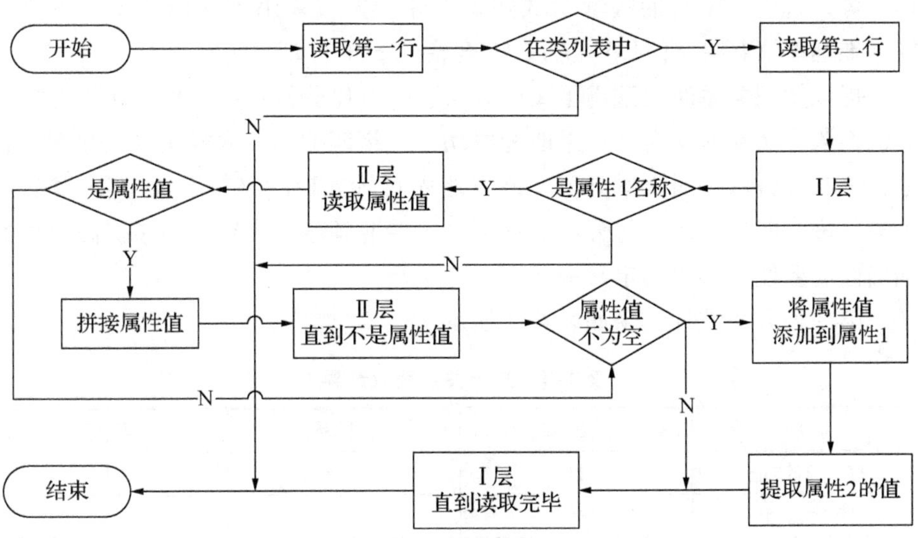

图 4-31 导入属性 1 流程

将专业教材和专业文献相关文本导入本体后，还要从概念的属性 1 中提取出属性 2 的值，从而获取知识关系，提取属性 2 的流程如图 4-32 所示。

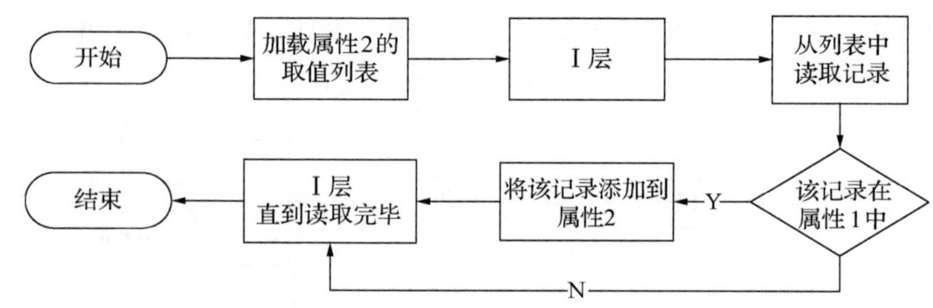

图 4-32　获取知识关系流程

4.6.3　实验与结果分析

实验选用根据医学主题词表创建的医学本体，将简单整理后的皮肤病学教材作为输入。皮肤病教材的主要内容是皮肤疾病的定义、病因、发病机制、自然史、症状、症候、实验诊断、影像检查、鉴别诊断、诊断、治疗、预后等，包含了丰富的医学领域知识。评价方式采用了常用的 3 个评测指标：准确率（P）、召回率（R）、综合指标 F 值（F）。

提取知识关系时，采用了 2 种方法进行对比分析：第一种方法不对文本分词，该方法在匹配时，如果匹配成功，就将匹配出的内容从输入数据中删除；第二种方法是对文本分词，该方法先对待处理的字符串执行分词操作，再与其进行匹配。由于待分词字符串属于专业领域的内容，为了提高分词的准确性需要使用用户自定义词典。

第一种方法统计结果如表 4-8 所示。

表 4-8　知识关系获取结果 1

属性	正确率	召回率	F 值
症状与体征	92%	100%	0.96
疾病诊断	100%	100%	1
发病部位与分型	100%	100%	1
并发症	97%	100%	0.98
预防与保健	100%	100%	1
治疗与护理	91%	100%	0.95
病因病机与病理	87%	100%	0.93
鉴别诊断	100%	100%	1
疾病预后	92%	100%	0.96

第二种方法统计结果如表 4-9 所示。

表 4-9　知识关系获取结果 2

属性	正确率	召回率	*F* 值
症状与体征	92%	100%	0.96
疾病诊断	100%	100%	1
发病部位与分型	100%	86%	0.92
并发症	97%	97%	0.97
预防与保健	100%	100%	1
治疗与护理	93%	93%	0.93
病因病机与病理	81%	93%	0.87
鉴别诊断	100%	100%	1
疾病预后	100%	100%	1

从上述实验结果可以看出，2 种方法都可以较好地获取专业教材和专业文献中的知识关系。第一种方法召回率较高，原因是该方法采用了全文匹配，只要待匹配文本中包含匹配选项就一定会匹配成功，但是该方法可能导致准确率下降；第二种方法召回率略低于第一种方法，原因是分词算法对专业领域的分词效果还不理想。

4.7　本章小结

本章主要介绍了本体构建技术的相关内容。首先，介绍了本体相关理论，阐述了本体是进行资源组织语义化的基础，提出了构建本体的总体框架；其次，介绍了本体模型构建涉及的 3 次知识重组；最后，按照本体构建的框架，依次介绍了词表转换、属性获取、关系获取及本体评价的思想理念、流程、方法与技术。

5　语义资源生成与标注一体化

本章主要介绍语义资源生成与标注一体化的相关内容。在构建领域本体的基础上，利用本体进化技术优化生成领域语义资源库，同时利用语义标注技术对相关文献进行标注，将语义标注文献与语义索引分别存储，实现资源组织语义化过程与语义元数据体系的构建同步进行，其流程与结构如图 5-1 所示。

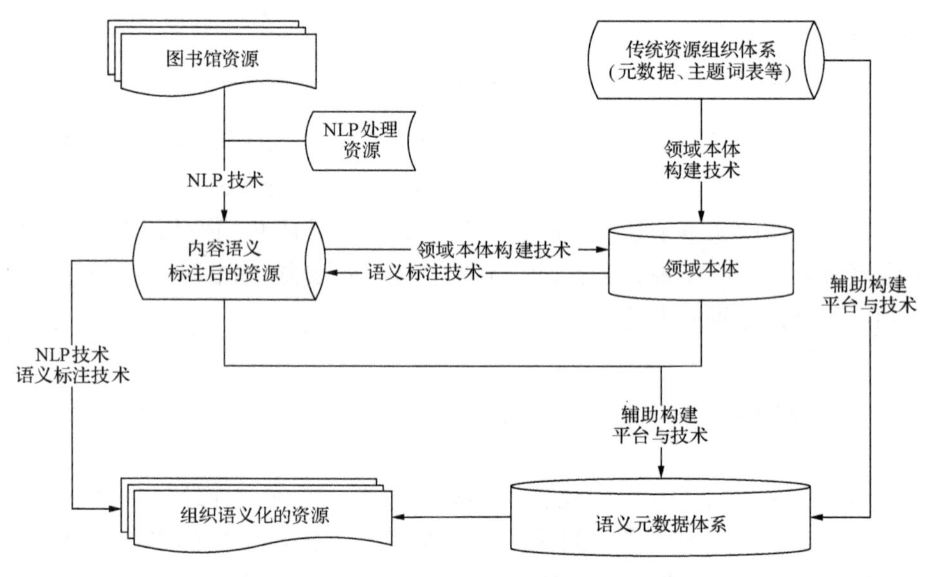

图 5-1　流程与结构

5.1　语义资源生成

利用语义标注的结果，对本体及语义资源进行补充和更新，也就是实现语义资源生成与标注一体化。

5.1.1 基于种子文件

（1）基本思想

基于结构化词表、专业教材和专业文献获取领域知识关系具有针对性强和准确性高等优点，但也存在信息量有限、更新慢等不足，可以考虑借助互联网上的海量数据来弥补这些不足。面对互联网中数不胜数的信息时，我们感觉许多信息是多余和重复的，有些信息甚至还会降低获取信息的效率。但从自然语言处理和理解的角度来看，这种冗余性却恰恰可以提供极大的帮助。具体表现在 2 个方面。

①多余和重复的信息可以提高机器鉴别网页信息的准确性。例如，在搜索引擎中检索“麻疹症状”，返回的前几个网页中对麻疹症状的描述大部分是一致的。因此，可以通过计算频率找出那些频繁出现的词语，这些词语就有可能是要获取的知识。

②多余和重复的信息可以帮助提高信息的完备性。同样以“麻疹症状”为例，搜索引擎返回的前 50 个网页中描述麻疹症状的信息带有各种各样的语法结构，即便是丢弃一些信息，也不会降低信息的完备性。因此，在获取新的知识关系时只选择比较容易处理的结构，这样既能够保证效果，也不会对结果的完备性带来很大的影响。

（2）技术实现

基于互联网的本体进化方法，输入的是本体中的概念名、属性名及关键词的集合，经网页搜索、网页下载、网页清洗、相关句提取和关键词获取处理后，可以得到候选关键词集合，整体流程如图 5-2 所示。

根据概念的属性和关键词从搜索引擎检索相关网页集合，但网页中存在部分信息都是无关的干扰噪声。基于这样的情况，为了保证获得切实需要的信息并且保证颗粒度足够细致，在获取关键词时，首先把文本切分为单个句子，然后再进行处理。

在丢弃检索结果中，结构复杂不易处理的某些文本或文本中的部分内容几乎不会影响所获结果的完备性。因此，按照句子中是否包含并列结构及并列结构中是否包含关键词来筛选相关句子。一方面，并列结构的构成比较简单而且比较容易判断，结果准确率高；另一方面，处于并列结构中的关键词具有相同的特性。并列结构中的某个关键词是当前本体的概念，跟它具有并列关系的其他关键词也很可能是本体的概念。

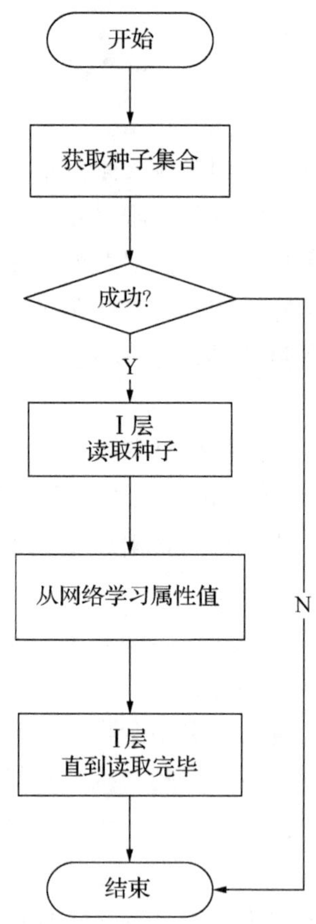

图 5-2　本体进化整体流程

为了能够在少量关键词的情况下，获得足够多的相关句子，并最终学习到准确完备的关键词集合，采用句子选择与关键词提取互动的方式。具体方法如下：将学习到的新关键词添加到种子集合中，促使找到更多的相关句子，从而学习到更多的关键词。同时，为了提高学习的准确性，对学习到的新关键词进行筛选，只有置信度高于阈值的关键词才被添加到种子集合。将上述 2 个过程迭代进行，直至不再产生新的关键词后结束学习，这样能够最大限度地保证学习结果的完备性和准确性。

关键词筛选的基本思想是计算每个关键词的置信度，然后根据置信度进行筛选，将置信度较高的关键词加入种子集合。同时，计算置信度时要考虑与其并列的种子关键词的置信度。如果与其并列的种子关键词具有较高的置信度，则该并列关键词也将被赋予较高的置信度，反之，则被赋予较低的置信度。

关键词获取的详细流程如图 5-3 所示。

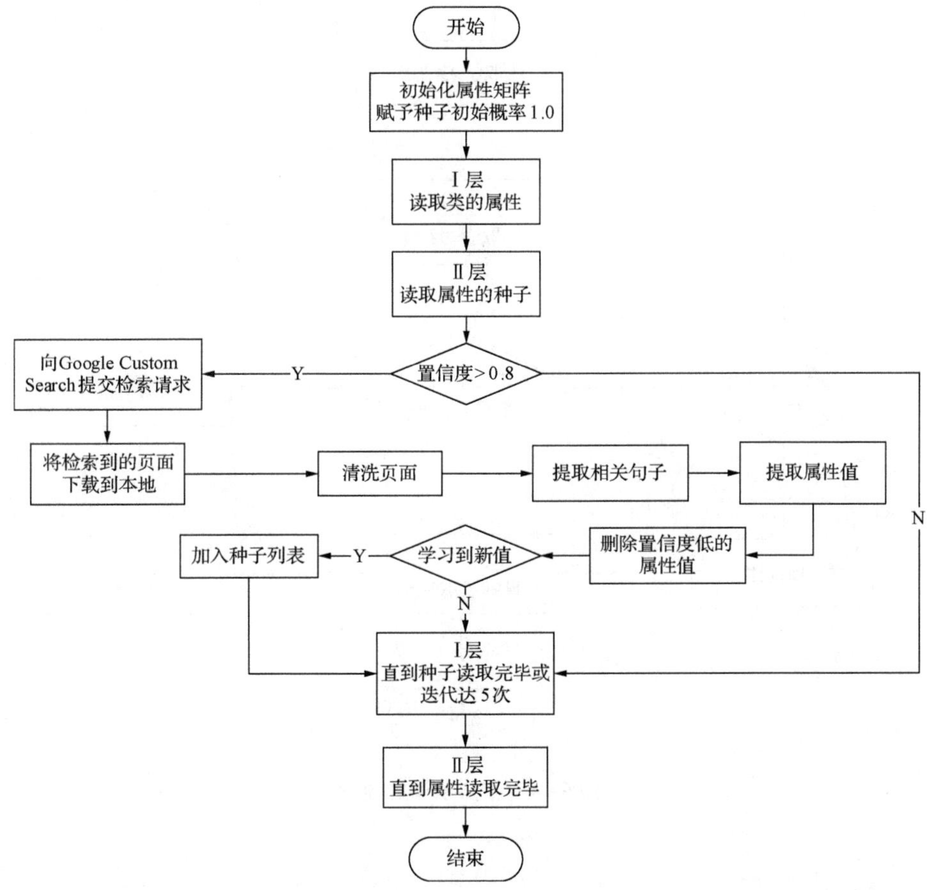

图 5-3　关键词获取流程

本体进化功能学习到新知识后，需要将新知识添加到本体。这些新知识有的可能已在本体中存在，有的可能不适合该专业属性，所以要对新知识进行筛选，然后再添加到本体。添加新知识的流程如图 5-4 所示。

（3）实验设置与结果分析

1）实验设置

实验选取医学领域本体，对互联网的学习结果采用人工方式判断对错，然后通过 F 值来衡量学习效果。

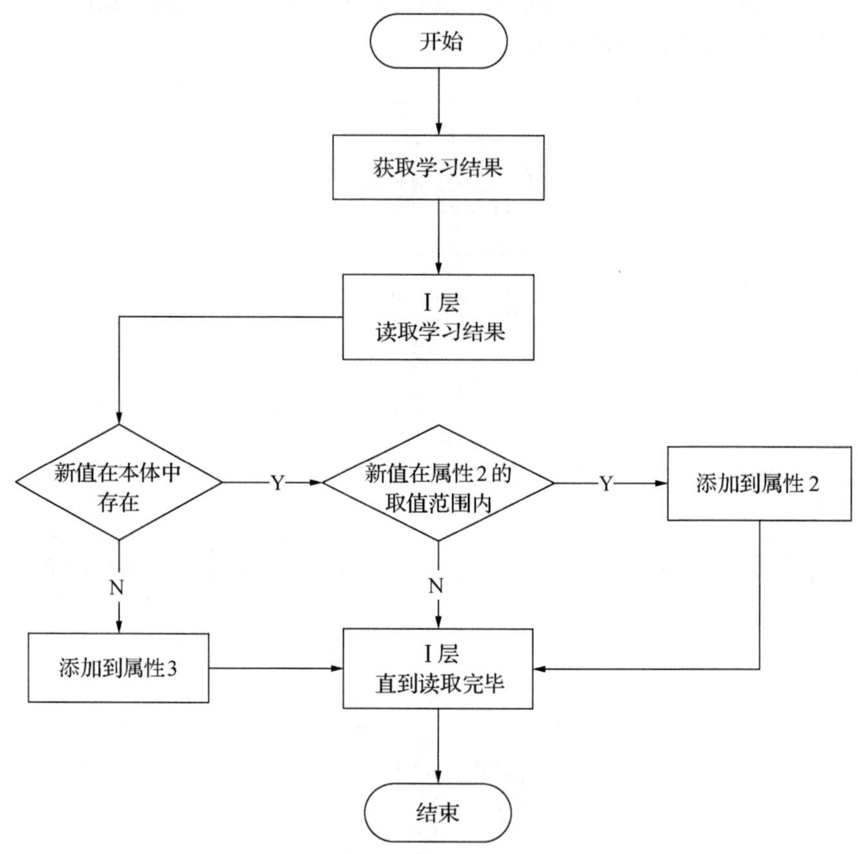

图 5-4 新知识添加流程

2）结果分析

实验将“发热”作为“麻疹”的专业属性，基于互联网对“症状与体征”的关键词进行学习。在整个学习过程中，总共下载了 360 个网页，从这 360 个网页中筛选了 324 条符合条件的句子，学习到了 31 个症状中的 24 个症状。学习结果按照置信度排序，如表 5-1 所示。

表 5-1 互联网进化结果

候选关键词	置信度	候选关键词	置信度
咳嗽	0. 16	精神不振	0. 07
流涕	0. 16	呕吐	0. 05

续表

候选关键词	置信度	候选关键词	置信度
流泪	0.12	腹泻	0.05
体温上升	0.12	红斑	0.05
咽部充血	0.12	颈部	0.05
结膜发炎	0.10	皮肤水肿	0.05
眼睑水肿	0.10	面部水肿	0.04
眼泪增多	0.09	呕血	0.04
畏光	0.09	咯血	0.03
瘙痒	0.08	血尿	0.02
全身不适	0.08	腹痛	0.02
食欲减退	0.08	关节痛	0.02

通过上面的表格可以看到，只输入“麻疹”的专业属性“症状与体征”的一个关键词“发热”，就学习到了与“麻疹”相关的其他症状，这些症状都与“麻疹”具有很高的相关度。值得注意的是，只运用分词和词性标注等基本的自然语言处理技术就可以获取与“麻疹”相关的深层次领域知识，如“咳嗽”“流泪”“流涕”等。按照上述操作可以得出实验的 F 值，结果如表 5-2 所示。

表 5-2　互联网进化结果 *F* 值

准确率	召回率	F 值
95%	88%	0.91

从上述结果可以看出，通过互联网进行本体进化，其结果还是令人满意的。

5.1.2　基于本体结构与语料

通过读取现有本体结构体系，分析输入的领域语料，利用开窗口、词共现算法进行分析计算，补充种子词，从而对现有本体结构体系进行有效的扩充和扩展。要实现本体概念种子词扩展，对问题做了如下定义：已知集合 A 中现有某个领域的 m 个术语，集合 B 中为该领域的文本集（文本数量为

n)，查找文本集合 B 中与集合 A 中多个词语共现的词，按照共现次数排序输出，从中找出应属于集合 A 的新词。总体业务流程如图 5–5 所示。

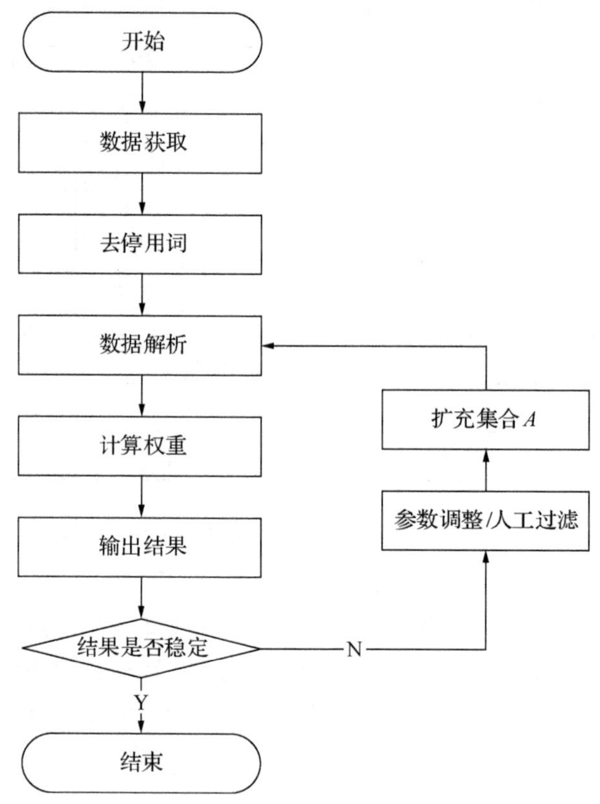

图 5–5　业务流程

根据以上的设计思想，主要实现步骤如下。

①获取集合 B 文本中每篇文本切分好的词，去停用词。

②划分窗口（句子/段落/篇章），在窗口范围内查找集合 A 中的术语：若窗口范围内未出现集合 A 中的词，跳至下一个窗口；若窗口范围内出现集合 A 中的术语，可将窗口范围内的词分为集合 A 中的词和集合 B 中的词，其中，集合 A 中的词存入一个 list 中，记为 list A，集合 B 中的词存入 list B 中，记为 list B；list B 中的词即集合 A 的共现词，根据 list A 中词语的种类和数量，给 list B 中的词的共现值赋不同的权重。

③不断循环步骤②将同一个词共现值累加，作为该词在集合 B 中的共现值，以挖掘出所有的共现词，设置一个阈值，提取大于该阈值的共现词。

④根据①～③步骤挖掘出的共现词进行调参或人工过滤杂词，将符合要求的词加入集合 A 中，再次循环②～④步骤，直至挖掘出稳定的结果。

（1）参数设置

从实现步骤中可以看出，算法中有 2 个参数需要设置并根据测试情况进行调整，这 2 个参数分别是窗口大小和共现值权重。

（2）窗口大小

窗口分为句子、段落和篇章。窗口越大，从窗口中找出的共现词组合就越多，干扰项就越多，计算复杂度也越高。窗口主要应根据集合 B 中文本的数量、长度、共现词可能出现的范围进行设置。文本数量足够大、文本长度较短时，篇章窗口情况较好；文本较长、共现词出现范围有限时，段落或句子窗口效果较好。

（3）共现值权重

权重设置有 2 个原则：一是和越多的同类词（即集合 A 中的词）共现，权重越高；二是和越核心（集合 A 中原始词比第一次挖掘出的词核心，第一次挖掘出的词比第二次挖掘出的词重要，以此类推）的词共现，权重越高。将第一次调用属性词扩充算法的结果作为新的主题词，定位其所在标题，抽取下一级标题，如图 5-6 所示。

```
属性词排序结果:
1.硫酸法—共现权值:717.9140625
2.生产—共现权值:530.609375
3.后处理—共现权值:265.3046875
4.偏钛酸—共现权值:265.3046875
5.原辅材料—共现权值:265.3046875
6.煅烧—共现权值:265.3046875
7.前粉碎—共现权值:187.3046875
8.参考文献—共现权值:187.3046875
9.防护—共现权值:187.3046875
10.录　有关—共现权值:187.3046875
硫酸法#附录　有关钛白粉的各种分析方法#第四章　钛白粉白段生产技术#第十章　钛白安全生产技术#第六章　钛白粉的后处理#第八章
硫酸法#第四章偏钛酸的制备、净化与煅烧#第六章硫酸法钛白生产废、副的综合利用#第五章钛白粉的后处理#第二章硫酸法钛白粉生产用的
生产#【注意事项】#【思考题】#【实验目的】#【实验操作】#【实验原理】#【仪器与试剂】#
生产#附录　有关钛白粉的各种分析方法#第四章　钛白粉白段生产技术#第十章　钛白安全生产技术#第六章　钛白粉的后处理#第八章
生产#第四章偏钛酸的制备、净化与煅烧#第六章硫酸法钛白生产废、副的综合利用#第五章钛白粉的后处理#第二章硫酸法钛白粉生产用的原
后处理#第二节　钛白产品应用性能及检验方法#第三节　钛白粉后处理用水水质处理#第一节　钛白粉的后处理#
后处理#第四节金红石晶种的制备#第六节污水处理及水的综合利用#第五节后处理化学试剂的制备#第二节钛白粉的包膜#第三节钛白粉包膜
偏钛酸#第二节　钛白粉的前粉碎#第一节　偏钛酸的煅烧#
偏钛酸#第四节浆料的脱水与煅烧#第二节偏钛酸的水洗#第三节偏钛酸的漂白与盐处理#第一节钛液的水解#
原辅材料#第二节　辅助生产原料#第三节　钛白后处理专用原料#第一节　主要生产原料#
原辅材料#第二节辅助生产原料#第三节钛白粉后处理原料#第一节主要生产原料#
煅烧#第二节　钛白粉的前粉碎#第一节　偏钛酸的煅烧#
煅烧#第四节浆料的脱水与煅烧#第二节偏钛酸的水洗#第三节偏钛酸的漂白与盐处理#第一节钛液的水解#
前粉碎#第二节　钛白粉的前粉碎#第一节　偏钛酸的煅烧#
防护#第二节　单元设备防腐蚀技术#第一节　概　　述#
录　有关#颜料筛余物的测定　水法#着色颜料相对着色力和白色颜料#9　试验报告#9　结果报告#8　试验报告#8　结果表示#8　结果的表示
```

图 5-6　语料文件

发现已知属性词的下一级属性词在多篇文档中出现，需要进行去重和合并处理，才能作为下一级属性词的已知属性词集合。在此之前，需要先对这

些标题进行分词和去停用词。但是，现有的分词器对标题词语切分的效果很不好，分词结果过于零散，而分词的结果非常影响后期词共现时词语的匹配和共现度的计算，拆分得太碎会造成很难匹配上的问题。此时，可以自行定义一些规则，专门用来针对标题进行分词。观察书籍的各层标题，基本上都是由章节号和一个偏正短语“××的××”或“××和/与××”这样的结构构成，因此，可以按以下规则进行切分。

①匹配删除“第一/1 章/节，1.1/1.2……”这样的章节号。

②匹配删除“××的”等形容词。

③将“××和/与××”进行拆分。

④以上 3 点先需要规范一下标题的整体格式，匹配删除其他不规则符号。

基于以上 4 点规则，可以用正则或字符串截取等办法进行编码尝试，其效果如图 5-7 所示。

从结果来看，这些规则是有效果的，可在此基础上做进一步调整，如调

```
第一层属性词排序结果：
1.硫酸法—共现权值:717.9140625
2.生产—共现权值:530.609375
3.后处理—共现权值:265.3046875
4.偏钛酸—共现权值:265.3046875
5.原辅材料—共现权值:265.3046875
6.煅烧—共现权值:265.3046875
7.前粉碎—共现权值:187.3046875
8.参考文献—共现权值:187.3046875
9.防护—共现权值:187.3046875
10.录　有关—共现权值:187.3046875
第二层已知属性词抽取：
硫酸法#各种分析方法###后处理#腐蚀与防护#前粉碎##质量管理与产品质量分析控制#####
硫酸法#制备、净化与煅烧#综合利用#后处理#原辅材料#制备#含义、影响因素与应用##
生产###】####
生产#各种分析方法###后处理#腐蚀与防护#前粉碎##质量管理与产品质量分析控制#####
生产#制备、净化与煅烧#综合利用#后处理#原辅材料#制备#含义、影响因素与应用##
后处理###后处理#
后处理#制备#综合利用#制备#包膜#水洗、干燥和粉碎#粉碎与分散#
偏钛酸#前粉碎#煅烧#
偏钛酸#脱水与煅烧#水洗#漂白与盐处理#水解#
原辅材料####
原辅材料####
煅烧#前粉碎#煅烧#
煅烧#脱水与煅烧#水洗#漂白与盐处理#水解#
前粉碎#前粉碎#煅烧#
防护###
录　有关#测定　水法######表示##表示ISO　787／1规定试验结果以试样的颜色等于或不等
```

图 5-7　编码测试

用分词工具进行切分再进行归并去重，作为新的已知属性词集合，递归调用原来的属性词扩充算法。

5.2 语义标注

语义标注是资源组织语义化的核心步骤。语义标注是利用领域本体所描述的语义知识来注解各种各样的资源，如文本、图片等，打上各种标签，用以表示这些资源与特定领域知识相关。

5.2.1 技术框架与思路

（1）技术总体框架

语义标注所利用的资源是领域本体，而标注的对象是结构化半结构化的领域文本或者无结构的网络文本。通过对语料的初步预处理，将其切分成不同大小的文本片段，利用本体中提供的概念属性及关系，对切分后的文本资源进行标注，标注后构成的资源作为语义索引，语义索引结构为本体中出现的概念，索引到的内容就是标注的领域资源。语义标注总体框架如图 5-8 所示。

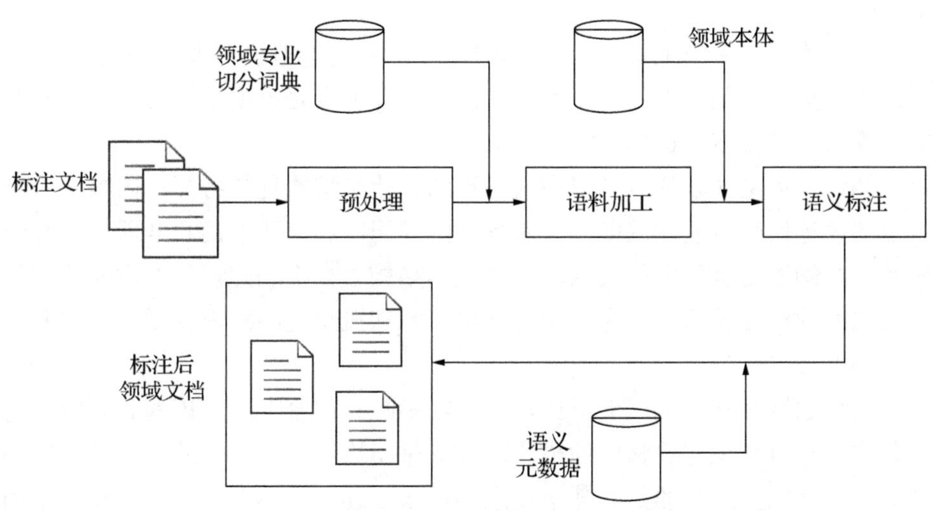

图 5-8 语义标注总体框架

（2）标注具体思路

语义标注的基本思路是不按照整篇文档的内容对资源进行索引：一方面整篇文档对概念的描述过于宽泛，可能涉及概念的很多方面；另一方面，整篇文档的语义内容可能涉及多个概念，不容易概括到基本的语义内容上。因此，按照段落和句子 2 个维度进行语义标注，对段落进行标注时注重整段内容语义的索引，对句子进行标注时主要注重相关概念的提取。

在对资源进行标注时，需要考虑其来源。一般来说，领域文档的来源大部分是来自经过人工校对，有着结构化、半结构化的特征，标注的信息比较准确；另一部分是来自网络的领域文本，结构特征并不明显，其标注可作为参考。在标注时，使用文本向量空间模型（Vector Space Model，VSM）作为领域语料分析的基本模型，文本片段中存在的相关概念和概念的属性会被赋予较高的标注权重。标注后的规模领域语料形成语义索引结构，索引的键是领域概念及概念的属性，索引的值是领域文档的位置、文档的内容和文档的语义信息。由于标注领域文本比较耗费计算资源，语义标注算法一般是一个离线计算的过程，标注后应将领域的索引结构以一定的形式保存起来，以供知识检索。

5.2.2 语义标注算法

领域语料的来源主要分为知识密集型文本片段和网络领域文本。2 种来源的文本资料在结构上各有特点，在内容描述上也是根据结构的不同而有侧重，现对 2 类文本分析如下。

知识密集型文本片段：组织上呈现结构化半结构化的特征；内容上对于知识的表述比较专业和规范，对领域内的知识内容阐述准确和全面；行文组织和内容阐述是有紧密的关联的；在文档结构上，都和知识的本质表述，如概念之间的包含关系、概念之间的分类关系和概念之间的内在联系等有着对应的关系。

网络领域文本：组织上可比较集中或稀疏；内容上对知识的表述或者过于集中，未对知识有着整体的描述，或者过于概括，对知识的描述并不准确和规范；结构上反映的是对某个概念的深入表述，并不着重对全面知识结构的把握。

知识密集型文本片段的来源主要是领域内的专业内容文本，常见的文本来源有领域知识教材、专业文献、学术论文等专业领域文本。网络领域文本的主要来源是网络上与领域内容相关的文本资源，常见的文本来源有领域专业网站、领域知识综合性数据库等。

语义标注的文本颗粒度是按照段落、句子划分的，需要对领域文档做切分处理，形成对应的段落和句子结构。切分段落的依据是段首的空格、段尾的空白和段与段之间的空行。切分成段落后，以汉字 GBK 编码中半角或全角格式的句号作为分隔符，将段落切分成句子。

（1）语义标注算法描述

经过初步加工后的领域语料，已经形成了以段落、句子 2 个级别的文本片段。语义标注需要运用领域本体中的相关资源，实现文本片段内容的语义化标注。

定义：对于一篇领域文档片段 D，按照文本向量空间模型，将 D 切分成词组 $D=\{w_1, w_2, w_3, \cdots, w_n\}$，其中这组词是已经经过领域专业词典切分过的，并且过滤了停用词，对于领域本体知识库 $S=\{P->Q$；$P\in$ 语义概念集合，$Q\in$ 语义概念之间的关系$\}$，最后标注的结果是文档 D 的语义 $T=\{w_i, w_j; w_i\in P\times D, w_j\in Q\times D\}$。

语义标注算法试图分析领域文本片段所表现的语义，在标注过程中，主要的参考是领域概念或概念属性在文本片段中的共现，这样的基本假设是描述相关概念的文本片段一般会在文本中出现该概念相关的内容，而这部分内容是描述概念和概念的属性，所以会出现概念和概念的属性相关词汇。

具体的标注特征如下。

①如果领域文本片段中出现了概念，则相较于未出现该概念的文本片段，该段文本与该概念更相关。

②如果领域文本片段中出现了概念，则文本片段中出现的概念次数越多，该段文本与该概念越相关。

③如果领域文本片段中出现了概念，并且也出现了概念的属性，则该文本片段与未出现属性的文本片段相比，更加全面地表述了概念。

④如果领域文本片段中出现了概念，并且出现概念的属性更多，则该文本片段与出现属性比较少的文本片段相比，更加全面地表述了概念。

⑤如果领域文本片段中出现了概念和概念的属性，则概念和概念的属性出现的文本距离较近的文本片段，比文本距离较远的概念更能较为准确地表现概念。

⑥如果领域文本片段中出现了多个概念，并且也出现了这些概念的属

性，则本身出现次数较多并且属性次数较多的概念，更能表达该段文本的语义。

⑦如果领域文本片段中出现了概念，则文本片段中出现的概念的属性 2 的词的次数越多，覆盖越全，该文本片段与该概念更相关。

语义标注算法如图 5–9 所示。

```
List<String> word_ list = cut_ words (text_ paragraph);
for (String word: word_ list) {
for (String class: ontology_ classes) {
  if (class. equals (word)) { semantic_ set. add (class);}
  for (String property: class. getProperty ()) {
    if (property. equals (word)) {
      semantic_ set. add (property);
    }
  }
}
}
semantic_ set. add (property2);
int distance = computeSemanticDistance (semantic_ set);
double score = computeIndexScore (semantic_ set, distance);
saveSemanticIndex (text_ paragraph, semantic_ set, score);
```

图 5–9 语义标注算法

语义索引中对于文档的语义索引分数计算方式如下：

$$
\begin{aligned}
&A=\frac{class\_count}{word\_count}, B=\frac{property\_count}{word\_count} \\
&C=\log\left(\frac{paragraph\_dis}{semantic\_dis}\right), D=\frac{occur\_property2\_count}{property2\_count} \qquad (5.1) \\
&SemanticScore=\alpha\cdot A+\beta\cdot B+\delta\cdot C+\gamma\cdot D
\end{aligned}
$$

其中，*word_count* 是标注文档中词的个数，*class_count* 是标注文档中出现的概念个数，*property_count* 是文档中出现的属性的个数，*paragraph_dis* 是标注文档的距离（以词为单位），*semantic_dis* 是标注文档中最近的语义关键词的距离，*property2_count* 是该属性的属性 2 的词数，*occur_property2_count* 是出现的属性 2 的词数。所以，*SemanticScore* 的计算参考了概念名、属性名、概念和属性距离、属性 2 这 4 种因素，其中，α、β、γ、δ 是权重因子。

（2）语义标注的结果

语义标注的结果是形成领域的语义索引，语义索引主要保存了一个文档文本片段的 3 个主要信息：①文本颗粒度，即分成的层次级别，如篇章、段落和句子；②文本片段的内容；③文本片段的语义。

为了体现语义标注资源的知识层次，将语义索引按照本体库中对应的关系存为相应的目录结构，如图 5-10 所示。

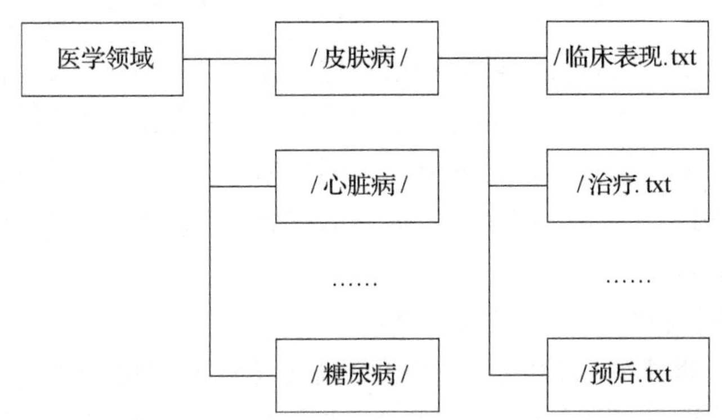

图 5-10 语义索引目录结构

目录的基本结构为概念之间按照本体中的关系存为父子目录，每个属性对应于概念索引目录中的一个索引文件。索引文件的结构如图 5-11 所示。

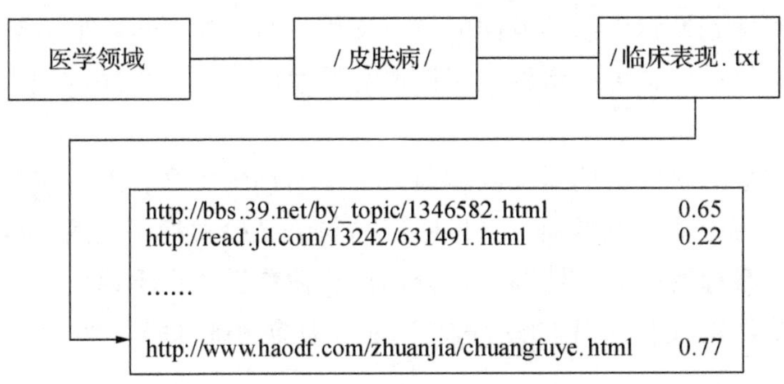

图 5-11 语义索引文件数据格式

通过语义标注算法标注一篇文档后，根据标注出的对应概念的对应属性，向对应的标注索引文件中添加文档的记录，也要存储根据算法得到的对应文档对应于该本体属性的语义索引分数值。在具体的数据结构表示上，要将其保存为一个倒排表，也就是这个表的键为概念语义（如麻疹等），值为这些索引的相关文档片段及这组相关文档片段的语义索引分数值，文档的分数越高表明与该概念属性的语义越相关。在完成语义标注的整个过程后，形成的语义索引是以知识的概念为索引的组织形式，以方便其对相关概念知识进行进一步的分析与处理。

5.2.3 实验与结果分析

实验将针对语义标注的性能和结果进行分析，一方面，利用领域本体标注领域语料，使用医学本体标注医学领域文档，并且对结果做了评价，排序质量较搜索引擎有所提高；另一方面，利用标注后的语料更新领域本体，对标注后的语料进行加工处理后，生成了新的属性2，可以填充和丰富本体内容，达到进化本体的目的。

（1）利用领域本体标注领域语料

通过搜狗搜索引擎检索医学领域的特定检索词，利用返回的前10个网页的结果作为医学领域的标注语料。检索词由2个部分组成，第一部分是领域概念的名称，第二部分是该领域概念的属性，如“麻疹”“发热”。

利用现有的医学本体资源，分析语料内容语义之间的关系，对语料进行语义标注。其中，语义索引分数中的几个权重调整为 $\alpha=1$，$\beta=1$，$\delta=0.7$，$\gamma=1.5$。

通过对搜狗搜索引擎的返回的结果文档进行标注，再按照计算好的语义索引分数进行排序，可以得到关于该概念属性的一组排好序的领域文档片段集合。

人工整理语料中文档语义内容与语义检索词的关联程度，按照语义相关性进行排序后，就可以得到一组排序好的与语义检索词相关的领域文档。然后根据人工整理的语义文档顺序，分别计算搜狗搜索引擎返回的文档顺序和语义标注算法的文档顺序的逆序数（逆序数越小越好），实验结果整理如表5-3所示。

表5-3 搜狗搜索引擎与语义标注算法逆序数对比

麻疹属性	搜狗搜索引擎	语义标注算法
临床表现	43	33
发病机制	13	8
病因	39	18
预防	78	23

续表

麻疹属性	搜狗搜索引擎	语义标注算法
预后	63	20
治疗	45	25
平均值	46.83	21.16

可以看到，语义标注算法将搜狗引擎与人工排序的结果的逆序数降低了55%，可以较好地提升语义相关文档的排序，其中主要原因是语义标注算法考虑了文档内容与语义之间的关联，利用领域本体库中语义概念属性2的值，可以有效地统计片段对于概念属性2的覆盖程度，同时也考虑了语义概念、属性共现和距离等因素。

（2）利用标注后的领域语料更新领域本体

通过领域本体对语料进行标注后，得到了语义索引，即一组能够与概念的属性语义相关的、标注后的领域文档。按照语义索引的分数，将最能够表现领域概念属性语义的文档片段进行切分标注，就能够得到该概念属性的属性2，这一组属性2是通过语义标注学习获得，可以有效地填充本体，达到本体进化的目的。

实验选择医学领域本体，在对领域文档进行标注之前，对平台已有的初始本体属性2的相关数据进行统计，统计结果如表5-4所示。

表5-4　语义标注前医学本体属性2统计

麻疹属性	属性2个数
临床表现	10
病因	9
预防	4
预后	10
治疗	50
鉴别诊断	3

经过语义标注之后，平台会根据语义标注的分数自动选出语义最相关的文档，在经过领域专业切分之后，可以根据属性2所定义的作用范围查看相关的概念，符合要求的属性词会增加到平台的属性2之中，与平台中标注前

的属性 2 进行合并，并按照出现的频次排序。

对于语义标注后增加的属性 2 的统计结果如表 5–5 所示。

表 5–5　语义标注后医学本体属性 2 统计

麻疹属性	属性 2 个数	新增个数
临床表现	14	4
病因	12	3
预防	7	3
预后	22	12
治疗	51	1
鉴别诊断	14	11

以临床表现这个属性词为例，可以看到新增的属性 2 和属性 3 的效果，如表 5–6 所示。

表 5–6　医学本体属性 2 和属性 3 结果统计

语义标注前属性 2	发热，咳嗽，流涕，流泪，咽部充血，结膜发炎，眼睑水肿，眼泪增多，畏光，全身不适
语义标注后新增属性 2	食欲减退，精神不振，呕吐
语义标注后属性 3	骨骼肌病，关节痛，眼部疼痛

可以看到，经过语义标注后的语料可以更新领域本体库的数据，即本体知识库的内容得到了进化。更新后的领域本体知识库可以更好地提升语义标注算法的性能，通过网络获得更多的领域文档，这样领域本体库的内容和语义标注的语料都得到不断的更新、迭代、进化并形成互动，从而达到语义资源生成与标注一体化的目的。

5.3　语义资源评价

语义资源评价是一体化构建中的一个重要步骤，主要从概念覆盖程度、属性完整性和语义关系复杂度进行评价。

5.3.1　概念覆盖程度评价

从领域概念词表的数量与领域概念的覆盖程度进行评价。选择准确率（P）、召回率（R）及 F－Score 值（F 值）作为评价指标。

$$\text{准确率} = \frac{\text{本体中有数据的概念数量}}{\text{本体中概念总数}} \times 100\% \tag{5.2}$$

$$\text{召回率} = \frac{\text{本体中有数据的概念数量}}{\text{领域概念总数}} \times 100\% \tag{5.3}$$

准确率是评价获得的所有词中关联词所占的比例，召回率则是评价召回关联词比例的指标，两者都是越高越好，但事实上这 2 个指标在某些情况下往往是矛盾的，这时，则需要综合考虑它们，而 F－Score 值就是综合评价这 2 个指标的评估指标之一，是准确率和召回率加权调和的平均：

$$F = \frac{(\alpha^2 + 1)\ P \times R}{\alpha^2\ (P + R)} \tag{5.4}$$

其中 α 是用于确定准确率和召回率权重的参数，当 α 等于 1 时，则认为二者权重相当，F－Score 值即为 F_1 值。

$$F_1 = \frac{2 \times P \times R}{P + R} \tag{5.5}$$

依据以上公式计算得出概念覆盖程度数值。

5.3.2　属性完整性评价

根据专业书籍、教材、百科全书等材料对本体中概念属性进行评价，自动生成属性补充建议。系统通过读取现有本体结构体系，分析输入的领域语料，利用多种相似度算法进行分析计算，从而对现有本体概念属性词进行有效扩充，丰富本体的结构体系。

为实现本体概念属性的完整性评价，做了如下的定义。

输入：n 篇文档的各级标题，1 个主题词和 m 个已知的描述该主题的属性词。

输出：扩充的属性词排序。

算法目标：找出这个主题词的其他属性词。

思路及处理过程如下。

已知 m 个属性词的共现词在不同篇的文本中可能位于不同层级的标题中，且先定位主题词所在的标题。

①查找的主题词所在的标题不包含其他术语和动词，直接用词共现的方法查找。

②查找的主题词所在的标题包含其他术语和动词，可能这个标题并不是描述该主题词的。例如，假如定位“个人简历”到标题“个人简历的撰写方法”，其标题的主题词应该为“撰写方法”；假如定位“硫酸”到标题“硫酸的制备方法”中，这个标题的主题词应该为“制备方法”，那么接下来用词共现找到的属性词其实是“制备方法”的属性词。这种情况下，需要先抽取各层标题的中心词，再将要查找的主题词和这些中心词匹配。抽取中心词的方法可能涉及句法分析，这个还需要查阅相关文献找出一个方法。

③查找的主题词定位在书名标题中，那么第一章绪论中的一级标题有可能为该主题词的属性词。这种情况的处理方法是，定位主题词，若在书名标题中匹配第一章绪论的一级标题，如果与主题词共现，就分配一定权重，加入共现词集中。

④查找的主题词不在书名标题中，主题词所在标题的下一级标题一般就是该主题词的属性描述。例如，二级标题是一级标题的属性描述，三级标题是二级标题的属性描述。对于这种情况，需要先准确定位主题词所在的标题，主题词所在标题的下一级标题一般就是该主题词的属性描述。因此，可以对每篇文档定位主题词所在标题，抽取下一级标题，分词后计算与已知属性词共现的种类和频数，按照共现度排序。

根据以上思路，实现步骤如下。

①抽取所有文档的各级标题，并按层级分类。

②抽取各级标题中心词，与要查找的主题词进行匹配，过滤不包含主题词的文档，并定位包含主题词文档中主题词所在的标题。

③定位主题词，若在书名标题中，匹配第一章绪论的一级标题；若与主题词共现，则分配一定权重，放入共现词集中；若不在书名标题中，进入第④步。

④将每篇文档中主题词所在标题的下一级标题全部抽取出来，分词，去停用词，作为预处理后的文本。

⑤用篇章作为窗口，将预处理后的文本分为 A、B 两个集合，集合 A 为出现的已知属性词，集合 B 是共现词，根据共现种类和频数计算共现度。

⑥统计所有文档的共现词，排除本体中现有的属性词，再按共现度顺序输出。

5.3.3 语义关系复杂度评价

语义关系复杂度评价主要考虑领域概念词表的数量和平均每个概念的语义关系数量。因为语义关系的数量等于语料中出现概念及属性的文本数量，语义关系复杂度评价计算方式如下：①先累加计算各个概念及其属性涉及的语义关系；②合计所有数据并计算单个概念的平均语义关系的输出数据。

5.4 本章小结

本章主要介绍了语义资源生成与标注一体化的相关内容。语义资源生成与语义标注互为促进关系，也是一个一体化处理的过程。本章先介绍了语义资源生成的流程、方法与技术，并重点阐述了基于种子文件、本体结构与语料的方法，最后还介绍了语义标注的框架、思路、方法与技术。

6 应用案例研究

本章主要以雷达、铝业领域为例，阐述资源组织语义化的方法。雷达领域主要阐述以知识服务为目标，通过分析需求、解析资源、构建本体等一系列步骤实现资源组织语义化的过程；铝业领域主要阐述以服务企业真实应用场景为目标，通过分析需求、获取资源、解析资源、构建本体等一系列步骤实现资源组织语义化的过程。

6.1 雷达语义资源生成与标注一体化

本应用案例体现的是在领域资源匮乏的情况下，针对特定资源进行知识化处理的解决方案，主要阐述了如何根据已知线索来获取和利用外部资源，最大限度地完成具体资源内部知识体系的构建与资源的语义化标注。

6.1.1 目标与要求

本案例的目标是针对研究数字化、网络化环境检索与利用雷达知识的需要，构建雷达知识库，通过领域本体构建等信息技术的融合与集成，将领域知识合理分类，构建以知识点为基本单元的图书全文数据库，为科学研究、技术开发、工程设计、工程应用、技术咨询和专业学习的用户提供知识服务，实现智能检索与知识语义导航，实现知识的共享与重用。根据所提供的本体模型及3本图书，进行领域知识体系的构建，完成对3本书的细颗粒知识的标引与揭示。考核的指标是统计“雷达与探测本体实例”的数量，用OWL（Web Ontology Language，OWL）/XML格式输出实例数据，并支持导入Protégé验证和可视化展示。

6.1.2 分析与构建

（1）资源分析

根据项目提供的材料（1个初始本体模型和3本图书），进行分析和梳理。

1）本体模型

提供的材料包括 3 个文件：概念词表（图 6–1）、对象属性表（图 6–2）、数据属性表（图 6–3）。

	A	B	C	D	E	F	G	H	I	J	K	L	M	N
1	Classes				label xml:l	label xml:l	definition	comment xml:lang="		URI	versionInf	isDefinedE	disjointWi	equivalentClass
2	KnowledgeItem				领域概念	Knowledg	雷达领域内的概念			rado:Knov	1	rado		
3		Technology			技术	Technolog	泛指方法 包括理论知识、操作			rado:Tech	1	rado		
4		Method			方法	Method	泛指为达到某种目的而采取的			rado:Meth	1	rado		
5		Theory			原理	Theory	通常指某一领域、部门或科学			rado:Theo	1	rado		
6		Equipment			设备	Equipmen	广义的设施			rado:Equi	1	rado		
7			Component		部件	Compone	不可独立使用，设备的部分器			rado:Com	1	rado		
8		System			系统	System	泛指有特定的功能的有机整体			rado:Syste	1	rado		
9		Model			模型	Model	通过数学语言等定量地或定性			rado:Mod	1	rado		
10		Experiment			实验	Experimer	为了检验某种科学理论或假设			rado:Expe	1	rado		
11		Application			应用	Applicatio	指明用途，应用场景			rado:Appl	1	rado		
12		Product			产品	Product	具体型号的物品			rado:Prod	1	rado		
13	Source				出处	Source	用来指明来源			rado:Sour	1	rado		
14	Parameter				参数	Paramete	泛指一种变量，用来控制随其			rado:Para	1	rado		
15	ContentUnit				内容单元	ContentU	指定内容	公式、图像、图表可		rado:Cont	1	rado		
16		Book			书目	Book	指定图书			rado:Book	1	rado		
17		TextContentUnit			文本内容	TextConte	纯文本，格式有text，xml			rado:Text	1	rado		
18		MixedContentUnit			图文内容	MixedCon	图文混排，格式有html，xml，			rado:Mixe	1	rado		
19		ImageContentUnit			图像内容	ImageCon	格式有jpg，tiff，png，svg等			rado:Imag	1	rado		
20		Formula			公式	Formula	纯公式，格式有：MathML，L			rado:Form	1	rado		
21	Authority				规范档	Authority	用于规范用语、术语的标准文			rado:Auth	1	rado		
22		Categorization			分类法	Categoriza	分类法			rado:Cate	1	rado		
23		Enumeration			受控术语	Enumerat	受控术语	该类规定的个体，在		rado:Enur	1	rado		
24			FileFormat		文件格式	FileForma	用来表示文件的格式			rado:FileF	1	rado		
25			KnowledgeItemType		知识条目	KnowledgeItemType				rado:Knov	1	rado		
26				Technolog	技术类型	TechnologyType				rado:Tech	1	rado		

图 6–1　概念词表

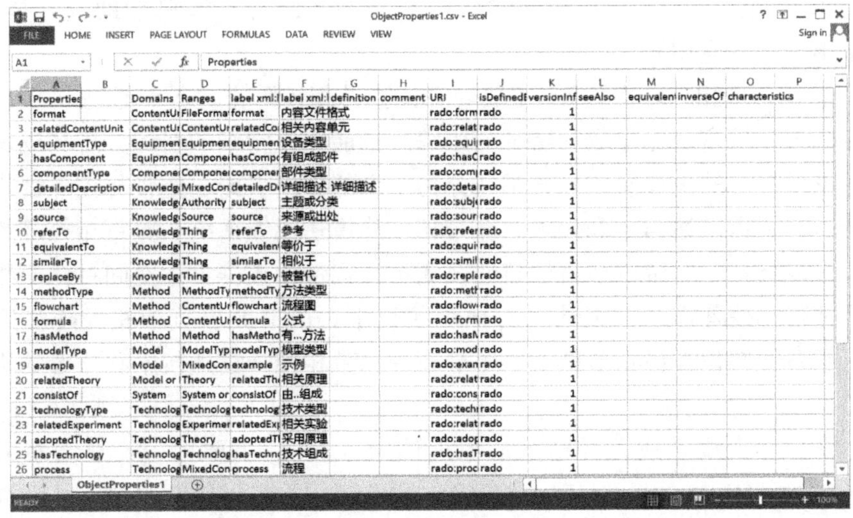

	A	B	C	D	E	F	G	H	I	J	K	L	M	N	O
1	Properties		Domains	Ranges	label xml:l	label xml:l	definition	comment	URI	isDefinedE	versionInf	seeAlso	equivalent	inverseOf	characteristics
2	format		ContentU	FileForma	format	内容文件格式			rado:form	rado	1				
3	relatedContentUnit		ContentU	ContentU	relatedCo	相关内容单元			rado:relat	rado	1				
4	equipmentType		Equipmen	Equipmen	equipmen	设备类型			rado:equi	rado	1				
5	hasComponent		Equipmen	Compone	hasComp	有组成部件			rado:hasC	rado	1				
6	componentType		Compone	Compone	componer	部件类型			rado:com	rado	1				
7	detailedDescription		Knowledg	MixedCon	detailedD	详细描述	详细描述		rado:deta	rado	1				
8	subject		Knowledg	Authority	subject	主题或分类			rado:subj	rado	1				
9	source		Knowledg	Source	source	来源或出处			rado:sour	rado	1				
10	referTo		Knowledg	Thing	referTo	参考			rado:refer	rado	1				
11	equivalentTo		Knowledg	Thing	equivalen	等价于			rado:equi	rado	1				
12	similarTo		Knowledg	Thing	similarTo	相似于			rado:simil	rado	1				
13	replaceBy		Knowledg	Thing	replaceBy	被替代			rado:repla	rado	1				
14	methodType		Method	MethodTy	methodTy	方法类型			rado:meth	rado	1				
15	flowchart		Method	ContentU	flowchart	流程图			rado:flow	rado	1				
16	formula		Method	ContentU	formula	公式			rado:form	rado	1				
17	hasMethod		Method	Method	hasMetho	有...方法			rado:hasM	rado	1				
18	modelType		Model	ModelTyp	modelTyp	模型类型			rado:mod	rado	1				
19	example		Model	MixedCon	example	示例			rado:exan	rado	1				
20	relatedTheory		Model or	Theory	relatedTh	相关原理			rado:relat	rado	1				
21	consistOf		System	System or	consistOf	由..组成			rado:cons	rado	1				
22	technologyType		Technolog	Technolog	technolog	技术类型			rado:techi	rado	1				
23	relatedExperiment		Technolog	Experimer	relatedExp	相关实验			rado:relat	rado	1				
24	adoptedTheory		Technolog	Theory	adoptedT	采用原理			rado:adop	rado	1				
25	hasTechnology		Technolog	Technolog	hasTechn	技术组成			rado:hasT	rado	1				
26	process		Technolog	MixedCon	process	流程			rado:proc	rado	1				

图 6–2　对象属性表

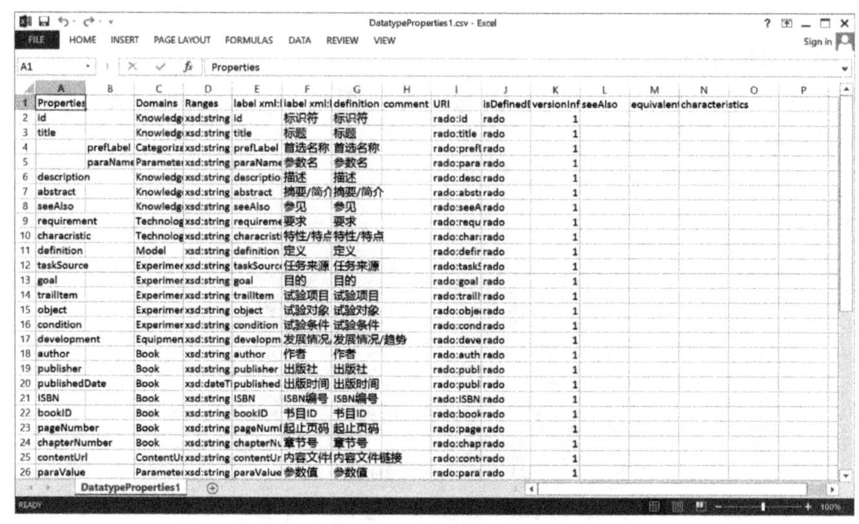

	A	B	C	D	E	F	G	H	I	J	K	L	M	N
1	Properties		Domains	Ranges	label xml:l	label xml:l	definition	comment	URI	isDefinedI	versionInf	seeAlso	equivalent	characteristics
2	id		Knowledg	xsd:string	id	标识符	标识符		rado:id	rado	1			
3	title		Knowledg	xsd:string	title	标题	标题		rado:title	rado	1			
4		prefLabel	Categorize	xsd:string	prefLabel	首选名称	首选名称		rado:prefl	rado	1			
5		paraName	Paramete	xsd:string	paraName	参数名	参数名		rado:para	rado	1			
6	description		Knowledg	xsd:string	descriptio	描述	描述		rado:desc	rado	1			
7	abstract		Knowledg	xsd:string	abstract	摘要/简介	摘要/简介		rado:abst	rado	1			
8	seeAlso		Knowledg	xsd:string	seeAlso	参见	参见		rado:seeA	rado	1			
9	requirement		Technolog	xsd:string	requireme	要求	要求		rado:requ	rado	1			
10	characristic		Technolog	xsd:string	characristi	特性/特点	特性/特点		rado:char	rado	1			
11	definition		Model	xsd:string	definition	定义	定义		rado:defir	rado	1			
12	taskSource		Experimer	xsd:string	taskSourc	任务来源	任务来源		rado:task	rado	1			
13	goal		Experimer	xsd:string	goal	目的	目的		rado:goal	rado	1			
14	trailItem		Experimer	xsd:string	trailItem	试验项目	试验项目		rado:traill	rado	1			
15	object		Experimer	xsd:string	object	试验对象	试验对象		rado:obje	rado	1			
16	condition		Experimer	xsd:string	condition	试验条件	试验条件		rado:cond	rado	1			
17	development		Equipmen	xsd:string	developm	发展情况	发展情况/趋势		rado:deve	rado	1			
18	author		Book	xsd:string	author	作者	作者		rado:auth	rado	1			
19	publisher		Book	xsd:string	publisher	出版社	出版社		rado:publ	rado	1			
20	publishedDate		Book	xsd:dateTi	published	出版时间	出版时间		rado:publ	rado	1			
21	ISBN		Book	xsd:string	ISBN	ISBN编号	ISBN编号		rado:ISBN	rado	1			
22	bookID		Book	xsd:string	bookID	书目ID	书目ID		rado:book	rado	1			
23	pageNumber		Book	xsd:string	pageNum	起止页码	起止页码		rado:page	rado	1			
24	chapterNumber		Book	xsd:string	chapterNu	章节号	章节号		rado:chap	rado	1			
25	contentUrl		ContentU	xsd:string	contentUr	内容文件	内容文件链接		rado:cont	rado	1			
26	paraValue		Paramete	xsd:string	paraValue	参数值	参数值		rado:para	rado	1			

图 6-3　数据属性表

2）图书教材

①《相控阵雷达收发组件技术》。主要内容：介绍了相控阵雷达 T/R 组件工程技术，包括相控阵雷达与固态 T/R 组件、T/R 组件中的理论基础、T/R 组件中基本的微波元件、T/R 组件集成化与数字化等新的技术进展、先进的 T/R 组件工艺、T/R 组件测试技术及 T/R 组件计算机辅助设计技术，并给出了一些应用实例。

②《宽带相控阵雷达》。主要内容：宽带相控阵雷达具有远程、多目标探测能力，精密目标参数和特征的跟踪测量能力，精细的目标分辨和成像能力及灵活多变的工作模式。本书共分为 8 个部分：引论、宽带相控阵雷达系统分析、宽带雷达信号和处理、宽带相控阵雷达天线系统、宽带相控阵数字波束形成技术、宽带雷达目标特性及测量、宽带相控阵雷达空间目标探测技术及宽带相控阵雷达（天基）对地观测技术。全书突出宽带相控阵雷达的特点和系统知识，各章节都融入了最新的宽带相控阵雷达技术和作者的研究成果。

③《多天线合成孔径雷达成像理论与方法》。主要内容：总结多天线 SAR（Synthetic Aperture Radar，SAR）成像领域的多年研究成果，并吸取国内外的最新研究成果，比较系统和全面地论述多天线 SAR 成像理论与方法。全书以新体制多天线 SAR 的关键技术为主线，阐述了多天线 SAR 成像理论

与信号处理方法。在介绍多天线 SAR 成像的研究动态与研究意义和基本数学基础知识后，分别阐述了方位向多天线 SAR 和距离向多天线 SAR 成像方法，并提出了方位向和距离向联合多天线 SAR 成像方法；然后，提出了分布式多天线 SAR 的时间、相位和空间同步解决方法。

（2）构建思路

在已有材料概念词表、对象属性表、数据属性表的基础上，根据领域资源组织语义化的需要进行完善，需要做的工作主要包括：①丰富概念词表，已有的概念词表只有顶层概念及个别分支概念，需要补充顶层概念，完善概念结构及相关领域概念；②丰富属性表，已有的属性表对领域概念描述不全面，需要进一步补充完善。

在图书语料的处理方面，进行细颗粒的切分与处理，需要做的工作主要有：丰富专业词典，保证术语被正确识别与切分；文本分割及段落捆绑，保证相同主题的段落切分为一个语义单位。

在资源获取补充方面，相关资源包括以下内容。

①《国防科学技术叙词表》用于存储和检索国防科技情报的专用叙词表，该词表以《航空科技资料主题词表》《电子技术汉语主题词表》《常规武器专业主题词表》《国防科学技术主题词表》等行业词表为选词基础，并适当从国外有关词表中选词或根据实际需要抽词，共选入正式主题词 34 516 条，非正式主题词 4742 条。该词表由字顺表、型号表、英汉索引、汉英索引 4 个部分组成。字顺表为其主体，全部叙词按汉语拼音字顺排列，叙词下用 Y、D、Z、L（领词）等参照符号指明该叙词与其他叙词的各种关系。当叙词为族首词时，将其全部的下位词按概念等级逐一列出，使该词表具有字顺表、词族表合二为一的特点。型号表将常用叙词按产品类型分为 48 个类，然后按汉语拼音字顺排列，供用户从产品型号角度选择叙词，方便用户标引和检索英文文献，使叙词英译汉、汉译英规范化。该词表还编制了英汉索引、汉英索引（1988 年出版）作为辅助工具。另外，还编制了叙词汉字首字笔画索引，为不懂汉语拼音的用户提供了方便。该词表于 1992 年再版，增选了 10 365 条叙词，删去了 9975 条产品型号、专有机构名称叙词。

②《国防科技名词大典》是我国第一部集国防科技工业各领域专业名词术语于一体的大型专业工具书，具有权威性、系统性和实用性的特点，总共包括综合、核能、航空、航天、船舶、兵器、电子 7 卷。全书近 1200 万字，共收词 20 000 余条，彩色图表 60 200 余幅。这本工具书可谓是国内外

国防科技名词术语的积累与总结，适合国防科技工业、军队有关单位和其他相关行业的科技、管理人员及院校师生使用。

综上所述，利用资源获取方法与技术从互联网中获取相关叙词表、领域词典信息可以对专业词典进行补充；从提供的语料中挖掘与发现术语、概念上下位关系和概念属性描述等可以对本体模型进行补充完善，包括概念词表结构及属性表；除此之外，还可以对语料进行细颗粒的切分与段落的捆绑处理，以达到知识点的精确标引与揭示。

（3）模型构建

基于以上分析，本书根据已有的数据资料，利用前述的概念词表构建、概念覆盖程度评估、属性完整性评估等方法对概念词表和属性词表进行了修改和完善，概念词表新增领域概念 1300 个，其修改后的类目及属性如下所示：

体制：上位标签、下位标签、分类法、别名、参考、参见、来源、相似于、等价于、简介、英文名、被替代、应用。

厂商：上位标签、下位标签、分类法、别名、参考、参见、来源、相似于、等价于、简介、英文名、被替代、产品、核心技术、竞争对手。

原理：上位标签、下位标签、分类法、别名、参考、参见、来源、相似于、等价于、简介、英文名、被替代、应用。

国家：上位标签、下位标签、分类法、别名、参考、参见、来源、相似于、等价于、简介、英文名、被替代、国防装备、雷达装备。

实验：上位标签、下位标签、分类法、别名、参数、参考、参见、来源、流程、特点、目的、相似于、等价于、简介、英文名、被替代、试验条件、任务来源、方法、试验对象、试验项目。

战术指标：上位标签、下位标签、分类法、别名、参考、参见、来源、相似于、等价于、简介、英文名、被替代、评价对象。

技术指标：上位标签、下位标签、分类法、别名、参考、参见、来源、相似于、等价于、简介、英文名、被替代、评价对象。

技术：上位标签、下位标签、分类法、别名、参数、参考、参见、来源、流程、特点、相似于、等价于、简介、英文名、被替代、要求、原理、应用、拥有者。

方法：上位标签、下位标签、公式、分类法、参考、参见、来源、流程图、相似于、等价于、被替代、原理、应用、建模。

材料:上位标签、下位标签、产地、价格、分类法、别名、参考、参见、发展情况、市场情况、描述、来源、特点、现状、相似于、等价于、简介、英文名、被替代、应用。
模型:上位标签、下位标签、参数、定义、流程、示例、要求、应用。
用途:上位标签、下位标签、分类法、别名、参考、参见、来源、相似于、等价于、简介、英文名、被替代、设备。
研究机构:上位标签、下位标签、分类法、别名、参考、参见、来源、相似于、等价于、简介、英文名、被替代、产品、技术领域、竞争对手。
系统:上位标签、下位标签、价格、分类法、别名、参数、参考、参见、发展情况、市场情况、描述、来源、特点、现状、相似于、研制时间、等价于、简介、英文名、被替代、频段、装备对象、部件。
装备平台:上位标签、下位标签、分类法、别名、参数、参考、参见、来源、特点、相似于、等价于、简介、英文名、被替代、要求、装备。
部件:上位标签、下位标签、价格、分类法、别名、参数、参考、描述、来源、相似于、等价于、简介、英文名、被替代、厂商、材料、组装、核心技术。
雷达:上位标签、下位标签、价格、分类法、别名、参数、参考、参见、发展情况、市场情况、描述、来源、特点、现状、相似于、研制时间、等价于、简介、英文名、被替代、频段、体制、厂商、原理、战术指标、所属国家、技术指标、材料、核心技术、用途、研究机构、系统、结构、装备对象、试验。

将概念词表、属性表数据导入平台，如图 6-4 所示。

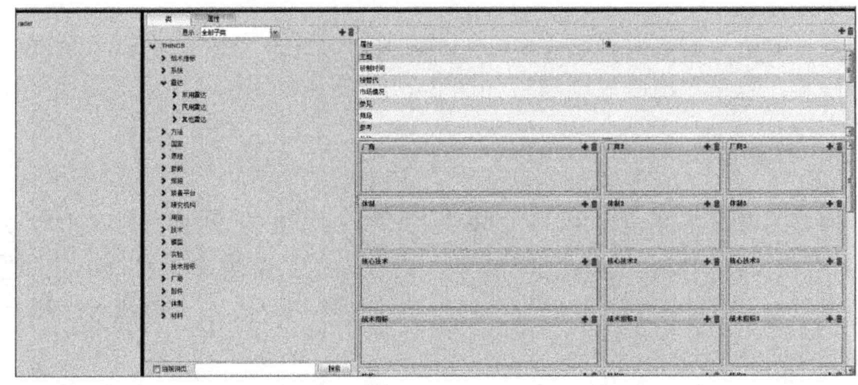

图 6-4　初始本体

（4）数据处理

根据语料标引细颗粒度的要求，需要对语料进行结构化的处理，也即语义文本单位的划分。通过分析语料文本的特征，可以识别图书语料中的编号规则，采用算法与规则结合的方法进行处理，如图 6-5 所示。

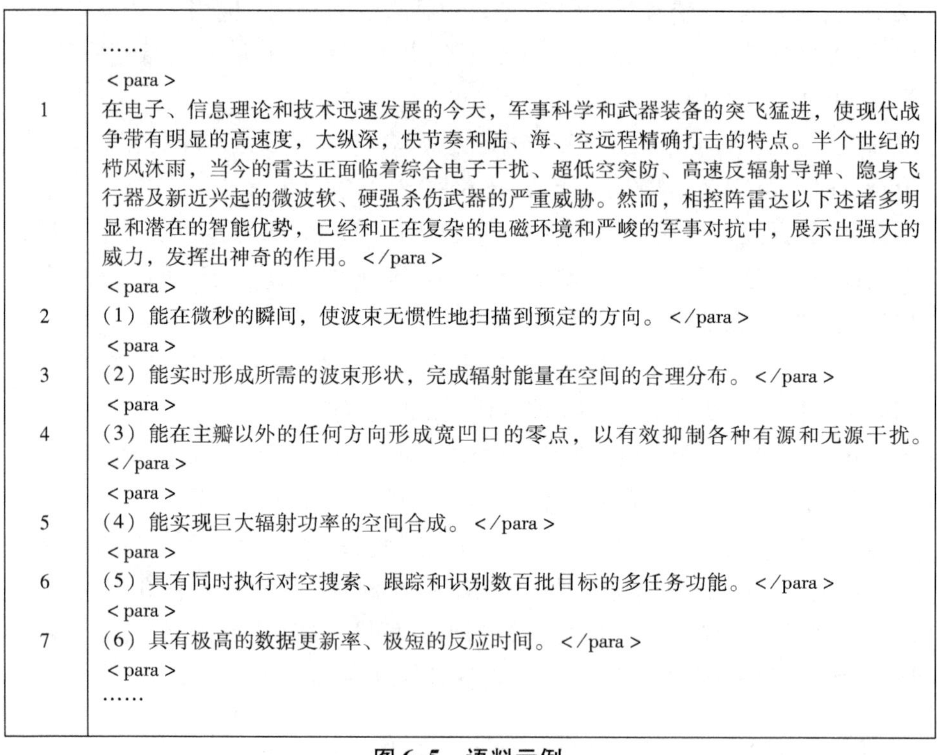

	……
	<para>
1	在电子、信息理论和技术迅速发展的今天，军事科学和武器装备的突飞猛进，使现代战争带有明显的高速度，大纵深，快节奏和陆、海、空远程精确打击的特点。半个世纪的栉风沐雨，当今的雷达正面临着综合电子干扰、超低空突防、高速反辐射导弹、隐身飞行器及新近兴起的微波软、硬强杀伤武器的严重威胁。然而，相控阵雷达以下述诸多明显和潜在的智能优势，已经和正在复杂的电磁环境和严峻的军事对抗中，展示出强大的威力，发挥出神奇的作用。</para>
	<para>
2	（1）能在微秒的瞬间，使波束无惯性地扫描到预定的方向。</para>
	<para>
3	（2）能实时形成所需的波束形状，完成辐射能量在空间的合理分布。</para>
	<para>
4	（3）能在主瓣以外的任何方向形成宽凹口的零点，以有效抑制各种有源和无源干扰。</para>
	<para>
5	（4）能实现巨大辐射功率的空间合成。</para>
	<para>
6	（5）具有同时执行对空搜索、跟踪和识别数百批目标的多任务功能。</para>
	<para>
7	（6）具有极高的数据更新率、极短的反应时间。</para>
	<para>
	……

图 6-5　语料示例

通过分析，应该对段落 1 ~ 7 进行捆绑，形成 1 个语义单位。通过分析现有语料，总结得出的规则模板如图 6-6 所示。

6.1.3　构建结果

构建的雷达本体包含 1338 个概念，158 个属性（其中包含 53 个专业属性），有语义索引结构的概念 1004 个，语义索引的覆盖率为 68.69%，构建语义关系有 135 400 个，平均每个概念有 128 个语义关系。雷达本体构建结果如图 6-7 所示。

…，…种…：
(1)
= =
，/。…。如：
(1)
= =
，/。…以下…：
(1)
= =
(1) …。
①
= =
1) …
(para) …。
(1)
= =
(title) …
1) …
(para) …。
= =
1) …
…包括：
(1)
= =
…。…如下：
(1)
= =
①…以下几点：一是…；二是…；三是…；四是…。
= =
…种方式：…；…；以此类推…。
= =
…两种方式：一种是…；另一种是…。
= =

图 6–6 部分规则模板示例

按照要求，雷达与探测本体实例统计信息如表 6–1 所示。

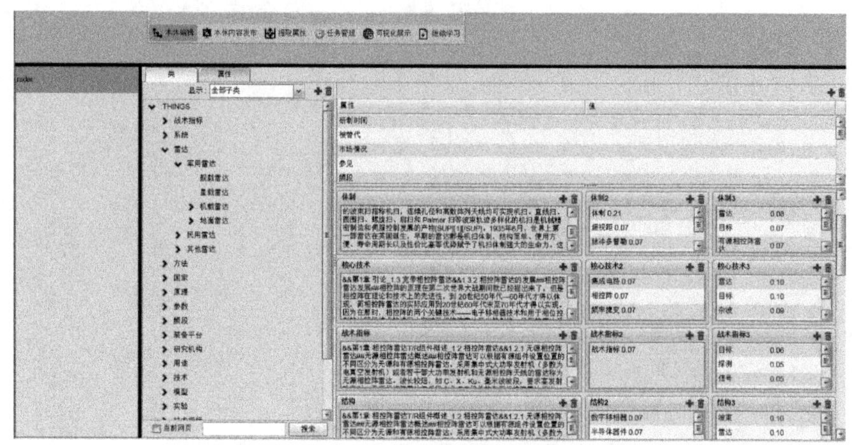

图 6–7　雷达本体构建结果

表 6–1　雷达与探测本体实例统计

序号	图书编号	类名	推荐实例个数	参考实例个数	总实例个数
1	多天线合成孔径雷达成像理论与方法	体制	0	2	2
2	多天线合成孔径雷达成像理论与方法	原理	4	12	16
3	多天线合成孔径雷达成像理论与方法	实验	0	1	1
4	多天线合成孔径雷达成像理论与方法	技术	8	14	22
5	多天线合成孔径雷达成像理论与方法	技术指标	4	0	4
6	多天线合成孔径雷达成像理论与方法	方法	10	2	12
7	多天线合成孔径雷达成像理论与方法	模型	0	1	1
8	多天线合成孔径雷达成像理论与方法	雷达	1	4	5
9	宽带相控阵雷达	体制	7	25	32
10	宽带相控阵雷达	原理	8	65	73
11	宽带相控阵雷达	技术	120	109	229
12	宽带相控阵雷达	技术指标	23	0	23
13	宽带相控阵雷达	用途	17	41	58
14	宽带相控阵雷达	系统	11	4	15
15	宽带相控阵雷达	部件	6	1	7

续表

序号	图书编号	类名	推荐实例个数	参考实例个数	总实例个数
16	宽带相控阵雷达	雷达	171	387	558
17	相控阵雷达收发组件技术	体制	2	1	3
18	相控阵雷达收发组件技术	原理	1	2	3
19	相控阵雷达收发组件技术	技术	21	12	33
20	相控阵雷达收发组件技术	方法	1	1	2
21	相控阵雷达收发组件技术	材料	1	1	2
22	相控阵雷达收发组件技术	用途	9	2	11
23	相控阵雷达收发组件技术	装备平台	1	0	1
24	相控阵雷达收发组件技术	部件	34	68	102
25	相控阵雷达收发组件技术	雷达	11	47	58

实例清单如图 6-8 所示。

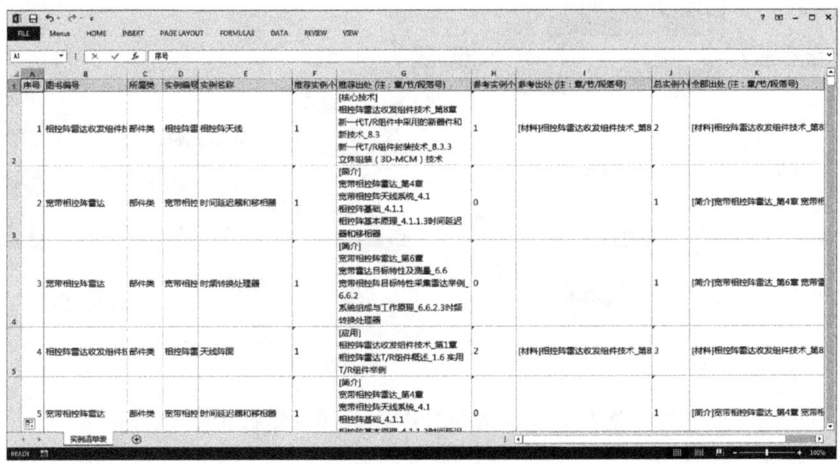

序号	图书编号	所属类	实例编号	实例名称	推荐实例个	推荐出处 (注：章/节/段落号)	参考实例个	参考出处 (注：章/节/段落号)	总实例个	全部出处 (注：章/节/段落号)
1	相控阵雷达收发组件抗	部件类	相控阵雷	相控阵天线	1	[核心技术] 相控阵雷达收发组件技术_第8章 新一代T/R组件中采用的新器件和新技术_8.3 新一代T/R组件封装技术_8.3.3 立体组装（3D-MCM）技术	1	[材料]相控阵雷达收发组件技术_第8	2	[材料]相控阵雷达收发组件技术_第8
2	宽带相控阵雷达	部件类	宽带相控	时间延迟器和移相器	1	[简介] 宽带相控阵雷达_第4章 宽带相控阵天线系统_4.1 相控阵基础_4.1.1 相控阵基本原理_4.1.1.3时间延迟器和移相器	0		1	[简介]宽带相控阵雷达_第4章 宽带相
3	宽带相控阵雷达	部件类	宽带相控	时频转换处理器	1	[简介] 宽带相控阵雷达_第6章 宽带雷达目标特性及测量_6.6 宽带相控阵目标特性采集雷达举例_6.6.2 系统组成与工作原理_6.6.2.3时频转换处理器	0		1	[简介]宽带相控阵雷达_第6章 宽带雷
4	相控阵雷达收发组件抗	部件类	相控阵雷	天线阵面	1	[应用] 相控阵雷达收发组件技术_第1章 相控阵雷达T/R组件概述_1.6 实用T/R组件举例	2	[材料]相控阵雷达收发组件技术_第8	3	[材料]相控阵雷达收发组件技术_第8
5	宽带相控阵雷达	部件类	宽带相控	时间延迟器和移相器	1	[简介] 宽带相控阵雷达_第4章 宽带相控阵天线系统_4.1 相控阵基础_4.1.1	0		1	[简介]宽带相控阵雷达_第4章 宽带相

图 6-8　实例清单

单个实例数据输出如图 6-9 所示。

实例导入 Protégé 进行验证和可视化展示，如图 6-10 所示。

从构建的结果上看，已达到项目的目标与要求；同时，还在此基础上进

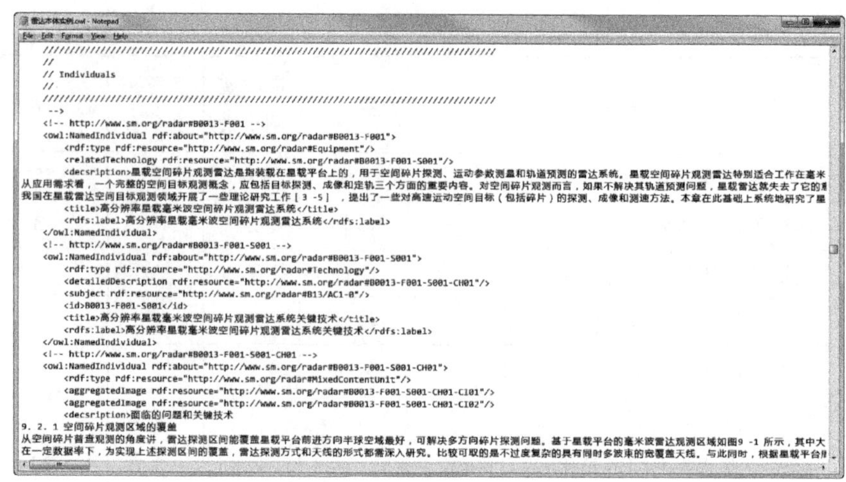

图 6–9　雷达与探测本体实例输出

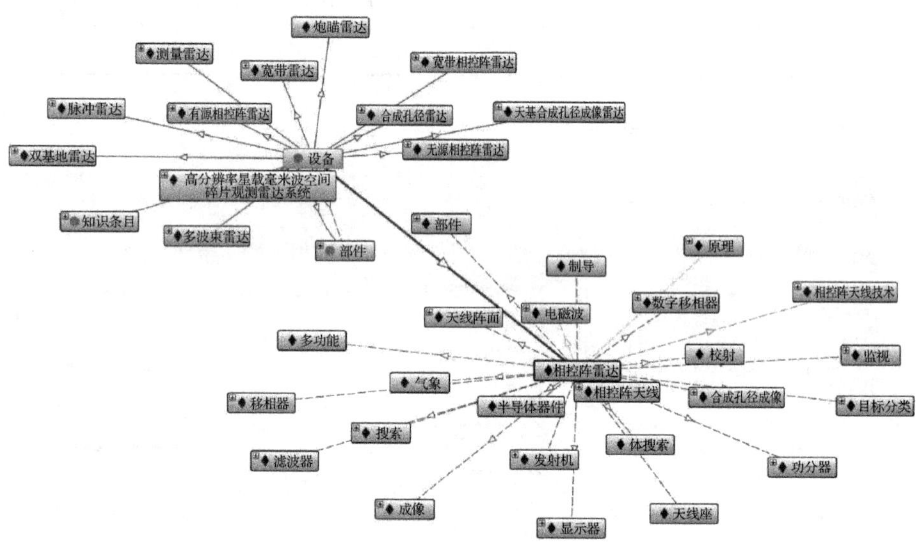

图 6–10　实例导入 Protégé 可视化展示

行了拓展应用。

6.1.4　拓展应用

利用构建的雷达本体及相关语义资源，可在可视化、知识图谱、知识百科、语义检索、自动撰写等多个方面进行应用。雷达知识库服务平台首页如

图 6-11 所示。

图 6-11　雷达知识库服务平台首页

（1）可视化

将本体中的概念结构、属性、关系进行直观展示，支持交互操作，如图 6-12 所示。

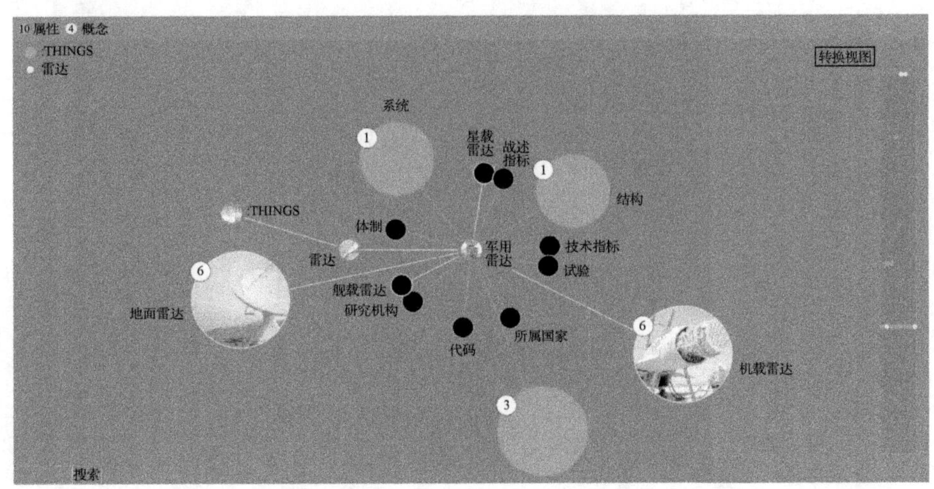

图 6-12　本体可视化

（2）知识图谱

图书中涉及的相关知识点可以知识图谱的方式来展示，支持交互操作，单击概念节点可跳转至语义检索页面，如图 6-13 所示。

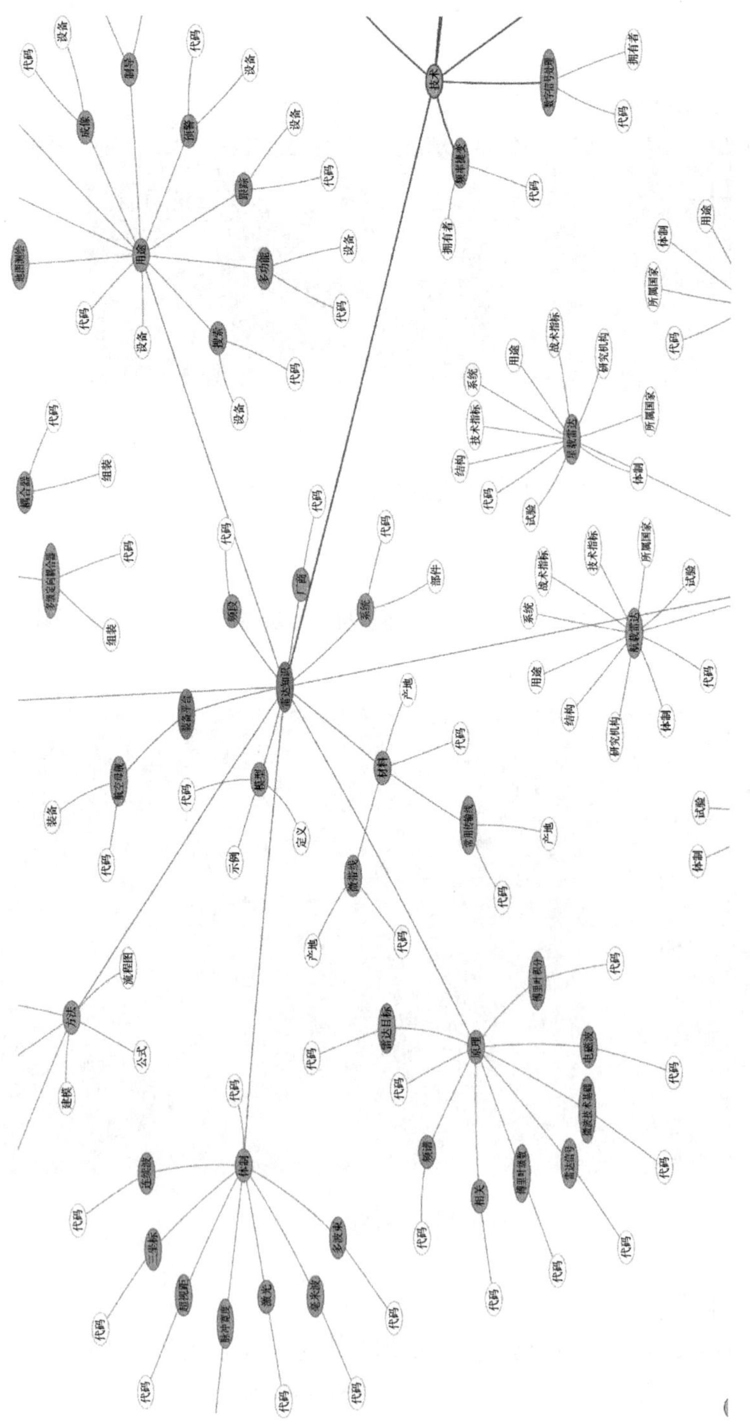

图 6-13　图书知识图谱

(3) 语义检索

语义检索服务概述、功能及优势，包括资源类别、内容属性、基础属性、推荐/参考、详情页面等，如图 6-14 所示。

图 6-14　语义检索

(4) 自动撰写

根据本体结构、领域语义资源自动生成概念百科，如图 6-15 所示。

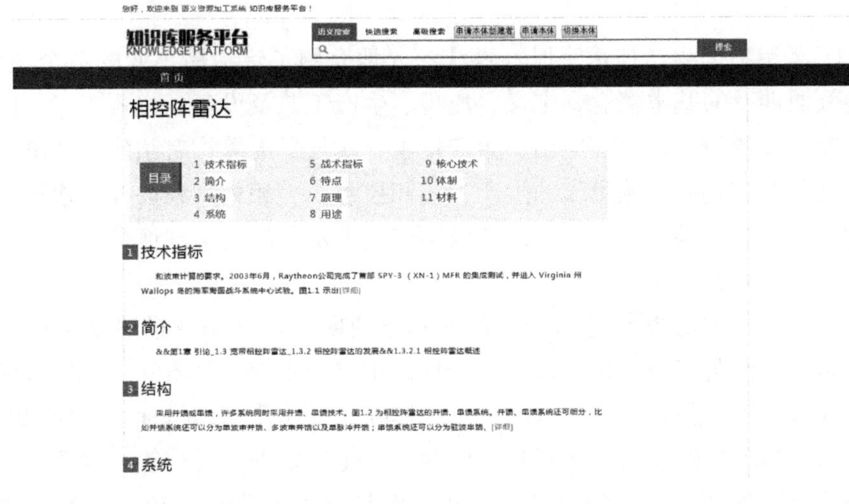

图 6-15　自动撰写

6.2 面向技术创新的铝行业资源组织语义化

本应用案例主要阐述的是如何利用零散的企业资源，完成特定需求的领域知识体系的构建，实现为用户的特定及个性化需求提供知识服务与支撑。

6.2.1 目标与需求

在信息高速发展的知识经济型社会，信息资源已成为颇具重要性的战略资源，本体作为一种能在语义和知识层次上描述信息系统的概念模型工具，是一种新的信息组织方式。本体构建以整合企业内外部数据为目标，以穷尽相关信息为手段，面向海量数据，利用知识组织技术工具处理多样化数据（格式多样化、类型多样化）内容，集论文、专利、互联网信息、企业内部数据、企业内部生产实时数据（数控系统产生的数值型数据）、企业外部实时数据（期货与股市）于一体，形成了多维立体的、相互关联的知识结构，为企业创新活动及决策提供有力的支撑。

6.2.2 分析与构建

（1）资源采集

对企业各类零散的数据资源进行分析和采集，主要的数据资源包括以下几类。

①《铝冶炼生产技术手册》系统深入地介绍了铝冶炼工业的各个领域，对各领域涉及的基本概念、定义、流程、生产工艺及设备、主要工序，以及相关参数及产品的性质、应用、生产技术、质量标准等均有阐述。其论述的内容既包括该领域成熟可靠的生产工艺和技术，为相关工程设计、建设、技改和生产运行提供依据，又指出了该领域技术发展的方向和途径，为今后的工作提供新思路。

②《岗位说明书》是一个规范的职务说明书，是职务描述与岗位规范化的结果。说明书一般包括以下几项具体信息：职务基本信息、职务目的、管理权限、工作关系、责任范围与影响程度、工作业绩衡量标准、任职的基本要求和高绩效的要求、薪资收入标准与变化的条件和要求等。这几个方面是企业对职务（岗位）的要求与规范，也是员工需要认真遵守和考核的基本标准。

③《设备操作手册》是一本企业设备操作指南，详细介绍了设备的参数、功能及操作流程规范。

④《作业操作手册》是企业技术人员作业的操作手册，介绍了作业步骤、作业工具、劳务物品、安全事项等内容。

⑤《设备点检数据库》详细记录了每个设备的维修点检信息。

⑥企业 OA 综合信息网是综合自动办公系统与综合信息展示相结合的企业内部门户网站。

（2）构建思路

通过对企业资源的分析，构建思路如下。

①概念词表构建：选取岗位、设备、工艺、安全、部件为核心顶层概念。

②属性词表构建：分析现有材料，查阅权威书籍教材，结合企业实际生产的知识需要，构建属性词表。

③特定资源的利用：利用企业组织结构及《岗位说明书》构建岗位词表；利用设备点检系统数据作为语料，构建部件词表，发掘设备与部件、部件与维修、部件与保养之间存在的关联关系。

（3）模型构建

1）设备概念模型构建

依据本体建设中语义互联的基本规则，对设备概念进行有效地解析和梳理。以领域主题词表为基础，需依据专业可靠的半结构化资源对本体概念层级分类进行适当地拆分、合并和补充。中国铝业广西分公司平果铝厂设备说明表按照不同生产车间所使用的设备不同，将设备分为众多类别，明确地描述了各个设备的情况，专业且规范，是设备概念模型的半结构化资源（图 6-16 和图 6-17）。

设备概念模型的建立流程如图 6-18 所示。

①新增及修改层级类目。在铝业本体建设中，首先考虑的是选取铝行业的标准主题词表。但是，现存的国内外铝行业资料中尚没有专业的铝行业主题词表，所以只能选取铝行业的上位类冶金行业的主题词表进行构建。

在冶金工业主题词表中，冶金设备主题词的分类描述为：65E 冶金设备可具体分为 65EC 烧结设备和熔炼设备、65ED 冶化设备、65EE 冶金辅助设备和零部件 3 类。这些设备的概念只是平行地分布在词表中，没有明显的上下位关系，也不适于与其他概念构建关联。因此，还需要参照上文中的铝业

E7

	A	B	C	D	E	F	G	H	I	J	K	L	M
1	设备编号	设备名称	规格型号	制造厂家	出厂编号	出厂日期	起用日期	功率（Kw）		安装地点	工艺号	压力容器	环保设备
2	6A211003	铝液混合(	Q=40t	有色七冶		1994/8/1	1994/8/1	40.4	电解	铸造车间	4#		
3	6A211045	液压倾翻(	QDL-35	深圳市阿罗亚铝业科技有限(		2006/5/1	2006/9/1		电解	合金车间	3#		
4	6A313003	多功能天车	Lk=19m，Q	法国ECL公司	ECL.NO.P(	1993/3/1	1994/9/1	167.3	电解	电解一车间	2#	Q	
5	6A423021	排烟风机	Y4-73-11	四平鼓风机厂			########	450	电解	供料净化车	10#		H
6	6A545001	连铸连轧机	Φ9.5mm±	陕西压延机厂		1995/1/1	1995/6/1	90	电解	铸造车间			
7	6A545002	铝锭连续铸	Q=16t/h，	昆明重型机器厂		########	1994/9/1	39	电解	铸造车间	3#		
8	6A911005	接口机	研华486	上海研华		1993/9/1	1994/9/1	0.3	电解	计算机车间			
9	6B211003	中频炉	QW-0.5 K	苏州工业园区振	149		########	451.5	电解	铸造车间			
10	6B211011	保温炉	AL-BW-17	深圳市阿罗亚铝业科技有限(	########				电解	合金车间	2#		
11	6B212001	电解槽	160KA	有色七冶	101		1994/9/1	645.5	电解	电解一车间	103		
12	6B221050	电解槽	GBLY246	十一冶.七冶	901		########		电解	三车间	901		
13	6B241106	循环冷却水	CDBNL3-1	深圳市阿罗亚铝业科技有限(	########				电解	合金车间	1#		
14	6B271004	脉冲袋式除	CD-5425型	郑州环保除尘设备厂		########	1994/9/1	0	电解	供料净化车	西CD		H
15	6B271032	排烟除尘系	AC-PC-15	深圳市阿罗亚铝业科技有限(	########				电解	合金车间			H
16	6B291020	框架提升机	GBLY177	贵铝机修厂		1994/7/1	1994/9/1	0	电解	电解一车间	1		
17	6B391009	空气提升机	5T/h	有色七冶		1994/4/1	1995/4/1	0	电解	供料净化车	360#		
18	6B391010	链斗式提升	TB300×2	百色矿山机械厂			1996/9/1	11	电解	供料净化车	东A		
19	6B422021	罗茨风机	JTS250 5	长沙鼓风机有限责任公司		########	########		电解	供料净化车	东3#		
20	6B545001	水平铸造机	非标（520	洛阳金属加工厂	26-4-6-01	1998/7/1	1998/9/1	55.95	电解	铸造车间			
21	6B545002	液压外导	35T	深圳市阿罗亚铝业科技有限(	########				电解	合金车间			
22	6B545003	熔炼铸造机	AL-ZJ-17	深圳市阿罗亚铝业科技有限(	########				电解	合金车间			
23	6B547005	中频无芯感	GWJ-0.5-300-I						电解	铸造车间			
24	6B551005	氩弧焊机	TRA-500	日本大阪		1996/2/1	########	0	电解	导杆	S3-2		
25	6B641037	自卸车	EQ3250GE2	柳州东风霸龙	500799	2005/1/1	########		电解	工艺车队			
26	6B641038	铝包车	EQ3250GE	东风柳州汽车有限公司			2006/9/1		电解	工艺车队	桂0400		
27	6B641040	扒渣车	CPCD60BZ-	合肥叉车厂		2006/1/1	########		电解	工艺车队	桂0399		
28	6B641041	氟化盐车	EQ3110ZE	东风柳州汽车有限公司			2006/9/1		电解	工艺车队	桂0405		
29	6B641042	阳极搬运车	YJ065--W	安徽合力股份有限公司		2007/8/1	########		电解	工艺车队	中铝桂0383		

采运 热能 碳素 铝电解 电气 氧化铝 自动化

图 6-16　中国铝业广西分公司平果铝厂主要设备说明

图 6-17　中国铝业广西分公司平果铝厂设备管理分类

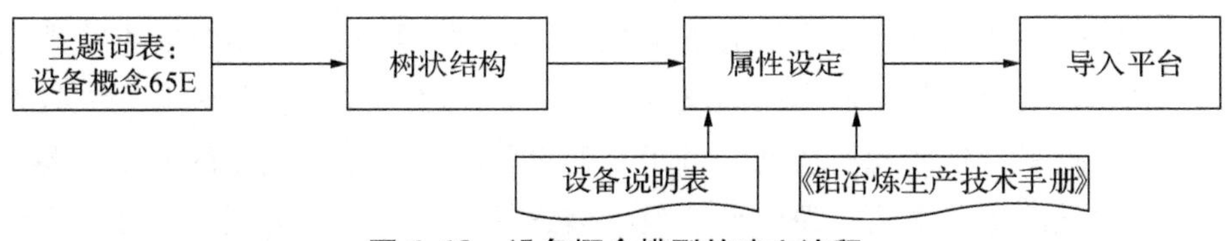

图 6-18　设备概念模型的建立流程

公司专业设备表进行适当地拆分和合并，完善设备概念的子目类。

在设置设备概念的类层级结构时，将设备的类别按照设备在工厂中所起的作用和所归属的部门分类，调整后建立的设备分类的子目类为：运输设备，矿山工程机械设备，仪表、仪器、计算机及量具、衡器设备，通用设备，生活、文教及卫生设备，起重设备，电气设备，工艺设备，加工设备。

在工厂的生产实践中，电解槽、电解多功能天车、操控机是电解车间的主要设备，它们同属于工艺设备类。因此，在工艺设备的子目类中着重对这几个设备做了描述，以方便建立铝业本体中与其他概念的关联。设备管理是工厂设备能够得以正常运转的、必不可少的关键环节，因此，设备管理作为设备概念的子类设置也很有必要。在专业资料铝业设备表中有很明确的设备管理的元数据，经过分析和调整，设置设备管理的子目类为设备档案和设备维护。新增及修改后的层级类目如图 6-19 所示。

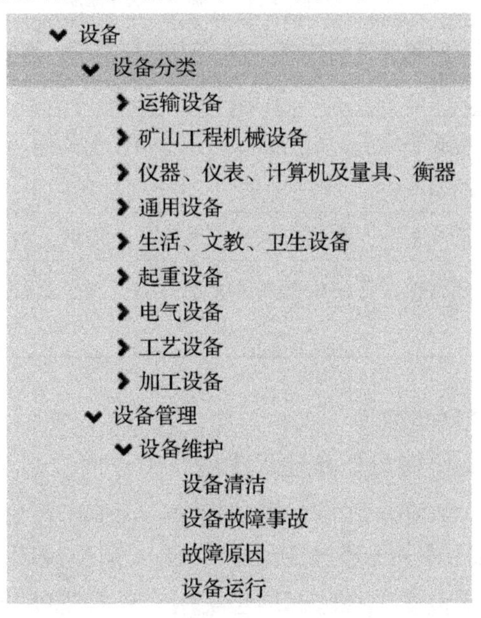

图 6-19　设备概念新增及修改后的层级类目

②修改后的属性。设置概念的属性，可以通过刻画概念属性的方法建立并获取设备概念与其他概念间语义知识的关系。在上文的设备说明表中只是清晰地刻画了设备的固有属性，基于重建设备本体概念间关系的原则，要借鉴半结构化的专业资料，调整设置设备概念的专业属性，为铝业本体的建设打下基础。综合《铝冶炼生产技术手册》对于铝电解设备的详细介绍，提取并设置和补充设备概念的属性，调整后对“设备分类”的属性设置如表6-2 所示。

表 6-2　设备分类概念的属性设置意义

属性名称	设置属性意义
设备名称	是对设备类别最直观的描述
规格型号	是设备产品的代号，一般用以区别设备的结构特性和型式规格
制造厂家	标识设备生产厂家，利于设备维护管理及备件准备等工作
出厂日期	设备的制造出厂时间，利于设备维护管理及记录
起用日期	设备开始起用时间，利于设备维护管理及记录
功率	标识设备的工作功率，利于设备维护管理及记录
安装地点	设备安装的工厂场所，利于设备维护管理及记录
设备编号	用以区别企业设备资产中某一设备与其他设备，每台设备都有专业资产编号
出厂编号	设备产品检验合格后，在产品标牌上注明该设备的出厂顺序号，用以区别其他出厂产品
关键技术	标识操作该设备所应掌握的关键技术及专业知识，利于生产的正常运转
负责人	操作设备或维护设备的相关人员类别，实行岗位责任制，有利于生产的正常运转

2）岗位与安全概念模型

岗位与安全这 2 个概念是相辅相成的，工作岗位必然离不开安全保障，因此，将这 2 个概念放在一起进行模型构建，选取中国铝业广西分公司电解铝厂《岗位说明书》作为专业文献参考，此《岗位说明书》是多年来电解铝厂岗位指导说明的范本，规范标准且实用，具有现实指导意义。《岗位说明书》为表格形式，以工厂各部门为工作表名称，详细地描述了岗位名称、岗位职责等具体要求，格式清晰，内容明确。

冶金工业主题词表对安全概念的分类：65JA 冶金安全一般概念，65JB 冶金的事故、现象与措施，65JC 冶金的安全设备、仪表和 65JD 冶金的劳保用品。因此，在对词表中安全概念的主题词拆分和合并时，也适当应用《岗位技能培训手册》中对岗位安全的具体描述来规整主题词表中安全的类层级结构。同时，还参考了中国铝业广西分公司电解铝厂的《岗位技能培训手册》（图 6-20），该培训手册详细地提出和介绍了在工作中，电解铝厂不同岗位类别人员所应具备的基本素质要求，具体应掌握的相关岗位基础知识、设备操作要领，岗位培训目标，生产环境安全性等内容。

B542 具有一般的人际沟通和协调的能力

岗位说明书

岗位名称	电解铝厂电解工区天车工	岗位编号			
所属单位	电解铝厂	所在部门	电解生产工区		
直接上级	班长	直接下属（人）：		间接下属（人）：	0
工作概述	完成电解槽日常生产操作、维护天车				
职责与权重	职责任务		权重（%）		
	1. 完成阳极更换天车作业及出铝作业；		70%		
	2. 完成其他生产任务及配合点检、维修工作；		10%		
	3. 检查、维护天车及清洁工作场所，遵章守纪，安全生产；		10%		
	4. 填写相关作业记录，完成交接班工作；		5%		
	5. 接受相关业务知识/技能培训。		5%		
	教育背景：铝电解生产操作，多功能天车操作，初中及以上学历				
	培训经历：受过铝电解生产工艺基础知识、多功能天车操作和维护知识、铝电解安全生产操作知识等方面的培训。				

综合科 安环科 设备管理科 生产控制中心 铸造工区 电解工区

就绪

图 6-20 资源岗位技能培训手册

岗位及安全概念模型的建立流程如图 6-21 所示。

①新增及修改层级类目。在电解车间《岗位说明书》中，详细描述了“电解铝厂电解工区天车工”岗位的工作内容，描述的内容包括：岗位名称，岗位编号，所属单位，所在部门，直接上级，直接下属，间接下属，职责与权重，岗位要求（教育背景、培训经历、工作经验、技能要求、知识要求），工作关系（企业内部、企业外部），工作条件（工作场所、环境状

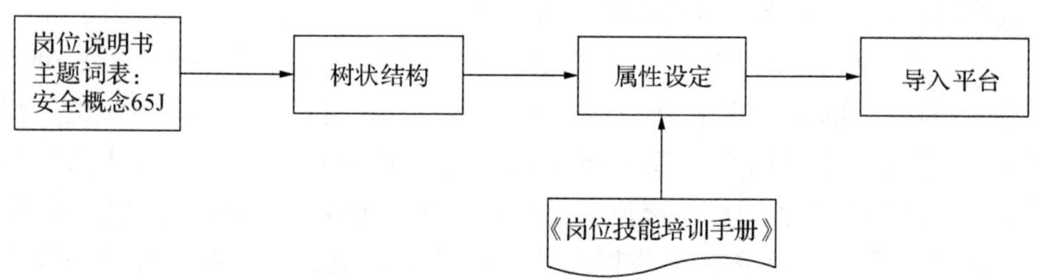

图 6-21　岗位及安全概念模型建设流程

况、危险性)，批准人，制表时间等。以“岗位部门”为岗位概念的一级子类，设立“铸造工区”“设备综合科”等二级子类；设立“岗位类别”一级子类，并根据所做工作内容的不同，下设“技术人员”“后勤人员”“行政人员”“操作人员”等二级子类。

修改后的知识原型中，以“岗位”作为父类，则“岗位类别”与“岗位知识要求”之间既互有同位关系，又可以作为子类，与父类“岗位”具有上下位关系。按照这种层级关系，建立了岗位概念的知识体系原型，并继续细分岗位的层级关系至第三级子类。工作场所、环境状况、危险性都涉及岗位人员的工作场所环境，将这 3 个方面进行合并，作为“安全”概念的一级子类。调整后的岗位概念的类层级结构如图 6-22 所示。

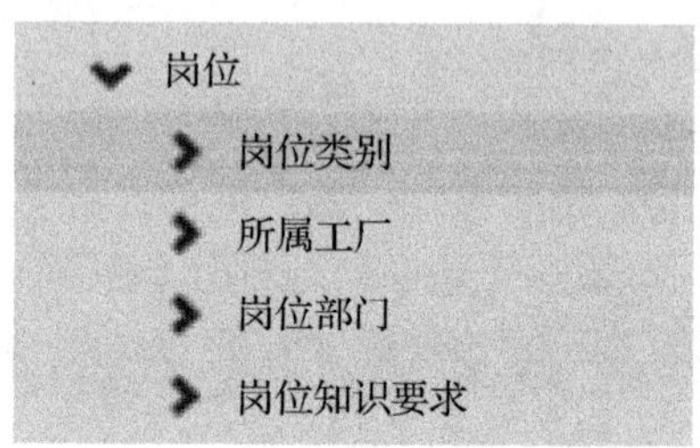

图 6-22　岗位概念的类层级结构

岗位知识要求的一级子类及公司管理制度的子类如图 6-23 所示。

安全概念的类层级结构如图 6-24 所示。

②类目及其属性。设置岗位概念的属性，可以通过刻画概念属性的方法建立并获取岗位概念与其他概念间语义知识的关系。依据半结构化的专业资料，可以调整设置岗位和安全概念的专业属性，为铝业本体的建设打下基

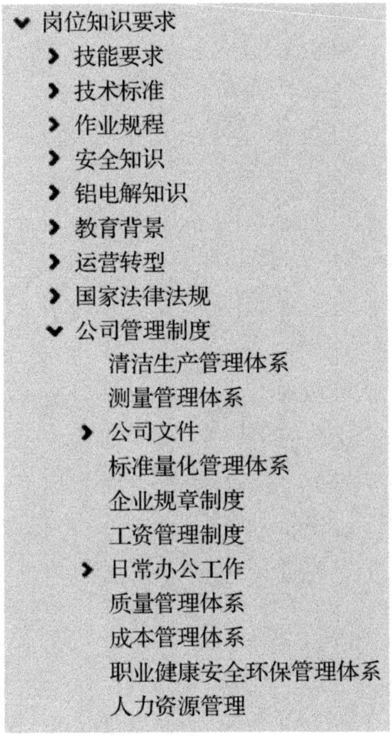

- 岗位知识要求
  - 技能要求
  - 技术标准
  - 作业规程
  - 安全知识
  - 铝电解知识
  - 教育背景
  - 运营转型
  - 国家法律法规
  - 公司管理制度
    - 清洁生产管理体系
    - 测量管理体系
    - 公司文件
    - 标准量化管理体系
    - 企业规章制度
    - 工资管理制度
    - 日常办公工作
    - 质量管理体系
    - 成本管理体系
    - 职业健康安全环保管理体系
    - 人力资源管理

图 6–23　岗位知识要求概念的子类目

础。采用电解铝厂的《岗位技能培训手册》中对于相关岗位的详细介绍，提取并设置和补充岗位概念的属性。

描述岗位就是要通过确定岗位工作的具体特征和内容，对相应职位的职责、需要具备的资格及能力要求加以说明。

调整后设置“工作场所”概念的属性如表 6–3 所示。

表 6–3　工作场所概念的属性设置意义

属性名称	设置属性意义
工作人员	描述工作人员的工作场所，如办公室、生产车间等
工作设备	工作场所应配套的设备，包括固定设备、流动设备等

调整后设置“岗位类别”概念的属性设置如表 6–4 所示。

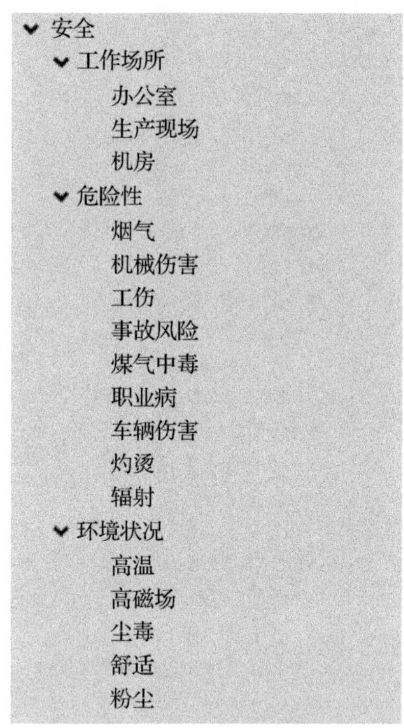

图 6-24　安全概念的类层级结构

表 6-4　岗位类别概念的属性设置意义

属性名称	设置属性意义
岗位名称	岗位所从事的工作直观描述
所属单位	岗位所在的工厂
所在部门	岗位所属的单位部门
岗位编号	由各单位按照实际情况所定的岗位号码，用以区别和方便工作的正常运转
岗位要求	任职某岗位所应具有的能力，包括技能要求、能力要求等
工作条件	包括正常的温度、适当的光照度、建筑条件、通风设备、安全措施或者工作的地理位置
工作职责	岗位所要求的需要去完成的工作任务内容及应该承担的工作责任，职责由授权范围和相应的职责任务组成

3）工艺概念模型构建

工艺是指劳动者利用生产工具对各种原材料或半成品进行增值加工或处理，最终使之成为制成品的方法与过程。不同工厂的设备生产能力、精确度及工人操作技术的熟练程度等因素大不相同，所以对于同一种产品而言，不同的工厂制定的工艺可能会不同，或者同一工厂在不同时间段所做的工艺也可能会不同。由此，对工艺概念加以分析可以得出建立工艺概念的模型和过程，从寻找资料到资源内容的提取，都要关注怎样将工艺概念与岗位、设备、安全等概念互联的问题。

选用冶金工业主题词表中对工艺概念的分类进行类层级结构的设定，同时应用《铝冶炼生产技术手册》作为半结构化资源对类目进行调整，并设置工艺概念的属性，继而建立这几个概念间的联系。

工艺概念模型的建立流程如图 6-25 所示。

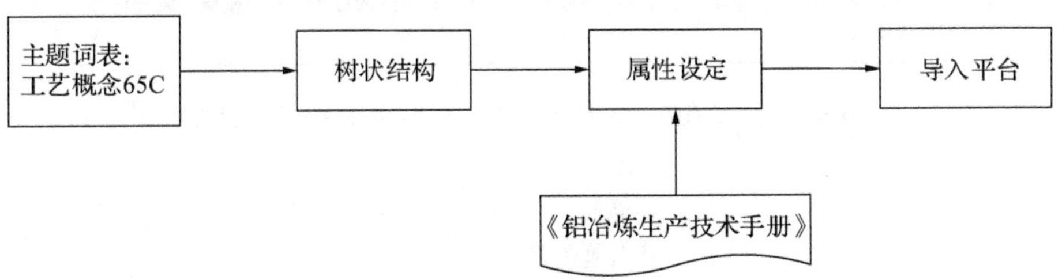

图 6-25　工艺概念模型建立流程

工艺概念知识模型建立的流程较为简单，其流程如图 6-25 所示，本部分不再赘述。利用冶金工业主题词表中对工艺概念的分类，《铝冶炼生产技术手册》中对于工艺过程的描述如图 6-26 所示。

①新增及修改层级类目。在冶金工业主题词表中，工艺概念是这样分布设置的：65C 冶金工艺，65CA 冶金工艺、冶金炉操作，65CB 烧结、焙烧、干燥，65CC 熔炼，65CD 精炼、净化、高纯、结晶，65CE 蒸馏、蒸发、挥发，65CF 浸出、沉淀、过滤，65CG 溶剂萃取，65CH 离子交换、色谱，65CJ 还原，65CK 电解冶金，65CL 卤素冶金、气化冶金，65CN 收尘、综合利用。根据铝冶炼的生产过程将上述分类拆分与合并，并主要列举铝电解生产过程的相关工艺类层级结构，调整后如图 6-27 所示。

②类目及其属性。设置工艺概念的属性，依据半结构化的专业资料，可以通过刻画概念属性的方法建立并获取工艺概念与其他概念间语义知识的关

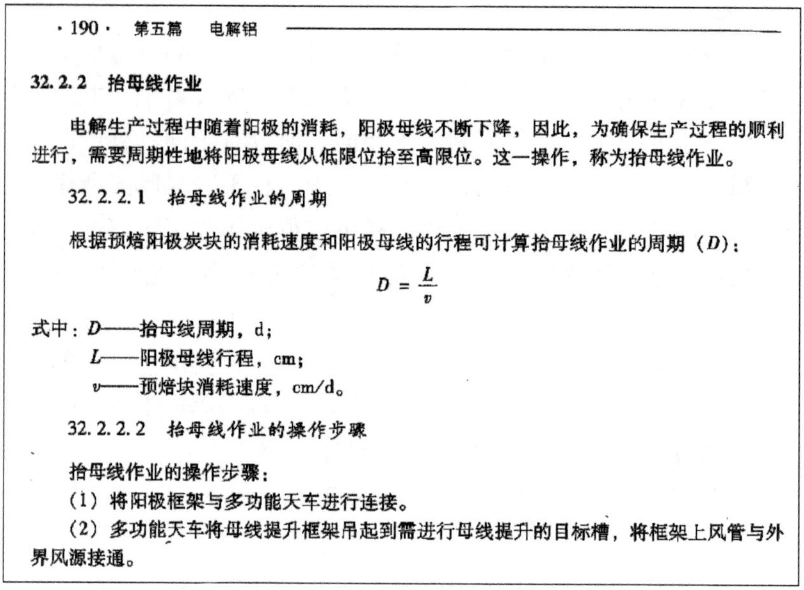

·190· 第五篇 电解铝

32.2.2 抬母线作业

电解生产过程中随着阳极的消耗，阳极母线不断下降，因此，为确保生产过程的顺利进行，需要周期性地将阳极母线从低限位抬至高限位。这一操作，称为抬母线作业。

32.2.2.1 *抬母线作业的周期*

根据预焙阳极炭块的消耗速度和阳极母线的行程可计算抬母线作业的周期（D）：

$$D = \frac{L}{v}$$

式中：D——抬母线周期，d；
L——阳极母线行程，cm；
v——预焙块消耗速度，cm/d。

32.2.2.2 *抬母线作业的操作步骤*

抬母线作业的操作步骤：

（1）将阳极框架与多功能天车进行连接。

（2）多功能天车将母线提升框架吊起到需进行母线提升的目标槽，将框架上风管与外界风源接通。

图 6–26 《铝冶炼生产技术手册》中对于工艺过程的描述

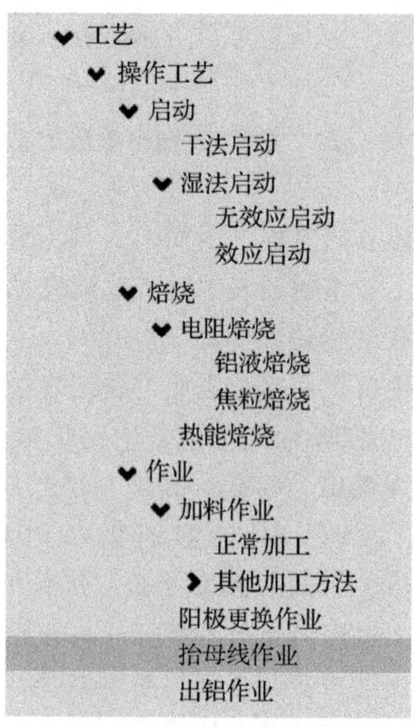

图 6–27 调整后的工艺概念层级结构

系，为铝业本体的建设打下基础。采用《铝冶炼生产技术手册》中对于铝电解生产的详细介绍，提取补充并设置工艺概念的属性如表 6-5 所示。

表 6-5 工艺概念属性设置意义

属性名称	设置属性意义
配套设备	工艺过程所应用到的相关设备
工艺过程	工艺操作步骤介绍
工艺操作人员	人员的安排及技法熟练程度会影响工艺效果
工艺基础知识	工艺的定义解释等相关知识
注意事项	工艺操作所涉及的安全问题及其他需关注事项

6.2.3 构建结果

本书收集整理了 10 万篇关于广西铝企业内部知识的文档，加工形成结构化的初始数据，包括《岗位说明书》涉及的 588 条岗位数据、资产设备表涉及的 20 788 条设备基础数据、设备说明书涉及的 400 条故障数据、作业指导书涉及的 103 条作业数据、设备操作规程及检修规程涉及的 344 条规程数据及检修工作票系统数据。铝行业资源组织语义化构建结果如图 6-28 所示。

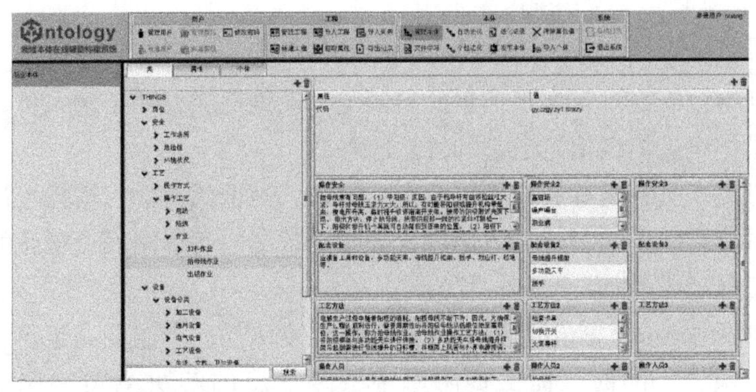

图 6-28 铝行业资源组织语义化构建结果

6.2.4 应用服务

基于已构建的铝行业本体及语义资源，结合企业自身的业务需求，可提供语义检索和个人空间的信息定制服务。

（1）语义检索

嵌入企业信息服务平台，提供精准的信息检索服务，如图 6–29 所示。

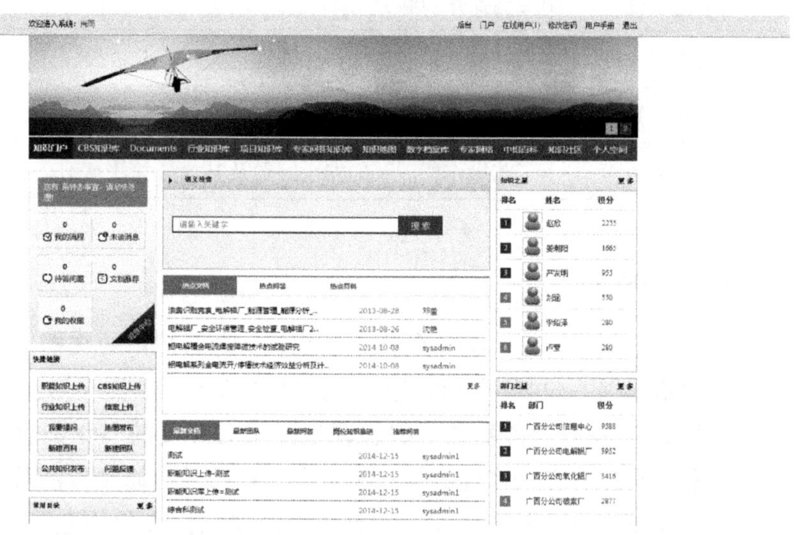

图 6–29 语义检索页面

（2）个人空间

根据岗位的需求，实现信息的定制与自动推送。针对市场人员、机房管理员、操作人员提供信息定制和推送服务。

①市场人员：定制股市行情及市场行情，当金属市场行情低于设置的阈值时，系统自动发送邮件或短信进行提醒；数据中心以图表可视化的方式查看行情信息（图 6–30 至图 6–32）。

②机房管理员：实时监控机房服务器温度信息，当温度高于设置的阈值时，进行预警；同时，提供资源库中故障信息的解决方案（图 6–33 和图 6–34）。

③操作人员：实时对电解槽系列电流、槽电压进行实时监控，当数值低于设置的阈值时，会进行预警和提示；同时，数据中心还会以图表可视化的

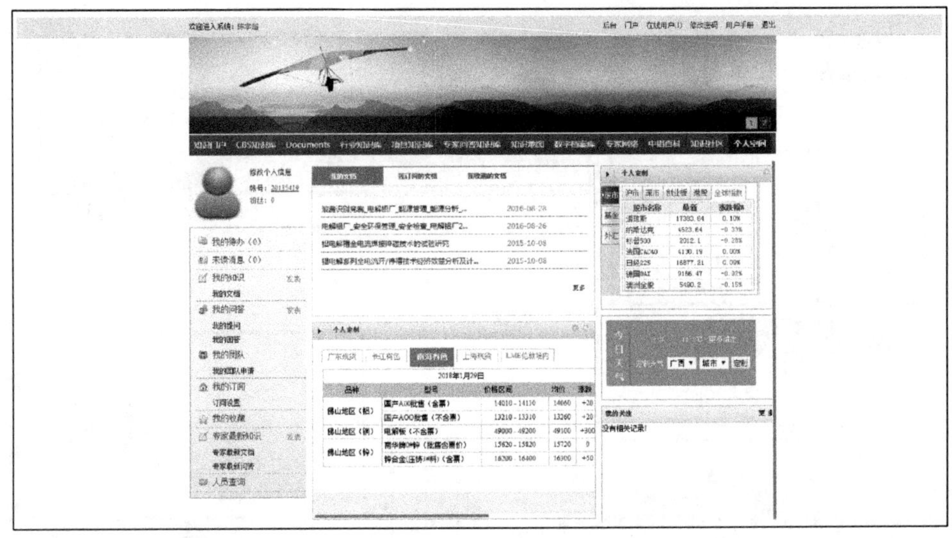

图 6-30 市场人员个人空间页面

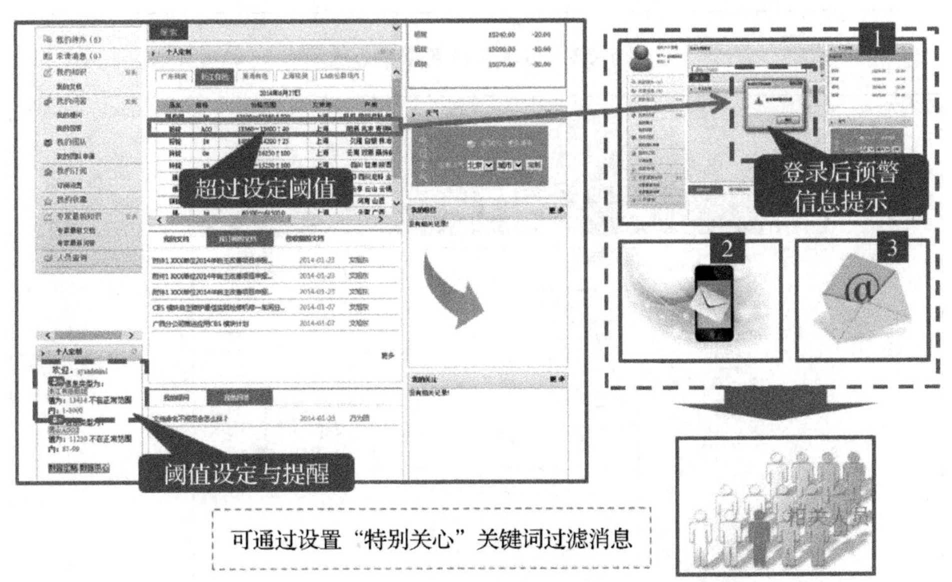

图 6-31 市场人员信息推送流程

方式展示单位时间内电解槽的电流效率、综合效率和过程分析，而且也会提供相关故障的解决方案（图 6-35 和图 6-36）。

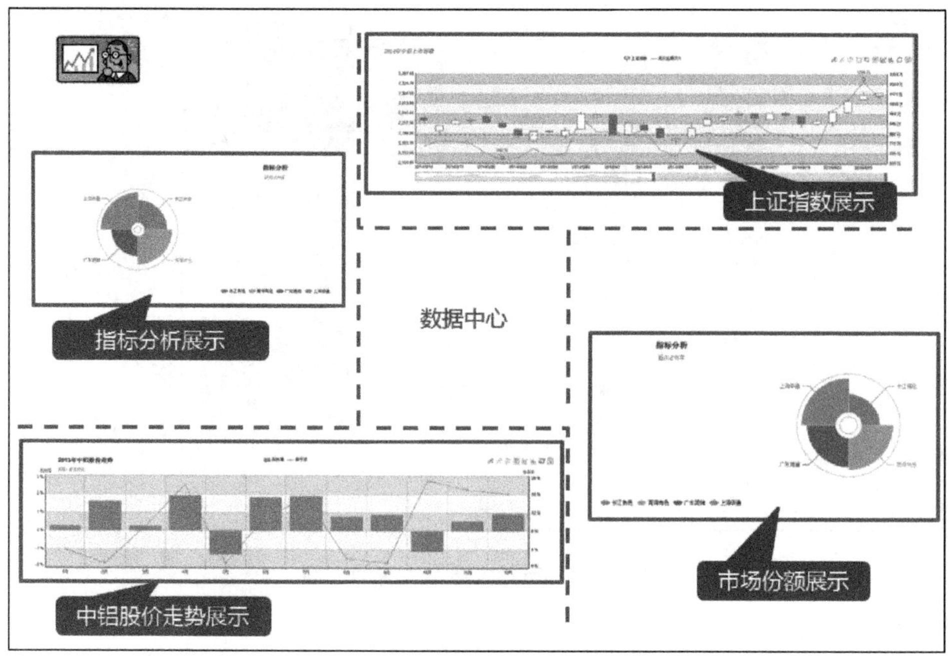

图 6-32　市场人员数据中心页面

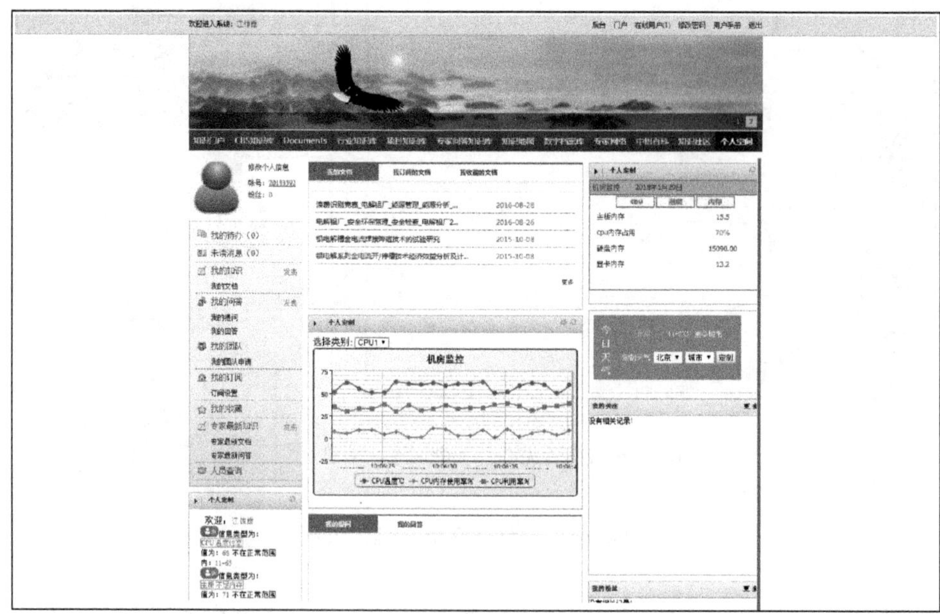

图 6-33　机房管理员个人空间页面

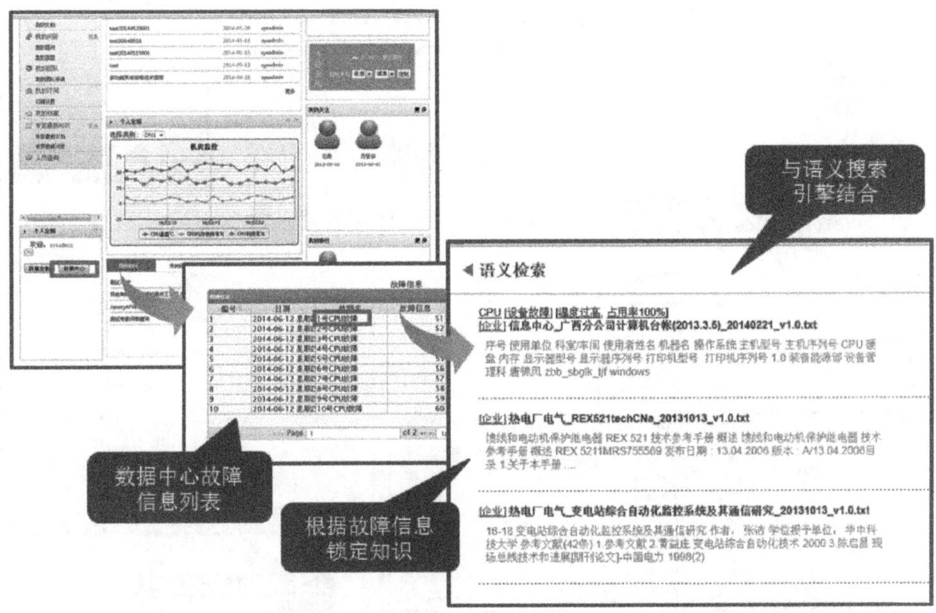

图 6-34　机房管理员信息监控及故障方案链接

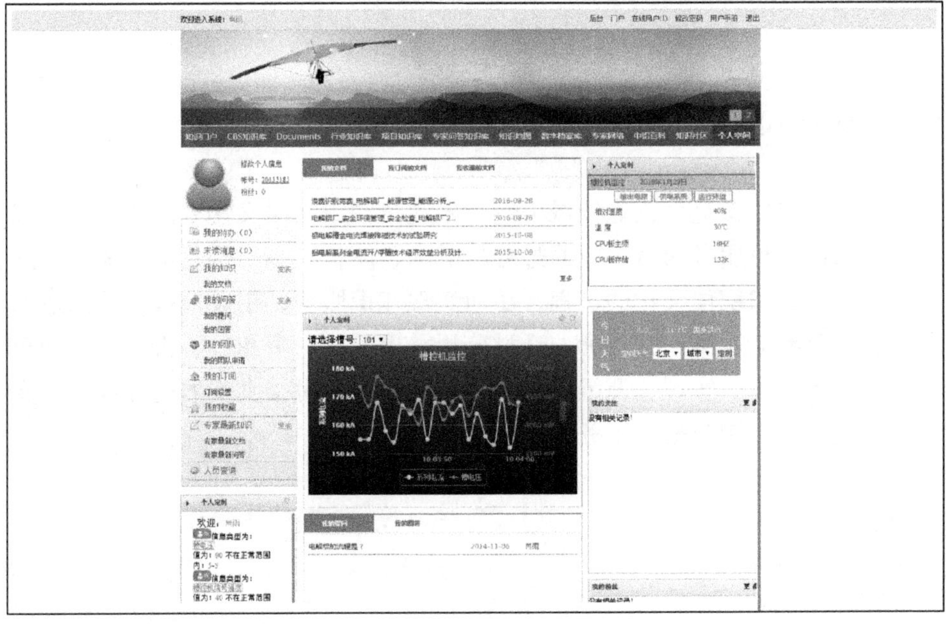

图 6-35　操作人员个人空间页面

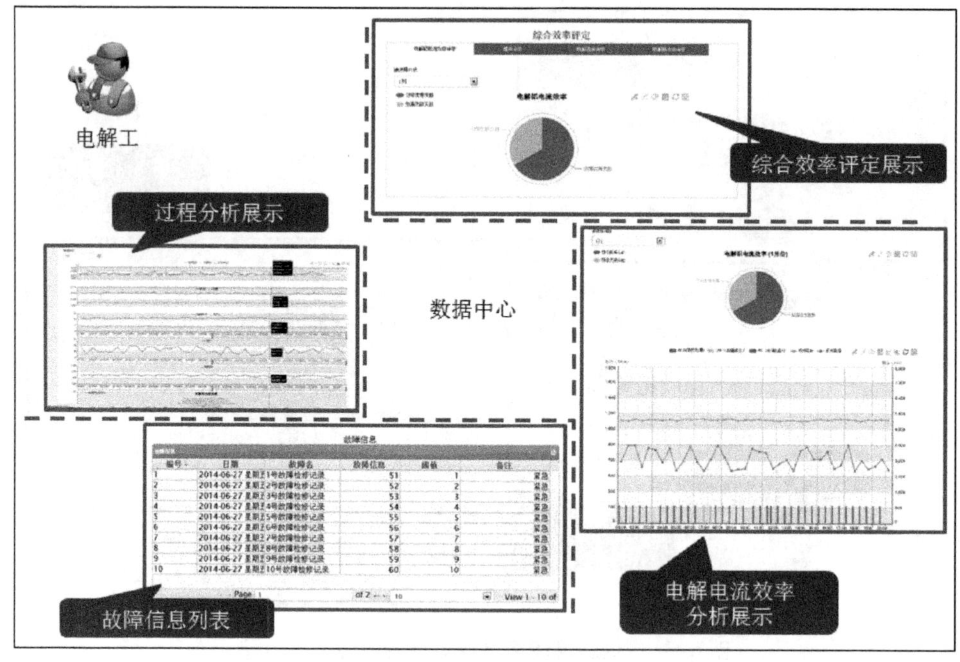

图 6-36　操作人员数据中心页面

6.3　本章小结

本章主要以雷达、铝业领域为例，阐述资源组织语义化方法。雷达领域主要阐述以知识服务为目标，通过分析需求、解析资源、构建本体等一系列步骤实现资源组织语义化的过程，从而实现知识服务；铝业领域主要阐述以服务企业真实应用场景为目标，通过分析需求、获取资源、解析资源、构建本体等一系列步骤实现资源组织语义化的过程，并对接真实的业务场景，实现个性化知识定制与推送服务。

参考文献

[1] Liu Y, Chen X F, Sui Z, et al. Research on semantic method of library resources' organizing [J]. ICIC Express Letters, 2011, 5 (4 A): 1011 - 1017.

[2] Liu Y, Chen X, Li S, et al. A semantic analyzing method in the field of technological literature [J]. ICIC Express Letters, 2011, 5 (9 A): 3225 - 3230.

[3] Liu Y, Shi H, Zheng D, et al. Study on semantic annotation for professional literature [J]. ICIC Express Letters, Part B: Applications, 2014, 5 (5): 1383 - 1389.

[4] Liu Y, Sui Z, Huang Y. Research on semantization of unstructured text in medical field [J]. ICIC Express Letters, 2016, 10 (8): 1901 - 1906.

[5] Liu Y, Qu B, Huang Y. Research and development of automatic semantic dictionary construction platform [J]. ICIC Express Letters, 2016, 10 (8): 1995 - 2001.

[6] Liu Y, Wang R. Research on methods and key technologies of meaning extraction from mathematical formulas based on multi-modal information [J]. ICIC Express Letters, 2013, 7 (4): 1431 - 1436.

[7] Liu Y, Wang R. Research on semantic metadata online auxiliary construction platform and key technologies [J]. ICIC Express Letters, Part B: Applications, 2013, 4 (4): 897 - 904.

[8] Liu Y, Zheng D, Guo Z. Research on feature acquisition and key expression technology of knowledge - intensive text [J]. ICIC Express Letters, Part B: Applications, 2014, 5 (1): 57 - 64.

[9] Liu Y, Zhang Z, Huang Y. Research and development of semantic annotation platform for scientific literature [J]. ICIC Express Letters, 2016, 10 (7): 1787 - 1794.

[10] Qiao X, Wang M, Guo Z. Research on ontology construction for production process of aluminum electrolysis [J]. ICIC Express Letters, Part B: Applications, 2014, 5 (1): 257 - 264.

[11] Gong X W, Liu Y. Research on construction of integrated semantic crawler [J]. ICIC Express Letters, Part B: Applications, 2016, 7 (7): 1591 - 1598.

[12] 刘耀. 领域 Ontology 自动构建研究 [D]. 北京: 北京大学, 2007.

[13] 刘耀, 穗志方. 领域 Ontology 概念描述体系构建方法探析 [J]. 大学图书馆学报, 2006, 24 (5): 28 - 33.

[14] 刘耀, 穗志方, 胡永伟, 等. 领域 Ontology 自动构建研究 [J]. 北京邮电大学学报, 2006, 29 (s2): 65 - 69.

[15] 刘耀, 穗志方, 胡永伟, 等. 基于内容与形式交互的图书馆资源组织语义化方法研究 [J]. 情报理论与实践, 2010 (10): 105 - 107, 112.

[16] 刘耀, 郑德举, 潘希阳, 等. 智能搜索引擎关键技术及应用研究 [J]. 图书情报工作, 2015 (5): 113 - 118.

[17] 刘耀, 朱礼军, 黄毅. "面向众创的科技情报共享服务平台" 建设研究 [J]. 中国科技资源导刊, 2017, 49 (4): 37 - 44.

[18] 刘耀, 段慧明, 穗志方. 非相关文献知识发现的数据基础研究: 以中医药古文献语言知识库的构建为例 [J]. 情报杂志, 2006, 25 (9): 104 - 107.

[19] 刘耀, 段慧明, 王惠临, 等. 中医药古文献语料库设计与开发研究 [J]. 中文信息学报, 2008, 22 (4): 24 - 30.

[20] 刘耀, 穗志方, 周扬, 等. 中医药本体概念描述体系的自动构建研究 [J]. 现代图书情报技术, 2008 (5): 21 - 26.

[21] 刘耀, 穗志方, 周扬, 等. 中医药本体构建研究 [J]. 大学图书馆学报, 2008, 26 (4): 58 - 62.

[22] 郑德举. 基于 WEB 的语义元数据辅助构建平台关键技术研究与实现 [D]. 北京: 北京大学, 2013.

[23] 郭志军. 领域本体在线辅助构建系统的研究与开发 [D]. 北京: 北京大学, 2013.

[24] 王睿佳. 科技文献的多模态语义关联特征提取与表示体系研究: 以数学公式为例 [D]. 北京: 中国科学技术信息研究所, 2012.

[25] 龚幸伟. 一体化语义爬虫构建及其关键技术研究 [D]. 北京: 中国科学技术信息研究所, 2016.

[26] 张子渊. 面向科技文献的语义标注平台的研究与开发 [D]. 北京: 北京大

学，2014.

［27］孙丽君．面向科技文献的表格识别与应用研究［D］．北京：中国科学技术信息研究所，2016.

［28］王明程．面向技术创新的铝业本体自动构建研究［D］．北京：北京大学，2013.

［29］肖铮．基于 WEB 的多领域语料标注加工系统的设计与开发［D］．北京：北京大学，2013.

［30］俞士汶，段慧明，朱学锋，等．北大语料库加工规范：切分・词性标注・注音［J］．汉语语言与计算学报，2003，13（2）：121－58.

［31］俞士汶．现代汉语语法信息词典详解［M］．北京：清华大学出版社，1998.

［32］王荀．篇章关系标注的关键技术研究和实现［D］．北京：北京大学，2013.

图书购买或征订方式

关注官方微信和微博可有机会获得免费赠书

淘宝店购买方式：

直接搜索淘宝店名：**科学技术文献出版社**

微信购买方式：

直接搜索微信公众号：**科学技术文献出版社**

重点书书讯可关注官方微博：

微博名称：**科学技术文献出版社**

电话邮购方式：

联系人：王　静

电话：010–58882873，13811210803

邮箱：3081881659@qq.com

QQ：3081881659

汇款方式：

户　名：科学技术文献出版社

开户行：工行公主坟支行

帐　号：0200004609014463033